国家自然科学基金项目“基于资产价值跳跃变化视角的中小企业贷后违约风险量化研究”
(项目编号：71201068)及国家留学基金(录取文号：留金发[2015]3012号)成果

企业资本结构分析与违约风险测度

——基于资产价值跳跃变化视角的研究

黄苒 著

WUHAN UNIVERSITY PRESS
武汉大学出版社

图书在版编目(CIP)数据

企业资本结构分析与违约风险测度:基于资产价值跳跃变化视角的研究/黄苒著.—武汉:武汉大学出版社,2016.6

ISBN 978-7-307-17860-1

Ⅰ.企… Ⅱ.黄… Ⅲ.企业—资本形成—风险管理—研究 Ⅳ.F273.4

中国版本图书馆 CIP 数据核字(2016)第 103580 号

责任编辑:胡　艳　　责任校对:李孟潇　　版式设计:马　佳

出版发行:**武汉大学出版社**　(430072　武昌　珞珈山)

(电子邮件:cbs22@whu.edu.cn　网址:www.wdp.com.cn)

印刷:武汉中远印务有限公司

开本:720×1000　1/16　印张:19.5　字数:281 千字　插页:!

版次:2016 年 6 月第 1 版　　2016 年 6 月第 1 次印刷

ISBN 978-7-307-17860-1　　定价:40.00 元

前　言

随着全球金融市场一体化程度日益加深，我国参与国际化的步伐不断加快，国内金融市场和各类企业遭受内外冲击的可能性也越来越大。尤其是近十年，我国金融市场接二连三地遭遇国际金融危机波及，遭到地震、雪灾等突发事件的冲击。在这样的背景下，许多企业难免受到影响，财务状况恶化，资产价值出现大幅跳跃的频率增加，信用风险加大。众所周知，企业是一个国家经济发展的核心支柱和重要驱动力。企业的盈利能力、融资能力、财务状况，尤其是信用状况，不仅对其自身持续健康的成长起决定作用，也对一国的金融机构、金融体系，乃至实体经济的发展与稳定产生重要影响。所以，正确度量、评价和管理企业的信用水平和违约风险具有十分重要的研究价值和现实意义。

目前，我国在企业违约风险评估和管理方面的研究还不成熟，多以借鉴国外的经验和模型为主。其中，利用信用结构模型的分析方法来测度企业违约风险是一个主流的趋势，主要是因为我国目前存在着企业会计信息失真，以及现行的企业会计信息披露制度决定了基于历史财务指标的财务危机预警模型难以体现细微快速的市场变化等问题。而结构模型以期权定价理论为基础，充分利用企业权益资产价值变化中所蕴含的大量信息，通过计算相应的违约距离和预期违约概率来分析企业信用状况，对企业违约风险做出实时预测，为动态管理企业违约风险提供依据。

尽管直至本世纪，信用结构模型一直是研究和管理企业违约风险的重要工具，但相关研究背景已经发生明显变化。其假设前提与现实世界的发展越来越不相符。在新的经济环境下，测度和管理企业违约风险时，所使用的分析和评估手段也必须要与时俱进。在对信用结构模型的拓展研究中，考虑资产价值跳跃变化的影响是诸多重要改进的方向之一。因此，本书正是尝试在信用风险结构模型的研究思路和关键假设基础上，构建一个完整的资本结构和违约风险分析框架，并在此框架中引入企业资产价值跳跃变化的影响。

在该框架下，本书遵循局部到整体、一般到特殊的研究范式，既阐述了如何利用实时的市场数据分析和评价企业权益资产价值的扩散变化和跳跃变化，也利用权益资产和总资产之间的非线性关系，间接分析了总资产市场价值的跳跃变化及其对违约风险的影响。同时，还专门对中小企业这个特殊群体的违约风险进行了定量和定性研究。这种将跳跃因子与企业资本结构分析相结合来测度企业信用风险的方法不仅具有重要的理论意义，还具有重要的现实意义。

本书所构建的研究框架、采用的研究方法和获得的研究结论为企业资本、资产管理和违约风险管理提供了必要的理论和实证依据。尤其是针对中小企业违约风险的成分分析方法，为剖析中小企业违约风险异质性提供了理论基础，为动态评估中小企业违约风险并实施差异化风险管理提供了一种新的思路。

目　录

第二部分　结构分析法和违约风险测度

第三部分　基于结构分析法的中小企业违约风险测度

第1章 导　论

1.1 研究背景与研究意义

在中国经济发展历程中，企业群体、金融机构和金融市场都扮演着重要的角色，是经济发展重要的驱动力。它们之间相互依赖、难以分割。一方面，金融机构和金融市场向企业提供赖以生存的养料，是绝大多数企业融通资金的重要来源；另一方面，企业的盈利能力、成长能力、财务状况，尤其是信用水平，又会反过来影响金融机构的盈利目标和风险水平，影响金融市场、金融体系乃至宏观经济的发展与稳定。所以，正确度量和评价企业的信用水平和违约风险，不仅关乎企业自身的发展，也与金融机构和整个金融体系的发展、稳定息息相关。

始于2007年的全球金融风暴和欧债危机，给许多地区、国家的经济带来严重影响，有的企业信用级别急剧下降，甚至破产；有的银行和金融机构坏账急剧攀升，甚至发生倒闭。金融市场萧条，经济增长明显放缓。与历史上其他几次金融危机不同的是，信用衍生工具的滥用、信用风险监管不到位，以及经济全球化所导致的信用风险迅速传染等是这次金融风暴和欧债危机形成的主要原因之一。因此，准确度量和有效监管信用风险，尤其是企业的信用风险，已然成为研究和管理金融风险的重中之重。

企业信用风险包括各种不确定因素对企业信用的影响，使企业经营实际结果与预期目标发生背离，形成潜在损失，从而造成无法偿还全部或部分债务的可能性，成为各类企业存续期间的主要风险之一。我国在企业信用风险评估和管理方面的研究还处于初级阶段，多以借鉴国外的经验和模型为主。近年来，国内的相关研究开始重视利用结构模型的定价方法来分析企业违约状况，这主要是因为我国目前存在着企业会计信息失真，以及现行的企业会计信息披露制度决定了基于历史财务指标的危机预警模型难以体现细微快速的市场变化等问题。而结构模型是以期权定价理论为基础，充分利用企业权益资产市场价值变化中所蕴含的大量信息，并通过计算相应的违约距离和预期违约概率，来分析企业信用状况，对企业违约可能性做出实时预测。

尽管针对各类企业信用风险测度和管理的研究未曾停歇，但随着全球金融市场一体化程度不断加深，尤其是近几年中国金融市场屡屡受到金融危机和突发事件的冲击，相关研究背景已经发生了明显变化，金融市场呈现越来越明显的非完全特征。现实生活中的各种突发事件不断影响着各国金融市场，使得资产价格出现不连续的跳跃式变化。金融市场出现的大幅波动和急跌给传统经济和统计模型都提出了挑战(Eraker，2004)。而在新兴金融市场中跳跃因素起着更重要的主导作用，使得这些市场有更为明显的高波动、尖峰和肥尾等特征(Daal et al，2007)。仅有二十几年发展历史的新中国金融市场也属于新兴市场，存在明显的跳跃特征。外部经济环境的突然变化、政府对市场的干预、监管政策的经常变动及各种突发事件是导致中国金融市场发生跳跃的重要原因。尤其是2007年后，国际金融风险频现，国内地震、雪灾等突发事件时有发生，各类金融资产的市场价值出现更为频繁的跳跃式变化。与大型企业相比，中小企业抗风险能力更弱，难以避免遭受冲击，资产价值大幅跳跃的频率增加更为显著。因此，近些年关于企业资产价值评估和违约风险测度也越来越强调跳跃因素的重要性。

在上述背景下，本书尝试在企业信用风险测度中引入跳跃因子的影响。由于信用结构模型的特有优势，本书的研究将延续信用风险结构模型的研究框架和关键假设，同时又结合跳跃因子的影响。从跳跃因子对权益资产价值的影响着手分析，重点对引入跳跃因子后的权益收益率分布、波动特征以及权益资产价值变化进行深入探讨。然后，再利用权益资产、债权资产及企业总资产之间的非线性关系，间接分析跳跃因子对总资产市场价值变化和违约风险的影响。这种将跳跃因子与企业资本、资产价值结构分析相结合来测度企业违约风险的方法不仅具有重要的理论意义，还具有重要的现实意义。

本书第一、二部分尝试在企业资产价值结构分析和违约风险度量模型中引入资产价值变化的跳跃特征，这有助于提高违约风险度量模型的准确性，弥补纯扩散模型对实证数据的解释不足，降低预测偏误。近年来，关于企业违约风险的一些研究都论证了基于纯扩散过程的违约度量模型与实证数据存在较大的差距。企业资产价值的突然跳跃时有发生，资产价值有可能在瞬间内大幅下降，企业对债务的违约概率会大幅增加。因此，在违约风险度量模型中引入跳跃特征，显然有助于提高模型的拟合精度。

同时，将跳跃因素引入到权益资产价值变化—总资产价值变化—违约度量的一整套研究体系中，从理论和实证的角度为企业的违约风险管理提供更符合实际需求的动态管理工具。尽管现有的一些改进后的结构模型考虑了跳跃因素对违约风险的影响，但大多利用蒙特卡洛模拟方法来估计有关参数。由于企业总资产价值的变化是无法直接观测的，这使得相关理论模型很难在实证中得以运用。而将跳跃因子引入到权益价值变化过程中，再利用带有跳跃过程的各种期权定价模型建立权益价值和资产价值之间的非线性关系，便可利用权益市场的实时数据，间接测度跳跃因子对企业资产价值和信用状况的影响。

本书第三部分重点分析跳跃因素对中小企业违约风险的影响也具有一定的现实意义。中小企业由于自身规模小，人、财、物等资源相对有限，无力经营多种产品以分散风险，因此，当遭遇突发事件的冲击时，相比大型企业更易受到行业背景和盈利能力的限制，其资产价值更易出现大幅波动，短期内违约风险也更大。因此，在测度中小企业违约风险时重点考虑跳跃因子的影响，具有较强的现实意义。

科学合理度量和有效管理企业信用风险有利于金融市场乃至整个金融体系的稳定和经济的健康持续发展，对于加强金融风险监管、健全我国的信用制度等方面起到一定积极作用。近年来，金融衍生工具的迅猛发展和高度复杂性也带来了更大和更复杂的信用风险，如果不重视对信用风险的度量和管理，势必造成巨大损失。美国次贷危机和欧债危机的爆发和迅速传染就是信用风险度量和资产定价之间出现偏离的最好例证。

总之，本书的研究将紧扣当前背景下最需要解决的企业违约风险评估和管理问题，选题具有较强前瞻性，也具有较强的理论和实证价值。

1.2 国内外研究回顾与评述

1.2.1 基于跳跃因子的资产价格研究

关于金融资产价格变化的理论研究一直伴随着金融市场的发展，并由此带动了金融市场其他理论的研究，如市场有效性理论、市场均衡理论、资本资产定价理论、期权定价理论等。在针对股票、利率资产和汇率资产等金融资产的研究广泛展开的初期，大多数文献都假定资产价格变化服从布朗运动。由于布朗运动是连续随机过程，所以假设股票等金融资产的价格变化符合布朗运动就意味着这些资产的价格是时间的连续函数。Kendall 和 Bradford(1953)首先提出股票价格似乎遵循一种随机游走的运动特征，由此得到股票的对数收益率符合正态分布。由于正态分布的假设具有很好的统计特性及计算上的便捷性，使得该理论得以广泛应用。

尽管正态性和参数平稳的假设是大多计量经济理论所需要的，但随着金融市场的发展和相关金融数据的累积，实证研究提供了越来越多关于资产收益率分布与正态性假设相违背的证据，布朗运动并不是刻画股票等资产收益过程的理想工具。关于金融资产价格变化过程的理论与现实相矛盾的现象逐渐受到关注，Osborn(1962)在研究股票市场收益率的密度函数，并试图把这些收益率表示为“近似正态”时，发现了一个异常情况：在分布的尾部有过多的观测值，即存在“肥尾”的特征。Fama(1965)研究了股票日收益率时间序列的分布，发现它不同于独立的正态分布。他通过大量反复的实证研究，发现了“尖峰态”、“有偏性”和“波动集群性”特征。Lo 和 Mackinlary(1988)通过实证分析发现布朗运动与市场实际数据有一定差距，实测的股票价格出现了间断的“跳跃”。近几年，有关股票等基础金融资产及金融衍生品的相关文献也越来越强调资产价格“跳跃”特征的重要性。Pan(2002)发现股票收益既呈现随机波动，也兼有跳跃的特征，跳跃风险不仅出现在股票的时间序列数据中，也出现在股票期权的横截面数据中。跳跃风险对市场波动反应甚为敏感，尤其是在比较脆弱的金融市场中更为明显，跳跃风险溢酬和市场的波动高度正相关。Eraker et al(2003)认为，研究波动中的跳因素非常重要，因为跳跃因素加大了资产的整体波动幅度。比如，1987 年美国股市的大幅波动从约 20%跳至 50%，一旦达到这样一个高的水平后，波动均值才慢慢地再次回归到它的长期水平，这说明波动中的跳跃因素对收益分布产生了持续的影响。Eraker(2004)指出，20 世纪股票市场出现的大幅波动和急跌给传统经济和统计模型都提出了挑战。许多学者在这方面做了大量研究，以期建立可以反映市场大幅运动或收益分布中“肥尾”特征的模型，主要包括随机波动模型和跳模型。但这两类模型在实证解释方面都存在一定的局限性，只有将随机波动和跳跃特征结合起来，才能很好地反映市场波动的连续性和间断跳跃性双重特征。

其实最早将跳跃因素引入金融资产收益分析的是 Press(1967)的研究。他在纯扩散模型的基础上引入跳跃，并假设引发跳跃的信息是独立到达且符合泊松分布的，而跳跃幅度则符合对数正态分布，这就是最基本的跳-扩散模型。早期有关于资产定价的许多实证研究，都证明了该模型的实用性和有效性。如 Ball 和 Torous (1983)利用股票数据进行研究时就得到了类似的结论。他们认为股票价格的整体变化总是可以分解成“正常变化”和“非正常变化”两部分。正常变化的发生源于资本化比率、暂时的供求不平衡，或者是对其他造成边际价格变化的信息的一种反应。而非正常变化则是对任何造成股票价格非边际变化的信息的一种反应，这种变化符合泊松跳跃过程。在正常波动模型中引入跳跃因子后，可以更好地对实证数据进行描述和解释。Akgiray 和 Booth(1988)等的研究发现混合正态的泊松跳-扩散模型很好地描述了汇率日变化的统计特征。他们指出，当模型中的跳跃强度参数大于零时，收益率分布是尖峰的，当预期跳跃幅度非零时，收益率的分布是有偏的。Tucker 和 Pond(1988)利用 scaled-t 分布、一般平稳分布、复合正态分布和混合正态-跳跃模型四个随机过程代替平稳的正态分布来刻画六大交易货币从 1980 年至 1984 年间日汇率的变化特征。他们认为这四种分布都具备刻画汇率及其样本矩的不连续特征和实际的经济含义。通过对四种分布过程进行对比，并对所取样本数据进行实证分析发现，混合正态分布-跳跃模型的解释能力最好。它对所有的六种货币的实际分布进行解释时都给出了最佳的拟合检验值。

随着相关研究的不断推进和发展，Press(1967)的基本模型在多个方向上得以完善和应用。其中一个主流的研究方向是将 GARCH 模型与跳-扩散模型结合起来，形成混合 GARCH-跳-扩散模型。这类模型也是对 Engel(1982)提出的自回归条件异方差(ARCH)模型和 Bollerslev(1986)的广义自回归条件异方差(GARCH)模型的一种补充和发展。在 ARCH 模型中，干扰项的分布是正态的，且干扰项的条件方差等于前期干扰项平方值的线性函数。GARCH 模型则允许干扰项前期值及其前期条件方差对干扰项的当期条件方差产生影响。但是对许多金融数据，尤其是高频数据，GARCH 模型连同正态信息很难完全解释尖峰态的现象，而混合 GARCH-跳-扩散模型则在这一点上很好地弥补了 GARCH 模型的缺陷。混合 GARCH-跳-扩散模型是利用 GARCH 模型解释波动中的平滑变化，利用跳跃模型解释资产收益中出现的非经常的大幅的跳跃。如 Jorion(1988)就构建和应用了这类混合 GARCH-跳-扩散模型。他以汇率和股票指数样本路径的不连续性特征为研究对象，利用混合 GARCH-跳-扩散模型进行模拟，并利用最大似然法进行估计时发现汇率和股票指数样本路径呈现出显著的、系统性的不连续变化，跳跃成分解释了实证中发现的存在于货币期权市场的错误定价。

Vlaar 和 Palm(1993)利用混合 MA(1)-GARCH(1, 1)-跳模型

研究了欧洲货币体系内的6只货币从1979年4月至1991年3月的周汇率(以德国马克为基准货币)变化特征，并与美元和英镑的汇率变化作比较。他们利用移动平均部分来描述汇率的均值回归特性，利用自回归条件异方差部分描述时变的波动率，再用跳跃过程解释剩余部分的变化和异常变动。在利用模型对数据进行拟合，并用最大似然法对参数值进行估计和似然比检验后发现，跳跃过程的引入减弱了外部人对MA(1)-GARCH模型的影响，解释了数据呈现的偏度和大的峰值。与原有的正态分布模型进行比较后也发现，引入随机跳跃大大提高了模型的解释能力，对6只货币进行估计的最大似然值出现了2%到10%不等的增加额。

Nieuwland et al(1994)也将欧洲货币体系内的7只货币作为考察对象，对它们在1979年3月至1992年2月的周汇率(以德国马克为基准货币)进行了研究。研究结果也表明这些货币汇率收益率的实证数据分布具有不连续性跳跃、时变参数(条件波动率可变)和条件尖峰性的特征，而且这三个特征是相互关联的。其中，跳跃过程体现了额外的风险因素，如果忽视这一风险，就不能正确识别实际的条件风险，并导致错误的资产定价。而混合跳-GARCH模型恰好可以描述所有的这些特征，即利用广义自回归条件异方差来描述条件波动率的时变特征，用随机跳跃过程来解释观察到的大幅跳跃及尖峰特性。研究结果表明，与单纯的AR(1)-GARCH模型相比，AR(1)-GARCH-跳模型具有更优的描述和解释能力。

尽管这些传统的混合模型在解释资产收益特征方面比原有的纯扩散模型有了很大的改进，但是它们仍存在一个很大的缺陷，即：假设常数强度控制的跳跃分布，这与实际数据变化特征存在偏差。所以，在此之后关于跳跃模型的研究都围绕跳跃强度的可变特征进一步拓展，放松了常数强度的假设条件，允许强度随时间发生变化且受外部因素驱动。如Bekaert和Gray(1998)、Neely(1999)等都提出了外部依赖的强度模型，允许利率等宏观经济变量对跳跃强度产生影响。

Bekaert和Gray(1998)在前人研究的基础上，允许跳跃强度和跳跃幅度为可变的。他们假设跳跃幅度的均值和方差之间存在一个比例关系，并让它们的变化受到包括“法郎的外汇储备变额”、“法郎兑马克的汇率在联盟中的相对位置”、“法国与德国间的利率差”及“法国与德国间通胀率累积差”在内的4个经济变量的影响。此外，他们还认为许多宏观经济变量也会对跳跃强度和跳跃发生的概率产生影响。这是因为一国的货币政策有许多独立的目标，当GNP增长率减缓、失业率上升等现象出现时，汇率目标和其他宏观经济目标之间冲突就会增加，进而导致汇率的资产收益率发生跳跃的概率增加。因此，应该在跳跃模型中加入宏观经济变量的影响。然而，很难构造一个可以直接反映宏观变量和跳跃发生概率之间关系的模型，所以他们假设跳跃强度是法郎资产利差曲线(1年期和1月期之间的收益利差曲线)斜率的函数。而利差曲线是由市场决定的，可以反映宏观经济变量的影响，进而使跳跃发生的概率间接受制于宏观经济变量的变化。他们利用最大似然法对整个模型进行了估计，验证了该模型对原有模型的优化，且发现该模型能很好地解释汇率资产收益率的跳跃特征。

Neely(1999)扩展了Vlaar和Palm(1993)和Nieuwland et al(1994)的研究，允许跳-扩散GARCH模型中的跳跃概率和强度为时变的。他利用参数为λ_t的伯努利分布决定跳跃发生的次数、时间和概率。λ_t为一个随时间发生变化的参数值，并被模型化为德国3月期利率与他国3月期利率之差的probit函数。在实证研究和数据样本的选择方面，他仍将欧洲货币体系中的7个国家的货币作为考察对象，试图利用这种扩展的跳-GARCH模型解释这些货币从1979年3月至1992年7月的周汇率的收益率变化。他在实证研究中发现，这些数据都拒绝了常强度假设，并证明了在出现投机冲击时常数强度跳跃模型不能预期汇率收益率在投机冲击期间突然上升的不确定性。他所构建的跳-扩散GARCH模型则能减轻对GARCH参数的估计偏误，使之更准确地描述和预测汇率收益率波动中的正常变化，而跳跃模型中可变强度也可以更好地描述非正常变化的时变特征。他还将GARCH(1，1)和绝对值GARCH模型进行比较，发现可变跳跃强度模型和绝对值GARCH模型的结合可以进一步改善跳扩散模型对目标区数据的拟合能力。

Das(2002)认为，从统计学的角度看，债券市场短期利率过程一直存在3个特征：利率变化呈现可观的偏度和峰度且足以影响衍生资产的定价；短期波动率很高，持续时间长；自相关和均值回归。Das认为，只有通过引入跳跃因子才能较好地描述这些特征。他对联邦储备基金1988年至1997年的日数据进行分析后发现，在纯扩散模型、泊松-GAUSS模型、ARCH-泊松-GAUSS模型及纯ARCH-GAUSS模型四个模型中，ARCH-泊松-GAUSS模型对数据的实际分布具有最好的拟合能力。Das在对“日效应”、“与联储活动有关的信息冲击”和“债券市场过度反应”三个实证问题进行研究时，进一步提出了对传统常数强度模型的扩展。

在研究“日效应”时，他主要是要验证跳跃是否更倾向于出现在一周当中的某一天。比如，跳跃可能出现在星期一，这是因为周末后发布的一些消息会导致市场利率发生较大的变化；跳跃也可能出现在星期五，因为最后时点的交易可能造成过度波动。所以他利用4个虚拟变量来控制跳跃强度，使其按周一到周五发生变化。利用似然函数进行估计后发现星期五发生跳跃的概率最大，但是如果受到期权到期等信息的冲击时，星期三和星期四也会出现跳跃。这些说明跳跃的形成与大量信息对市场产生冲击有关。

在研究“与联储活动有关的信息冲击”时，主要是研究联储对债券市场的干预是否会引发跳跃。他发现，联储定期召开的会期为2天的公开市场会议(FOMC)会对利率跳跃行为产生影响。该会议常常讨论消费支出、行业产出、零售业销售额、货币收益率、货币供给等经济议题并给出一些政策导向。因此，用两个虚拟变量分别表示会议召开第1天和第2天，并使跳跃强度为这两个虚拟变量的线性函数。经数据拟合检验发现两个系数都显著，说明FOMC确实会增加利率发生跳跃的概率。

最后在研究“债券市场的过度反应”时，他将跳跃强度表示为利率现期变化和滞后一期变化乘积的函数，经过模型估计后发现，该乘积可以解释75%的跳跃强度变化，并证实了市场存在过度反应。他最后还对度强度区制转移的理论模型进行了探讨。

Pan(2002)也提出股票收益的动态变化至少有3个特征：扩散

收益、随机波动和跳跃风险。他构建了一个能同时捕捉这些特征的无套利模型。该模型用独立的均值回归过程来描述市场指数的随机波动，用随机跳跃强度控制的跳跃模型描述市场指数的跳跃风险。其中，跳跃强度的变化依赖于市场指数的同期波动率，即：$\lambda_t = \lambda V_t$（λ 为非负常数，V_t 为市场指数在 t 期的波动率）。这种线性状态依赖的可变强度可以随市场指数波动的状况发生变化。

随后，他用该模型来解释标准普尔500指数和近价短期指数期权从1989年1月至1996年12月周交易价的联合时间序列的关系。由于模型较为复杂，一般的矩估计方法不能用于其参数的估计，因而引入了“含状态变量”的矩估计（IS-GMM）方法来实现相关参数的估计。通过对联合数据进行拟合和参数估计后发现，指数期权资产也存在大而明显的跳跃风险可变溢酬，它和市场指数波动程度成正比。市场指数波动越明显，指数期权资产跳跃风险溢酬越大，期权价格也越高。这种跳跃风险溢酬对拟合两种时间序列数据之间的关系非常重要。他们随后又进一步验证随机强度模型中存在常数部分的可能性（即 $\lambda_t = \lambda_0 + \lambda V_t$，$\lambda_0$ 为非负正常数）。检验的结果不能显著地支持跳跃强度构成中存在常数部分，这说明跳跃风险在很大程度上依赖状态变量的变化。当然，他也提出这种估计结果可能和数据量没有足够大有关，因此也不能完全无视跳跃风险当中不变成分的存在。但可以肯定的是，跳跃强度是可变的，否则不能反映股票市场出现高波动时指数期权跳跃风险溢酬增加的事实。

Andersen et al（2002）认为，随机波动和离散跳跃成分对具有日变化机制的市场而言都是很重要的组成部分，尤其是跳跃成分，解释了资产收益分布中的“肥尾”现象。所以只有将两者结合，才能更好地描述标准普尔500指数的收益特征。在模型构造和实证研究方面，他也对原有的常强度模型进行扩展，利用可变强度的泊松跳跃过程来控制跳跃发生的概率，强度的变化同样依赖于市场的波动。但与Pan（2002）不同的是，他认为跳跃强度中一定存在着一个不变的常数部分，因此他给出强度模型的表达式是 $\lambda_t = \lambda_0 + \lambda_1 V_t$。通过对标准普尔500指数从1953年1月至1996年12月间的日数据进行分析后发现，λ_1 为正值但非常小且不显著，λ_0 为正值但也不显著。不过，他认为这种不显著性可能和使用的统计方法有关，也可能因为 λ_0 和 λ_1 之间存在高度相关性。经过调整和重新构造置信区间后发现，λ_0 的显著性大大提高。但对包含 λ_1 的整体模型进行拟合优度检验，该模型的显著性低于不含 λ_1 的模型。因此，他认为跳跃强度模型中的线性部分对日指数收益分布的解释力度较小，当然也有可能是 λ_1 没有被正确估计出来。而且样本的选择和数据量的大小及估计方法都可能造成 λ_1 不显著，因此并不能否认市场波动对跳跃强度的影响。

这些早期的可变强度跳-扩散模型在很大程度上改善了常强度模型的拟合优度，对实际资产价格和收益数据的变化作出了更为准确的描述，尤其是在描述不同条件下跳跃行为的变化特征以及探寻这些变化背后的经济机制方面作出了很大的贡献。但是，这些模型仍然存在需要改进的地方，比如，它们不能反映跳跃强度的内生性、自相关性或集群性。许多实证研究显示跳跃就像信息过程本身一样表现出集群现象。例如，1997 年亚洲金融危机后和 2007 年世界金融危机以后，各国金融资产都出现了持续的大幅波动。因此，近几年可变强度模型的相关研究又集中于将跳跃强度的时变、跨期依赖或内生性的特征模型化。如 Johannes et al(1999)认为，股票资产收益的跳跃行为似乎具有持续性，因此，他们建立了一个前期跳跃状态和相关金融状态变量，都会对当期跳跃产生影响的跳跃模型，即状态依赖模型(SDJ)。该模型将跳跃发生的概率表述为一系列状态变量的函数。这些状态变量包括前期资产收益是否发生跳跃(用虚拟变量表述)、前期市场指数波动、前期资产收益波动或其他任何可能对跳跃概率产生影响的变量。该模型不仅囊括了许多既有实证模型的特点，能更灵活地捕捉各种大幅的价格变动，还能解释大幅波动呈现的持续性。他们利用 SDJ 模型的特殊形式研究了美国几大证券指数的跳跃结构，重点关注了模型对跳跃时间和跳跃幅度的预测。研究结果表明，该模型对所有被考察的股票指数都有很强的预测能力。他们还进一步分析了既有模型的缺陷，并指出各种特殊的 SDJ 模型是如何准确描述类似于 1987 年大崩盘等各种突发事件的。

Davis et al(2001)提出了 Cbin 的计数模型，即将跳跃假定为一个参数化的时间序列过程。这个模型的重点是用参数为 λ_t 的泊松分布来描述（N_t/F_{t-1}）的变化过程，其中 N_t 表示跳跃次数，F_{t-1} 表示计数序列的自然滤子，$\lambda_t = E(N_t/F_{t-1})$ 表示该分布的条件均值或跳跃强度。而当期条件跳跃强度 λ_t 则是前期实际跳跃次数 N_{t-1} 以及前期条件跳跃强度 λ_{t-1} 的线性函数，该模型最简单的形式为 Cbin(1，1)：$\lambda_t = \lambda_0 + \delta\lambda_{t-1} + \gamma N_{t-1}$，$\lambda_0 > 0, \delta \geqslant 0, \gamma \geqslant 0$。这种线性关系是整个模型构成的关键，它体现了跳跃强度内生性和自相关性。其扩展形式更为灵活，足以为许多金融实证研究所使用。他们随后将模型用于研究 IBM 企业股票的有关数据，数据样本为日内每 30 秒的股票报价、限制指令卖出价和买入价、市场指令卖出价和买入价以及最终交易价等 6 维数据体系，每维价格都包括了 62 天(每天 840 个观测值)的数据。从对这些数据的观察可以发现，跳跃强度有明显的日内效应。再利用 Cbin 和半似然函数进行拟合和估计后发现这个系统没有共同特征，但市场指令主宰了其他几维数据的变化和跳跃特征。

Chan(2004)构造了一个复杂的条件自回归二维跳跃模型来研究不同的汇率变化中是否有共同的跳跃成分。他构造跳跃模型的思路是：用两个相关的计数过程 n_{1t} 和 n_{2t} 分别控制两种汇率的跳跃变化，而这两个计数过程又由三个独立的泊松过程 n_{1t}^* 、n_{2t}^* 和 n_{3t}^* 来定义(强度参数分别为 λ_{1t} 、λ_{2t} 和 λ_{3t})：$n_{1t} = n_{1t}^* + n_{3t}^*$ 和 $n_{2t} = n_{2t}^* + n_{3t}^*$ 。强度参数 λ_{1t} 、λ_{2t} 和 λ_{3t} 分别符合多阶滞后的条件自回归过程。通过这种构造方式，每个计数过程就由“独立跳跃”和“相关跳跃”两部分组成。他将这样一个复杂的跳跃模型用于研究 1980 年 1 月 2 日至 2000 年 12 月 29 日的德国马克对英镑以及日元兑美元的日汇率数据，并通过最大似然法实现相关的参数估计。估计的结果表明，两种汇率收益都存在明显的共同跳跃成分和独立跳跃成分，3 个跳跃强度自回归结构的各阶滞后系数都高度显著，显示出很强的持续性。而相关强度 λ_{3t} 的高持续性则表明任何对这两种汇率的瞬间冲击，都会同时持续增加这两种汇率未来发生更多跳跃的可能性。最后他认为汇率之间的相关性不仅与正常波动的相关性有关，也与跳跃变化的相关性有关。

近期这些研究资产收益变化特征的诸多模型中与本书研究最为相关的是ARJI-GARCH跳-扩散模型，这是由Chan和Maheu(2002)最先提出的。他们一方面利用非齐次泊松跳模型来控制跳跃发生的时间，并假设条件跳跃强度符合一个内生的自回归修正过程(ARJI)。另一方面，延续原有资产定价的思路，用GARCH(1，1)模型描述扩散型波动。他们构造ARJI模型的思路是：由于跳跃难以直接度量和分析，为了能在实证过程中直接估计强度模型中的参数，就必须将条件跳跃强度和已知的信息集联系起来。因此，他们在条件强度满足自回归的基础上引入称为“滤子”的信息流，并根据不同时点的信息流来测度跳跃强度的事前预期值和事后推断值，并利用事前预期和事后推断之差作为修正变量来修正模型的预测偏差。随后他们将该混合模型用于研究道琼斯工业平均价格指数72年间(1928—2000年)18947个日数据。参数估计和检验的结果表明跳跃强度模型中各参数都高度显著，并分别拒绝了常强度和纯GARCH(1，1)模型的假设。实证结果还表明，股票资产收益条件跳跃强度的自相关性为正且有一定的持续性，不过在强度表达式中加入修正因子后，低阶的ARJI(1，1)模型就足以捕捉条件跳跃强度的自相关性和时变性。最后他们认为，ARJI-GARCH跳-扩散模型在三个方面改进了常强度-GARCH跳-扩散模型：(1)时变的跳跃强度能更好地预测股市的波动；(2)在强度模型中加入自回归形式有助于充分发掘常强度模型忽视的波动中的其他结构；(3)在股市出现下挫的时间段内，ARJI模型估计的条件跳跃强度和预期发生跳跃的概率都出现显著增加，而常强度模型则无法体现这种变化。

Maheu和McCurdy(2004)从两方面扩展了Chan和Maheu(2002)的ARJI-GARCH模型。一方面，考虑到许多实证研究证实股票资产收益的条件波动率对好消息和坏消息冲击会产生不同反应，因此在条件波动率的GARCH成分中利用虚拟变量区分好消息和坏消息的不同影响。另一方面，他们认为前期跳跃状态的新信息和常态的新信息也会对预期波动率产生不对称的影响。所以，在原有模型中对跳跃信息和常态信息进行区分，可以改善条件波动率的预测能力，尤其是预测股票收益在大幅波动以后的条件波动率变化。经过扩展后，每期的信息冲击便有可能出现四种状态，即：好的常态信息、好的跳跃信息、坏的常态信息和坏的跳跃信息。他们的实证研究也发现这一扩展是必要的，前期信息的具体状态会影响有关的交易策略和流动性策略，而这些策略反过来又进一步影响波动和跳跃的集群性。

在完成模型扩展后，他们随机选取了包括 IBM、Intel 等 11 家美国上市企业自上市之日起至 2000 年 12 月 29 日的股票日数据进行实证研究，发现拓展的跳 GARCH 模型比原有的跳 GARCH 模型有更强的解释能力，有助于解释不同消息来源引发的不对称效应。但模型参数估计值中衡量好的跳跃信息的参数有一半不显著，而衡量其他 3 种信息的参数基本上显著。因此，他们认为尽管模型显示了条件波动率对好坏信息的不同反映，但是跳跃发生时这种不对称影响很弱。最后他们利用样本外数据对该扩展模型和 GARCH-t 分布模型的预测能力进行了比较，发现前者的预测能力明显优于后者。

Daal et al(2007)则认为，可以对 Chan 和 Maheu(2002)的自回归强度模型进行另外两种形式的扩展，即：在跳跃成分中纳入 GARCH 乘子或者波动状态的反馈效应。他们认为进行如此扩展的原因是：(1)Chan 和 Maheu(2002)的自回归强度模型使跳跃强度随时间发生变化，但这部分跳跃成分变化与扩散成分完全无关，而加入共同的 GARCH 乘子可使得跳跃成分的变化与扩散成分的变化同时发生，并使这两种变化相互关联；(2)考虑到一些实证研究表明市场出现高波动会增加跳跃发生的概率，可以将跳跃强度表示为收益波动(代理变量选择了市场指数或汇率前期收益的绝对值)的非仿射函数。

随后，他们将这两种扩展进行组合形成了三种模型：自回归 GARCH 乘子状态依赖模型(JDMSI)、自回归 GARCH 乘子模型(JDMAI)和自回归状态依赖模型(JDSI)。他们将这 3 个模型和常跳 GARCH 乘子模型(JDM)及自回归跳跃模型(JDAI)一起用于研究和拟合美国和 8 个亚洲新兴证券市场从 1995 年 6 月至 2002 年 8 月日指数收益数据。在选取考察样本时，他们特别强调所选样本体现了多样性，有助于观察和对比美国和亚洲证券市场在1997年金融危机前后变化的不同，检验他们构造的GARCH-跳模型能否捕捉新兴市场不同于发达成熟市场的特征，如峰值更大、波动更大等。出于比较分析的原因，他们对亚洲市场的样本也进行了有区分的选择，既包括了像墨西哥这样受到1997年亚洲金融危机严重影响的国家，也包括了像中国这样受金融危机影响较小的国家。

模型估计和检验结果表明，在几种扩展模型中，JDSI模型和JDMSI模型能较好地拟合美国和大多数亚洲新兴市场的证券收益特征，并在统计上显著拒绝了JDM模型和JDAI模型。虽然从总体而言，JDMAI模型和JDSI模型对数据的拟合度相当(模型最大似然值和AIC值相差无几)，但是单个参数的估计值表明JDSI模型更优。从模型的估计结果中，他们还证实了所有这些样本指数的收益波动都存在随机性、持续性和不对称性。其中，新兴市场指数波动的持续性要高于美国市场，杠杆效应则更低些。所有指数的收益和波动都表现出间断的跳跃，但跳跃因素在新兴市场中起着更为重要的主导作用，使得收益分布的尾部呈现出不同的特征。

除了上述研究外，还有Rangel(2011)，Zhou(2011)，Jiang和Tong(2013)，Chayawat(2014)，Duong和Swanson(2015)等文献也验证了股票等金融资产跳跃的存在和分析了资产发生跳跃的各种特征。

时至今日，我国金融市场、金融体系和金融制度也经历了近20年的发展和数次大大小小的变革，但与发达国家金融市场上百年的历史相比，仍是不成熟的新兴市场。因此，我国金融资产价格的变动常常表现出高波动、尖峰肥尾等新兴市场的特征。Santis和Imrohroglu(1997)发现，新兴金融市场与成熟市场比，条件波动率更大，资产价格出现大幅变化的条件概率也更大。Aggarwal et al(1999)发现，新兴金融市场往往呈现出突然的大幅波动和跳跃式的变化。Bekaert和Campbell(1997，2002)也曾对诸多新兴金融市场进行过研究，发现这些市场的波动主要和本国的信息变量有关，表现出比发达市场更高的波动和更厚的肥尾。陶亚民和蔡明超

(1999)则发现上证综合指数收益率分布有明显的尖峰肥尾及偏态的特征。张思奇和马刚(2000)在对上证A股综合指数的分段研究中发现各阶段的日收益率均具有肥尾特征和不服从正态分布的证据。

尽管近年来我国对金融资产价格呈现的尖峰肥尾特征研究较多，但以对GARCH模型的研究和拓展为主，如吴长凤(1999)表明我国沪、深两市GARCH现象十分显著，魏巍贤和周晓明(1999)指出QGARCH模型对中国股市波动具有很好的预测能力且明显优于正态扩散模型，唐齐鸣和陈健(2001)发现了显著支持t分布-GARCH模型的证据。

但许多实证研究表明，GARCH模型及其扩散型拓展模型仍然不能很好地解释金融数据的尖峰、偏态及大幅波动聚集性等特征，只有引入跳跃因素才能改善这一缺陷。而国内研究资产收益跳跃行为的文献较少，且主要集中于对国外现有理论模型的检验、应用和拓展。其中，谢赤和邓艺颖(2003)就以2000年8月30日至2002年8月30日中国银行间债券市场交易量最大的7天回购利率日收盘价为研究对象(共502笔交易数据)，发现利率变动的峰度和偏度值较大，说明存在不连续变动和杠杆效应。对利率的ARCH检验F值和LM值也较大，表明存在条件异方差效应。因此，将利率不连续变动与异方差问题结合起来考虑十分必要。他们构造了混合跳-GARCH模型，试图对利率动态变化中的正常波动与跳跃波动行为进行综合描述和拟合。首先引入一个自回归条件跳跃强度来对利率动态过程中出现跳跃的次数进行统计描述，并使跳跃幅度符合正态分布。然后在传统的GARCH模型的基础上，进一步将好坏消息及跳跃与常态消息相结合，并区分为四种消息状态(好的跳跃信息、坏的跳跃信息、好的常态信息、坏的常态信息)。最后，通过引入虚拟变量和事后推断变量来分别考虑不同的消息状态对条件波动率预期的影响。但他们主要是基于理论模型的研究，并未验证该模型是否能较好的拟合样本数据，且整个模型的构造与Maheu和Mccurdy(2004)的理论模型基本是一致的。

童汉飞和刘宏伟(2006)认为，尽管股票市场收益率通常是小幅波动，但当市场出现重大或者异常信息时，收益率会在短时间内发生大幅度的跳跃式变化，市场波动率也明显加剧。其潜在原因是市场信息极大地影响了投资者的预期。当收益率小幅度变化时，波动率由GARCH(1，1)平稳随机过程产生，但是当收益率发生跳跃式变化时，波动率将背离GARCH(1，1)过程，并调整到一个较高的水平。因此，他们也利用跳-GARCH模型对沪深A股和B股自股市成立起至2004年4月的日收益率进行了分析(其中跳跃的发生由伯努利过程控制)，并与传统的GARCH模型进行了比较。实证结果表明，跳-GARCH能够有效地估计出沪深两市收益率和波动率的跳跃性变化，并较好地识别了收益率发生跳跃的时刻。对数似然值的增加，说明跳-GARCH比正态分布的GARCH模型更合理地反映了市场收益率和波动率过程。标准残差检验结果则表明跳-GARCH的标准残差基本满足正态分布与弱相关性假说，模型设定比较合理。传统GARCH模型的标准残差则基本不符合正态分布。他们进一步应用跳-GARCH模型研究各市场指数跳跃的一致性，发现沪深两市A股间跳跃的一致性较强，通常是同日发生跳跃。B股间跳跃的一致性相对较弱。A股与B股相关性最弱，B股的跳跃性变化与A股是否发生跳跃几乎不相关。

洪永淼和林海(2006)对1996年7月22日至2004年8月26日的7天国债回购利率进行了分析。他们发现，利率变动有明显的集聚效应，利率水平越高，利率波动一般也越大。大多数的回购利率变动很小，但是会突然出现很大的跳跃，利率的分布存在尖峰特征，并向右倾斜，有一个长长的右尾部。和美国等发达国家市场利率变动比较平稳不同，中国的回购利率发生跳跃可能性更大。这可能是因为每当有新股发行，机构投资者就从国债回购市场上借入资金，用于一级市场申购，从而带动国债回购利率的暴涨。如果没有新股发行，国债回购利率则迅速下跌。此外，他们还发现在1996至1998年期间，国债回购利率水平、波动性以及突然跳跃的概率都要高于1999年以后的时间段，但是国债回购利率波动对利率水平变化的敏感性则在1999年以后变得更强了。他们随后用单因子扩散模型、GARCH模型、马尔科夫机制转换模型以及跳跃-扩散模型(其中跳跃的发生由伯努利过程控制，其参数为前期利率的 logit 函数)对数据进行拟合，并采用了边界蒙特卡罗模拟方法估计有关参数，估计结果显著拒绝了非跳跃模型，认为引入跳跃因子大大地提高短期利率动态模型的拟合效果，有助于解释部分的波动集聚效应，特别是利率的尖峰厚尾现象。经非参数模型设定检验，引入跳跃行为之后检验的统计量更小，表明模型设置更合理。

余文龙和王安兴(2009)认为，相对国外成熟市场，跳跃是中国利率市场上更为常见的一种现象。中国货币市场常由于某些套利活动出现资金短期供求失衡，进而引发利率跳跃。特别是近几年，中国货币市场利率变动非常剧烈，短期利率常常表现为快速“大起大落”的形态，短时间内快速攀高，随后数天内迅速回落至一般水平。这种大涨大跌现象就是跳跃行为的表现。因此，他们考虑把跳跃引入到短期利率期限结构的研究中。在构建理论模型时，他们以一般 Vasicek 模型为基础，尝试从不同的角度在该模型中引入跳跃因素，构造了跳-Vasicek 模型、跳-ARCH-Vasicek 模型和修正的跳-Vasicek 模型。

为了能比较这四种模型对实际数据的拟合效果，他们选取了三类交易较活跃的 7 天期限的短期利率(银行间 7 天质押式回购利率、银行间 7 天拆借利率和交易所 7 天新质押式回购利率)，并截取 2006 年 5 月 25 日至 2008 年 7 月 15 日的数据进行实证研究。模型检验的结果显著拒绝了非跳跃模型，发现加入跳跃因素和 ARCH 因素后，每个市场数据拟合的似然值都有明显的提高，ARCH 项系数、跳跃项的跳跃概率和描述跳跃幅度的有关系数都非常显著。似然比检验也说明跳-ARCH-Vasicek 模型相对更优，最符合市场特征。实证研究中还发现，跳跃和 ARCH 特征在银行回购市场中最为显著。

他们随后进一步从微观和宏观角度分别研究中国短期利率跳跃行为。研究结果表明：(1)货币市场上新股申购效应比货币政策调整更明显的导致利率发生跳跃；(2)不管是银行间的货币交易市场还是交易所市场，股票市场的信息对利率跳跃都有非常显著影响。

陈浪南和孙坚强(2010)则构建了 ARVI-GARCH 模型，该模型以依赖历史条件波动率的自回归条件跳跃强度过程(ARVI 模型)控制股票收益发生跳跃的概率，以依赖于历史跳跃行为的 GARCH 过程控制股票收益波动的条件方差。ARVI-GARCH 模型从两方面对 Maheu 和 Mccurdy(2004)的模型进行了拓展：(1)在条件强度模型中加入了条件波动率对跳跃行为的回馈效应；(2)在 GARCH 模型中加入了位移特征 C，以反映投资者对消息冲击所具有的收益预期($C > 0$)或损失容忍($C < 0$)。

他们用 ARVI-GARCH 模型解释了 1995 年 7 月至 2002 年 8 月间，我国上证指数、香港恒生指数、台湾加权指数，以及美国道琼斯工业指数和纳斯达克指数日收益的变化特征。模型和参数估计结果表明：(1)各指数的日收益存在明显的跳跃行为，拒绝常强度模型的假设；(2)所有指数的跳跃强度都具有显著的时变特征和集聚效应；(3)除了上证指数外，其他指数收益的条件波动率对跳跃强度存在明显的回馈效应。这可能是上证指数收益的总条件方差中较高比例为跳跃扰动方差(正常漂移扰动方差较小)，从而导致了回馈效应的不显著；(4)各指数都证实了跳跃行为对波动率预期的非对称回馈效应；(5)除了台湾加权指数外，其他数据都支持位移效应的存在。但只有道琼斯工业指数存在收益预期，其他指数则存在损失容忍。

当然，还有其他研究也利用不同的统计方法和计量方法对金融市场的跳跃现象进行了解释和分析。如欧丽莎等(2011)关注了中国股票市场股票价格的跳跃现象。他们认为，股票市场跳跃现象与一些可识别的宏观信息有关，如存款准备金率的变化、印花税的调整、商品价格变动、汇率变动、外交政策变动、国内外形势以及破坏性灾难等。同时，单个股票资产还会受到突发的企业异质信息的影响，这些信息能导致单只股票资产价格出现经常性的跳跃。他们利用基于 BN-S 方法已实现波动测度构造出跳跃统计量，分析了 2006 年 8 月至 2008 年 3 月期间中国深证市场成分指数、上证综合指数以及单只股票(36 只深证成指成分股和 25 只上证综指成分股)价格的跳跃现象。检验了共同跳跃(指数跳跃)和异质跳跃(单只股票跳跃)，并分析了二者之间的相互关系。研究证实了股票市场价格跳跃存在普遍性，而且对单只股票而言，共同市场因素的影响没有企业异质性影响因素显著，即单只股票的跳跃以异质跳跃为主。该跳跃统计量的检验方法为研究和界定金融市场和金融资产价格变化中的跳跃点提供了理论依据。西村友作等(2012)认为，在真实经济环境中，尤其是在市场动荡时期，资产价格变化不是连续的，价格的跳跃现象时有发生。他们以2008年9月16日(雷曼企业破产日)至2009年1月底这段时期内上证综指、恒生指数及S&P500指数作为研究对象，采用跳跃显著性检验方法和HAR-RV-J模型、HAR-RV-CJ模型来分析股市波动的跳跃特征。结果表明，雷曼危机导致股市波动的显著变化。与正常时期的股市波动跳跃情况进行比较分析，无论是跳跃比率还是均值、标准差，都发生了显著性的提高。跳跃发生频率最多、跳跃幅度最大的市场为中国香港股市。中国香港股市大约2天发生一次显著跳跃，中国内地股市约4天发生，美国股市约10天发生。柳会珍等(2014)则利用了上证综合指数2001年至2010年的高频时间序列数据作为样本，来研究收益率波动中的跳跃成分。他们建立了收益率的非齐次自回归已实现波动率模型，并利用统计极值POT方法研究股指收益率信息尾部行为。研究结果表明，我国股票市场存在明显的跳跃迹象，在股市繁荣和低迷时期股指波动中的跳跃成分尤为显著。他们也认为，在波动率模型中纳入跳跃对股指波动的风险预测具有重要的解释力。在股指收益率波动建模和风险预测中，跳跃的因素具有不可忽视的重要影响。

经过对现有文献的梳理可以发现，目前对各类金融资产价格和收益中跳跃现象的研究已经比较深入。尤其是近几年，研究权益(股票)资产收益中跳跃现象的相关模型已经能够对实证数据进行很好的解释和预测，但这些研究仍然存在着一些不足。

(1)现有的模型要么是状态依赖的外生模型，要么是自回归的内生模型，而没有将两类模型结合起来的深入研究。虽然Daal et al(2007)也在强度模型中引入了市场前期波动这一状态变量，但其目的在于考察波动回馈的内生性，而非状态变量的外生影响。国内更少有研究分析外部状态变量(如利率、货币政策等因素)对跳跃强度变化的影响，或者系统波动对个股跳跃强度影响的文献。

(2)缺乏对指数间或个股间跳跃行为或大幅波动传染性的研究。许多国外的研究都只是比较了各指数间跳跃特征的不同和收益分布上的差异，没有考虑指数间大幅跳跃波动的相互影响。而在国内的研究中，童汉飞和刘宏伟(2006)虽有考虑A股、B股指数跳跃发生的一致性，但并没有深入研究这种跳跃一致性是如何实现的。

(3)对微观个股跳跃行为研究的文献非常有限。现有关于资产定价的有关文献大多集中于宏观指数的研究，并未提及有关结论是否同样适用于个股的分析和投资决策。虽然 Maheu 和 Mccurdy (2004)对11只个股收益的变化特征、波动状态及跳跃行为进行了较为详细的分析，但其选择的个股数量较少，且只涉及美国上市的股票，相关结论是否也适合中国上市的股票，还有待研究和检验。欧丽莎等(2011)虽然对单个股票资产跳跃点进行了捕捉，却没有对导致跳跃变化的原因进行剖析。

1.2.2 基于跳跃因子的违约风险研究

关于企业信用管理和违约概率的研究模型主要分为结构模型和简约模型。简约模型是基于违约发生的强度来估计违约概率的，并不以企业的价值为违约条件，企业价值相关的参数也不需要估计。其代表人物包括 Jarrow 和 Turnbull(1995)、Duffie et al(1996)，以及 Duffie 和 Singleton(1999)等。与简约信用风险定价模型不同的是，结构模型需要对企业资产价值和它的资本结构和负债进行描述，其建模的基础是期权定价和企业负债问题，企业的违约过程是由企业资产价值决定的。结构模型一方面将企业违约风险同企业总资产价值相关联，把违约过程描述为企业总价值恶化的直接结果。另一方面，对企业资本的市场价值进行结构分析，从而达到对权益、债务和总资产进行估值，进而确定企业违约风险的目的。其代表人物包括 Black 和 Scholes(1973)、Merton(1974)、Black 和 Cox (1976)、Kim et al(1993)、Longstaff 和 Schwartz(1995)等。

其中，Black 和 Scholes(1973)提出了期权定价的经典公式，

Merton(1974)则将期权定价公式引入到信用风险定价中。Black 和 Scholes(1973)和 Merton(1974)是较早完整阐述信用风险定价模型的经济学家，在信用风险定价的探索和研究方面具有里程碑意义，他们所构造的期权(或权益)定价模型就是著名的 BSM 模型。BSM 模型假定权益人承诺在债务到期日偿还给债务人总债务面值。如果到期时，企业资产价值大于总债务的面值，则债务人可收回总债务的面值，权益人则获得两者之差的收益。如果企业资产价值低于总债务的面值，债务人则仅能收到等于企业资产价值的支付额，而权益人得不到任何收益。那么，权益资产的价值就可看成是以企业总资产为标的资产的看涨期权的价值(执行价格等于总债务面值，期限等于总债务的期限)。总债务的价值就等于企业当前总资产价值减去权益资产的价值。BSM 模型所隐含的违约风险的基本思想相对简单：债务到期时，若企业总资产价值低于其总债务面值，便发生违约。

Black 和 Cox(1976)在 BSM 模型的基础上引入更为复杂的资本结构。他们认为，Merton(1974)给出的权益定价模型有一定的局限性，因为违约不一定在给定的时点才发生，从当前时间开始到给定的时点期间内任何一点，企业价值都可能降至违约门限以下而引发违约。因此，应该在企业违约问题中引入一个安全契约，以保证企业价值一旦降至某个事先约定的水平，企业价值便全部移交给债权人。因此，Black 和 Cox(1976)讨论的是有安全契约时的权益和债务定价问题，并推导出首达时模型。但他们的分析是建立在企业价值符合纯扩散过程的假设上的。虽然他们也强调，如果企业价值遵循一个跳跃过程，就必须对权益和债务价值进行调整，不过并未就此问题进行深入探讨。Kim et al(1993)，Longstaff 和 Schwartz(1995)则在 BSM 模型中引入随机利率，从而放松了利率常数的假设，令无风险利率遵循维纳过程，并与企业价值相关，从而考虑了违约风险与利率风险的相关性。

由于结构模型以企业的资本结构为基础，其信息源具有数据广、结构丰富的特点，这是简约模型所不能比拟的。随着资本市场的快速发展，信用风险度量方法越来越多地使用资本市场中的有效信息来增强模型识别违约风险的能力，所以在实证研究中往往更推崇结构模型。

但是，实际的金融市场一般是非完全的，具有波动和跳跃双重特征。近年来，政治、经济和社会等方面出现的突发事件不断影响着金融市场，使得资产价格出现不连续的跳跃式变化。尤其是面对这次全球金融危机的冲击，我国金融市场反应相当敏感，各种金融资产都发生了跳跃式变动。在这种情况下，继续用纯扩散型结构模型来分析资产价值所蕴含的信息和评价违约风险显然不恰当了。因此，许多相关的文献都将跳跃因素引入到期权定价、企业价值评估和信用管理的研究中。

其实，最早将跳跃因素引入到期权定价的还是 Merton(1976)。Merton 认为，在 BSM 模型中，期权定价有效性的关键假设是标的权益(股票)资产收益符合连续样本路径的随机过程。但实际上连续性的交易是不存在的，在现实世界也没有时间序列数据有连续的样本路径，许多金融资产收益数据往往具有跳跃特征。因此，需要在标的资产符合跳跃特征的条件下推出期权定价公式。同时，Merton(1976)认为，基于跳跃风险的期权定价公式完全可以用于企业负债的定价和违约风险的研究，不过他并未就此问题进行深入探讨。

Mason 和 Bhattacharya(1981)考虑了在债务定价和违约风险度量中加入跳跃过程。他们以 Black 和 Cox(1976)有关分析为基础，但假设资产价值变化遵循纯跳过程，跳跃幅度符合二项式分布，试图分析跳跃行为对首达时模型的影响。他们主要从两个方面对 Black 和 Cox(1976)的模型进行了扩展：(1)企业资产价值过程会随有关信息的到达而发生跳跃变化，这些信息到达的时间是随机的，对企业价值的影响也是独立的，从而使得企业价值无需触碰违约门限就可以直接降至该门限值以下，从而导致违约的发生，这种假设与实际情况更为接近。(2)Black 和 Cox(1976)的结论遵守严格的套利假设，无需知道资产的期望收益率和均衡模型。然而，他们的结论只能在代理人为严格的风险规避的经济环境下才能成立，当企业价值为跳跃过程时，该结论就不能成立了。而 Mason 和

Bhattacharya(1981)则遵循了 Ross(1976)和 Merton(1976)的假设条件，将企业价值和权益的期望收益率看成是无风险利率，而不需要关于代理人风险偏好的假设。Mason 和 Bhattacharya(1981)还提出，在今后的研究中可以考虑资产价值符合一个由泊松过程和布朗运动组成的复合过程，并结合首达时模型来分析企业违约问题，但此后未见其有相关的讨论。

Bates(1988)将原有的一般均衡模型扩展到含有跳跃行为的均衡模型，推导了资产价格符合跳-扩散过程时的资产市场特性，构造了以此类资产为标的资产的期权定价的一般方法，即使当跳跃风险是系统的不可分散时，该方法仍能使用。因此，为基于跳跃行为的违约结构度量模型提供了更为广泛的理论支持。

Aase(1988)扩展了无摩擦市场和连续交易假设下或有权益定价理论的一些结论。他进行理论分析时所利用的定价模型是一个特定结构的半鞅模型，将证券收益表示为一个 Ito 过程及一个随机点过程(纯跳过程)的和式。由于这种形式的动态均衡价格在阿罗-德布鲁经济模型中是已知的，因此他们的方法没有局限性。从实证应用的角度看，这类模型也有许多优势。在这样的理论框架下，他考察了在均衡经济中，模型在等价鞅测度(证券的折现值是鞅)下的特征。研究了点过程在均衡环境中对或有权益价格是如何产生影响的，并在 Ito 过程为一般的 GAUSS 过程时推导出一类新的期权定价公式和资本结构分析模型。

Amin(1993)构造了一个简单的离散时间模型，对标的权益资产(股票)符合跳跃-扩散过程的期权进行定价。他在 Cox et al (1979)的 CRR 二项式模型中加入了多元跳点，从而得到了一个极限跳-扩散模型。该模型既考虑了存在套利交易时股票收益发生的跳跃，也考虑了股票收益的系统性跳跃。他认为尽管有许多文献建议将跳跃引入到期权定价和违约度量的结构模型中，从而解释一些 BSM 模型所不能解释的实证中的偏差，但是，当跳跃分布既不是对数正态的也不是离散时，许多定价模型都无法得到闭式解。他的构造方法和计算程序在这些情况下仍然可以使用，并得到期权的闭式定价公式，而且该定价公式还可以应用于企业债务和权益定价等实证问题。

Duffie 和 Lando(2001)认为，债券价格常常会在违约时或接近违约时出现突然大幅的下跌，这种突然的变化可以归结为信息的不完全现象。因为二级市场的交易者往往只能知道资产发售者的部分信息，且有些信息还存在延时。通常在违约即将发生时，市场才会突然披露一些关于资产发售者的实质消息。因此，市场信息的突发性引发了债券价格的跳跃。所以，他认为可以用一个违约强度过程来控制违约停时，以解释资产价值的突然性下降。但是 Duffie 和 Lando(2001)提到的不完全信息(司法案件或突然的财务困境)导致的跳跃仅仅是各种可能跳跃中的一种特例。

Zhou(1997)认为，由于企业会在其市场价值低于外部确定的违约门限水平或债务价值时发生违约，因此，准确地描述企业市场价值的变化过程对度量违约风险十分重要。BSM 模型及其扩展模型(如 Black-Cox 模型、Longstaff-Schwartz 模型等)都是基于资产价值符合纯扩散过程的假设。但 Zhou(1997)却发现，企业债券的信用利差要比纯扩散方法所估计的信用利差高出很多。此外，在纯扩散模型框架下，经济状况较好的企业在连续过程下的瞬间违约概率为零，因此这类企业的信用利差结构总是从零开始且有向上的斜率。这是因为在扩散过程下，企业价值不可能出现突然的下降，所以，企业永远不会出现突然的违约。但实际上，企业资产价值的突然跳跃时有发生，资产价值有可能在瞬间内大幅下降，从而使利差大幅增加，尤其是短期债券的利差增加更为明显，从而使得实际的信用利差曲线总是水平的，甚至有向下的斜率。因此，基于纯扩散模型的违约度量模型与实证数据存在较大的差距。

另一方面，简约模型虽然非常灵活，可以较好地拟合各种信用利差结构，但却没有分析企业价值的变化过程，仅将违约视为一个不可能预期的泊松事件，因此无法导出企业资产负债结构和企业违约风险之间的关系。比如，违约的风险率被模型化为一个外生过程，无法知道违约过程背后的经济机制。因此，即使简约模型能够产生各种利差结构，却无法从理论上解释这些结构的形成机制。此外，简约模型在对实测数据进行拟合时，其参数相当不稳定。为了克服这些缺陷，Zhou(1997)结合信用风险定价结构模型和简约模型的优点，构造了基于跳-扩散过程的违约度量模型。这类模型有至少4个特点：(1)由于考虑了跳跃风险，企业可以因为价值的突然下降而在瞬时出现违约，因此即使是金融状况较好的企业短期内的信用利差和违约概率也可能大于零；(2)能够解释企业债券的各种不同的利差结构，即使企业目前的金融状况较好，其发行的债券也可能拥有不同形状的收益利差曲线和边际违约率曲线，包括向上斜率、向下斜率和水平斜率，而在扩散模型中水平和向下斜率的利差曲线是不存在的；(3)企业违约时的资产价值是一个随机变量；(4)违约回收率和违约前的信用状况正相关。这些特点和之前许多实证研究的结果保持一致。

Zhou(2001)进一步完善和补充了Zhou(1997)的研究，对有关假设条件进行了修改，去掉了一些过于严格的假设，使得模型的适用范围更广。随后，他还运用该跳-扩散模型在假设的各种参数下分析了违约概率和各种跳跃因素之间的关系，讨论了资产负债、跳跃幅度、跳跃频率等对信用利差的影响，从实证应用的角度进一步拓展了Zhou(1997)的相关结论。

Zhou(1997，2001)所构造的模型具有很大的灵活性，在理论上扩展了Mason和Bhattacharya(1981)的模型，使跳跃幅度符合一个更为复杂的对数正态分布。该模型既可以解释短期及长期内各种不同形状的信用利差和违约率，也可以洞察违约风险背后的经济机制。因此，Zhou(1997，2001)的研究和本书研究最为相关。但是Zhou(1997，2001)最大的缺陷在于，仅从理论上完成了模型的构建，并通过蒙特卡罗模拟的方法估计相关参数，却没有利用真实数据来验证相关结论。由于该模型依赖企业总资产价值的变化，而总资产价值的变化过程又无法直接观测，所以整个违约结构在用于实证研究以前，还必须考虑如何找到一个可以反映企业总资产价值变化的变量，从而间接观察它的变化过程，这也是Zhou(2001)提出的今后进一步研究的方向。

Delianedis和Geske(2001)以1991年11月至1998年12月符合条件的美国企业债券数据和权益资产数据为研究对象，利用基于期权方法的 BSM 扩散模型得到这些上市企业的违约利差，并利用经调整后的企业债券收益和政府债券收益间的利差作为信用利差。他们发现，利用模型求出的违约利差和实际债券的信用利差存在较大差距，前者只能对后者作出部分解释。他们把这两者之差称为残余利差，并发现 AAA 级债券的残余利差较大，而 BBB 级债券残余利差较小。为了发现哪些因素可以帮助解释(或减少)残余利差，他们引入各种因素，包括回收率、税收政策及跳跃因素，并对原有的 BSM 模型进行变形，利用变形后的模型对数据重新进行估计。估计结果表明，回收率的改变无助于减小残余利差，而跳跃因素和税收政策的引入则在一定程度上可以减小残余利差，但仍不能解释全部的残余利差。因此，他们进一步分析并验证了流动性和市场风险对利差的影响，最后得出结论：跳跃、税收、流动性和市场风险的引入都有助于改善 BSM 扩散模型估计的违约利差对实际信用利差的解释不足。

Kou 和 Wang(2003，2004)从两个方面对 BSM 模型进行了扩展和推广：违约可以在任何时间点发生及资产价格符合跳扩散模型。他们最大的贡献在于找到一类特殊跳扩散模型在拉普拉斯变换下的近似解。由于面临解析解的可循性问题，如何求解 BSM 模型的扩展模型一直是一个难以解决的问题，尤其是引入跳跃后，模型变得更为复杂。许多文献都试图寻求这些模型的显式解，但仅能找到少数特殊跳-扩散模型的显式解。由于指数分布具有无记忆性，因此他们假设跳跃发生的跳跃幅度遵循一个指数分布，再利用 HH 函数和 Gaver-Stehfest 算法在拉普拉斯变换下推导出期权和权益定价的近似解，但仍无法得到期权和权益定价的显式公式。由于 Kou 和 Wang(2003，2004)求解过程较为复杂，且只给出拉普拉斯变换下的解形式，因此较难应用于实证研究。Tudela 和 Young(2005)构造了基于 BSM 方法的多种模型以估计英国上市企业违约可能性，包括实际已经发生违约企业的违约概率、评估其违约的指标、还没有发生违约企业的违约概率。他们发现，如果在 KMV 方法中将结构模型和简约模型的特点结合起来(即同时分析企业的资本结构信息和违约强度信息)，将会得到更为精确的分析结果。

Luciano et al(2005，2009)认为，参与市场经济活动且具有高违约风险的单个企业，其违约风险和权益收益之间存在明确的相关性，违约风险呈现系统性。因此，信用和权益价值的关联一直都是投资者和风险管理者关注的重要问题。投资者和风险管理者一直比较关心可以同时应对信用和权益两种产品的模型。这类模型主要致力于管理同时含有这两种产品的投资组合的整体风险和收益，其中以结构模型的使用最为广泛。但他们认为，许多传统的结构模型都是假设标的资产符合纯扩散过程，对实际信用利差和违约风险存在估计偏误。因此，可以结合结构模型和简约模型的特点，将权益价值直接与违约风险挂钩。他们假设权益是一个具有流动性、可观测的初始资产，违约则在权益价值达到零违约门限时发生，从而避免了对企业资本结构的严格假设。违约风险兼具可预测性和不可预测性。可以依据常弹性方差(CEV)过程来描述可预测的违约风险，并产生一个正的扩散违约概率。而依据泊松跳跃过程来描述不可预测的违约风险，使得短期信用利差不为零。这样的假设也保证资产间简单的套期保值能够实现。通过他们的严谨定价模式，可以求得企业债券和信用违约互换的解析定价公式。

Carr 和 Linetsky(2006)利用一个常弹性方差(CEV)扩散模型来描述股票价格，并加入一个跳跃过程来描述价格突然跳跃甚至降至为零的变化。为了能捕捉违约和波动之间可能的正向相关性，他们还假设了违约风险率是标的资产收益瞬时方差的仿射增函数。然后进行了风险中性条件下的定价分析。他们的研究主要是致力于寻求一个与 CEV 型完全市场等价的非完全市场中的鞅测度，并以该等价鞅测度为基础推导出违约风险的度量公式。

Kiesel 和 Schere(2007)构造了一个跳-扩散结构式信用组合模型，该模型研究了组合的动态损失分布和依赖结构，得到资产间的对数相关式，较准确地估计了资产间违约关联的期限结构。如果把该模型简化为单个企业的模型，它就是对 Zhou(2001)跳-扩散模型的一般化。和纯扩散模型相比，引入跳跃因素使得债券利差和信用互换利差期限结构在瞬间内有正的极限，从而对观测到的信用利差曲线作出更好的拟合。该理论模型仍需用蒙特卡洛模拟来近似估计违约概率，因此在应用于实证研究方面也存在一些困难。

Cremers et al(2008a，2008b)认为，企业债券是可违约的，因此其收益会高于无违约风险的政府债券。但是实测利差似乎显得“过高”了。他们发现实测的信用利差和企业违约损失的历史数据之间很难匹配，投资级别的企业尤其如此。他们通过大量的实证研究发现，基于 Merton(1974)的一些企业价值结构模型基本上只能解释20%~30%的实测信用利差。因此，他们尝试引入跳跃因素来改进模型的预测能力，研究基于期权定价的跳跃风险溢酬是否可以解释实测的高信用利差。他们使用股票和期权的价格和收益率数据来估计跳跃参数，利用跳-扩散结构模型估计跳跃风险产生的信用利差水平，并根据违约风险和股票收益率的历史信息来校正模型。分析结果表明，引入跳跃风险溢酬能够使预测的信用利差更加接近实际的利差水平，跳跃因素的引入也有助于改善对信用利差波动和股票收益率波动的拟合度。

Barbedo 和 Lemgruber(2009)认为，跳跃因素在违约分析中十分重要，只有加入跳跃因素才能反映政策和经济结构突然变动对资产价值的影响。他们利用带有跳跃因子的资产互换期权定价模型来解释企业资产、负债和权益之间的关系，从而构造了一个具有可循解的跳-扩散结构模型来度量企业违约概率，实现了对现有结构模型的扩展。他们随后用该模型以及其他几个基于扩散过程的结构模型，估计了样本企业的违约概率，并和由债务存续信息所预测的违约概率进行了比较(其中“债务存续信息”由央行债务信息数据库提供)，发现他们构造的模型对违约概率的预测能力更强、误差更小。但他们更偏重于实证研究，其理论模型构造交代不清，既没有对资产跳跃行为特征进行分析，如：跳跃符合怎样的随机过程？跳跃幅度是相关还是独立？符合什么概率分布？也没阐述如何在基于纯扩散假设的资产互换期权模型中引入跳跃因素的影响及如何对模型参数进行估计。

Zhang et al(2009)通过对现有的文献和有关的实证研究进行分析发现，BSM 模型有很多的缺陷，如预测的信用利差远低于实测数据、仅能解释部分利差变化、对企业债券的定价误差较大等，从而催生了许多BSM的扩展模型，包括随机利率模型、内生违约边界模型和均值回归杠杆率模型等。而他们则试图直接考量权益价值的跳跃风险对企业违约的影响，以期更好地对信用利差进行解释和预测。他们利用5分钟的高频权益数据来估计常态波动、跳跃频率(强度)、跳跃幅度的均值和方差。然后，将常态波动变量、跳跃变量、信用等级、宏观经济变量和企业财务信息等对信用利差作回归分析(信用利差的代理变量以样本企业债券为标的资产的信用互换溢酬)，并对回归结果进行了较为详尽的探讨。他们发现，单独的常态波动风险只能预测50%的信用利差波动水平，而单独的跳跃风险仅能预测19%的信用利差波动水平。在控制信用等级、宏观经济变量和企业财务信息的情况下，利用常态波动和跳跃混合模型可以解释77%的信用利差波动水平。此外，他们还发现，权益常态波动风险和跳跃风险对信用利差的影响，和校正后的跳-扩散结构模型所估计的违约概率及利差变化结构基本是一致的。但他们这种直接利用权益的相关变量对信用利差作多元回归分析的方法是否合理，还有待商榷。

Tang和Yan(2010)做了类似的回归分析，也发现跳跃风险对解释信用利差的重要性，较高的跳跃风险往往会导致较高的信用利差，因此考虑了跳跃因素后的信用模型能更好地解释信用利差的变化。Nader (2012)对权益资产收益率波动、跳跃风险和违约风险溢酬之间的依赖结构进行了研究。他从澳大利亚和日本市场选取了次贷危机发生前与危机发生期间信用违约互换(CDS)利差数据进行分析，发现违约风险溢酬与权益市场的大幅跳跃风险高度同步，也即权益市场的大幅跳跃风险会导致信用风险激增，忽略跳跃风险对违约风险的影响，会造成对信用风险的低估，尤其是在金融危机发生的时段，这种低估更为明显。类似的研究还有Hellmich et al(2013)及Bu和Liao(2014)等。

关于信用风险的管理和定价，尤其是探讨跳跃因素对违约概率影响的研究文献主要集中在美国等发达国家。我国在信用风险违约和管理方面的研究还不够深入，研究方向也比较分散，且多以借鉴国外的经验和模型为主。近十几年来，国内学者不断尝试应用各种信用风险度量模型来分析企业违约风险，而利用结构模型来分析国内上市企业违约状况是其中的一个主流研究方向。这主要是因为我国目前存在着上市企业会计信息失真，以及现行的上市企业信息披露制度决定了基于历史财务指标的财务危机预警模型难以体现细微快速的市场变化等问题。而结构模型是以期权定价理论为基础，充分利用企业权益资产变化中所蕴含的大量信息，通过分析企业资产价值和资本结构的变化来估计企业的违约风险，并对其发生违约的可能性做出预测。但大多数国内研究所利用的违约度量模型仍假设权益(股票)和企业资产收益满足扩散型的随机过程，没有考虑到实际的资产价格会因突发的新信息而发生跳跃，忽略了这种跳跃在短期内会加大企业违约的可能性，具有一定的局限性。当然，近期也有一些相关研究开始关注跳跃因子对违约风险的影响，并尝试从不同的角度将跳跃因子引入到违约度量的理论模型和实证分析中。

彭玉梅等(2004)认为，资产价格变化及其带来的违约风险主要取决于资产和市场对相关信息的反应，这种反应通常分为两种状态：常态和跳跃。因此可以利用跳-扩散方程描述资产价格的变化过程，沿用 KMV 模型中提出的违约风险思路，通过描述企业资产价值运动的跳-扩散过程来反映违约行为的跳-扩散性。他们在分析中利用齐次泊松过程控制跳跃行为，且假设违约任何时候都可以发生，对 Zhou(2001)的模型进行了修正。但其分析过程仍存在不合理的地方，比如：他们假设企业发生违约的概率 P 主要由两部分组成：$P=(1-P_3)\times P_1+P_3\times P_2$，其中 P_3 是资产发生跳跃的概率，$1-P_3$ 是资产没有发生跳跃的概率，P_1 是资产没有发生跳跃但企业发生违约的概率，P_2 是企业发生跳跃时，其跳跃幅度大于某一限值的概率。其中，关于 P_2 的分析并给出其表达式是相当重要的，这也是近年来许多研究一直希望解决的问题，但他们恰恰没有讨论此概率的具体形式，而只是用符号“P_2”来代表，并直接纳入其后的定价公式。因此该研究推导出的定价公式无法体现跳跃因素对违约风险影响的经济意义，而且也较难在实证中得以应用。

吴恒煜和吴唤群(2007)综合分析了引入跳跃因素后，违约风险与市场风险的变化及其对跳跃因素企业债务和资产价值的影响。

他们认为，Zhou(1997，2001)的模型和其他的结构模型一样，低估了短期债券的信用利差和违约风险，其原因在于控制跳跃的泊松过程的参数是常数，而实际上资产跳跃的强度是随时间发生变化的。所以，他们利用随时间变换的非齐次泊松过程来描述跳跃的发生，试图从理论上补充和修正 Zhou(1997，2001)的模型，并在远期风险中性测度变换和随机利率的假定下分析了违背绝对占优规则时企业债券的定价与信用差价买权的定价问题。但他们并未就企业发生违约的概率和相关参数的估计进行深入探讨，也没交代如何估计企业总资产的价值。

俞金平和李胜宏(2008)把跳跃行为引入到资产证券化的定价中，对单因素模型和结构模型进行完善和推广。他们假设资产池中的第 n 个资产价值变化遵循 $\frac{\mathrm{d}V_n}{V_n} = (\mu_n - \lambda\mu_n)\mathrm{d}t + \sigma_n \mathrm{d}W_t + \pi \mathrm{d}Y_t$ 过程，利用鞅方法和蒙特卡洛模拟算法给出了基于跳-扩散模型的资产定价公式和参数估计方法。理论上综合考虑了各资产的财务状况和外部金融环境对违约的影响，兼具结构模型和简约模型的优点，较好地解释了违约事件的突发性。

伍舟宏等(2008)则构造了一个跳-扩散结构化模型来度量股权违约互换中的违约风险，假设标的权益资产价格满足一个双指数跳-扩散过程，并且违约发生于企业权益资产价格首次低于违约门限值的时刻。在构造模型时，他们首先引入 Esscher 风险中性测度，得出了风险中性测度下企业违约概率的拉普拉斯变换公式，然后利用 Gaver-Stehfest 算法得出了风险中性违约概率，最后根据风险中性概率给出了基于跳-扩散过程的股权违约互换的定价公式，并对其进行了数值模拟。

Chen 和 Kou(2009)构建了度量信用风险的双边跳跃模型，扩展了 Leland-Toft 的基于扩散过程的内生违约模型。该模型表明，跳跃风险和内生违约对信用利差、最优资本结构和权益期权的潜在波动率都有显著影响，包括：(1)跳跃风险和内生违约可以产生各种非零的信用利差，特别是投机级别的债券会有向上的利差曲线，这和实证发现的结果一致；(2)和纯扩散模型下的分析结论不同，跳跃风险会导致较低的最优“负债/权益”比。事实上，由于存在跳跃风险，有些高风险的企业的负债并不高，但仍然有较大的违约风险；(3)双边违约会导致权益期权的潜在波动出现各种形状。此外，基于扩散模型的研究通常认为，信用利差和潜在的波动是成正比的，而在内生违约和跳跃风险假设下，这一结论并不成立。事实上，高扩散波动(低跳跃风险)可能导致较低的违约边界，从而使得短期债券的信用利差可能较小，这是因为短期债券的违约更有可能源于跳跃风险。因此，该文献的研究结论和本书的研究结论基本是一致的。

张琳和郭文旌(2011)假定投资者将其财富分配在股票和可违约债券这两种风险资产中。其中，股票价格服从跳-扩散过程，债券价格服从复合泊松过程。他们在均值-方差准则下通过最优控制原理来研究投资者的最优投资策略选择问题，得到了最优投资策略及有效边界。罗长青等(2014)则针对现有研究大多只考虑扩散条件的不足，构建了跳跃-扩散条件下信用风险相关性度量的变结构Copula模型，运用双指数跳跃扩散模型来识别行业信用风险的跳跃点。

基于对现有文献的梳理和研究，发现这些基于跳跃风险的违约度量模型几乎都得到了以下几点结论：

(1)资产收益变化符合纯扩散过程的假设导致了违约风险和信用利差的预测值和实测值之间存在较大的偏误，而引入跳跃风险以后使得这一偏误大大减小。

(2)扩散方法所预测的信用利差结构总是从零开始，且有向上的斜率，但实证研究结果发现实际的信用利差曲线总是水平的，甚至有向下的斜率。考虑跳跃因素后，资产价值有可能在瞬间内大幅下降，从而使利差大幅增加，尤其是短期债券的利差增加更为明显，使得向下的利差曲线是可能的。因此，基于跳跃行为的模型能够更好地解释实证中信用利差结构会出现各种形状的现象。

(3)基于跳跃行为的结构模型优于简约模型。虽然简约模型非常灵活，并可以较好地拟合观察的信用利差，但它仅将违约视为一个不可能预期的泊松事件，既没有分析企业资产负债的结构，也没有考察企业资产价值的变化对违约风险的影响，从而无法知道违约过程背后的经济原理。所以，虽然简约模型能够产生各种利差结构，却无法解释这些结构背后的理论机制。而基于跳跃行为的结构模型结合了简约模型的优点(利用泊松过程控制资产价值跳跃变化，使得企业突然性的违约成为可能)，并且将违约视为企业资本结构和资产价值变化的结果，从经济机制上探讨了违约发生的逻辑过程。

当然，这些相关的研究仍然存在需要改进和补充的地方。比如，它们大多偏重于理论方法的研究和数值解的求解过程，并利用蒙特卡洛仿真等方法来进行验证，且推导的模型相当复杂，很难直接应用于实证研究。少数真正利用市场数据和信息来度量跳跃因素对违约风险影响的文献又比较倾向于利用股票期权、信用互换等金融衍生品交易数据来剥离跳跃风险。而中国金融衍生市场起步较晚，数据量十分有限，利用股票期权等衍生品的市场数据来分析违约风险中的跳跃变化并不十分可行。因此本书试图将跳-扩散模型和期权定价的思想相结合，在总资产价值本身不可观测的情况下，利用权益资产(股票)数据蕴含的信息来间接度量含有跳跃因子的总资产价值变化过程及其分布参数。此外，在实际的信用风险管理过程中，企业的价值信息往往会不断发生变化，而这样的模型不仅能较好地捕捉一般信息引起的资产价值扩散型波动，同时也能兼顾重大信息引发的资产价值跳跃变化，有利于对企业的价值的动态评估和实时更新，早期预警企业违约风险的变化，实现信用风险的动态管理。

1.3　研究方法和研究内容

1.3.1　研究方法

1. 理论分析与实证分析相结合

本书首先在纯扩散随机过程的假设条件下，对权益资产收益变化和违约风险测度的基本理论模型进行描述和分析。然后，对基本的理论模型进行改进和扩展，构建了能更好反映权益资产收益波动特性的状态依赖-跳-扩散混合 GARCH 模型和违约风险的跳-扩散结构模型。最后，利用市场数据验证改进后的模型对实测数据的解释能力和预测能力以及有关结论的准确性。

2. 定性分析和定量分析相结合

在本书研究中，既利用了定性分析方法对资产收益变化和违约风险进行描述、利用相关的经济理论对之进行解释，并得到一些初步的结论，也利用随机过程、概率分布、期权变换、最大似然估计以及半不变量等数学和统计方法对前述研究对象进行建模和求解。定性分析和定量分析相结合的方法使得本书研究的理论依据明确、条理清晰，逻辑上也更加严谨。

3. 规范研究

如界定权益资产价格特性、资产收益变化过程、违约风险及其相关概念，对现有模型的经济学分析以及对不同理论模型的优点和缺陷进行的评述时均运用了规范研究方法。该方法为本书的实证研究提供了理论基础。

4. 比较分析研究

本书在权益资产收益变化过程的研究中，使用并比较了多个不同的模型对企业权益资产收益变化的解释能力和预测能力。在违约风险度量的研究中也比较和分析了带有跳跃因素和不带跳跃因素的结构模型在度量违约风险方面的差异以及对现实解释能力的优劣。

5. 一般性研究和特殊性研究相结合

本书不仅对一般企业进行了研究，还重点对中小企业的违约风险进行了探讨。这是因为与大型企业相比，中小企业在遭遇经济环境恶化以及突发事件的冲击时，由于受到规模劣势和盈利能力的限制，抗风险能力较弱，其资产价值更易出现大幅波动，短期内资产价值下降更快，违约风险迅速增加。因此，对中小企业的违约风险进行测度和分析时，考虑其资产价值跳跃变化的影响尤为重要。

1.3.2　研究内容

企业通过发行权益和债务进行融资，即股权融资和债权融资。对投资者而言，股权和债权的市场价值之和便构成了企业总资产的市场价值。因此，对企业总资产的评估(即对企业总资产价值的测算)以及对企业违约风险的测度与管理，就需要对企业的股权和债权的市场价值及其相互关系进行测算和分析。而这种测算和分析又依赖一定的假设条件、分析框架和定量方法的选择。

本书的分析主要是在 Merton(1976)和 Black 和 Cox(1976)资本结构分析法的假设前提和逻辑框架下展开，但同时又考虑了多种因素对企业资产价值测算和评估的影响，如企业权益市场价值的波动特征、企业的规模大小、行业特征等。本书研究的主要内容分为三个部分，各部分的具体安排如下：

第一部分将集中对企业的权益资产价值变化进行评估。这一部分的研究从权益资产价格变化符合纯扩散过程的假设开始进行分析，然后逐步在其变化过程中引入简单跳跃因子、复杂跳跃因子以及扩散波动的不对称、集聚性等特征。第一部分的具体章节安排如下：

第 2 章，基于布朗运动(纯扩散)的权益资产价值变化分析。这一章主要对刻画企业权益资产价格和收益变化的基本模型和方法进行介绍、分析和评述，并指出这类模型存在的缺陷。

第 3 章，基于齐次泊松跳过程的权益资产价值分析。这一章会着重考虑权益资产价格出现简单跳跃的可能性，在此基础上推导权益资产收益的随机过程和概率分布，并与前一章的基本模型和方法进行对比分析，指出这类齐次泊松跳-扩散模型的优点、存在的缺陷和可能的改进方法。

第 4 章，基于非齐次泊松跳过程的权益资产价值分析。这一章将对扩散因子和跳跃因子的变化过程进行扩展，允许它们符合复杂的变化过程。在对现有的几种可变强度跳跃-GARCH 模型的优点和缺点进行分析后，构建“门限效应下状态变量依赖自回归强度跳跃-GARCH模型(简称TSD-ARJI-GARCH)”。该模型在保留现有可变强度跳跃-GARCH模型优点的基础上，兼顾了企业内生特质因素和外部状态变量对跳跃因子的双重影响。最后，利用TSD-ARJI-GARCH模型对样本数据进行实证研究，包括：检验该模型的拟合优度，对企业权益资产的跳跃变化展开分析，对ST企业和非ST企业的不同跳跃特征以及交叉持股企业间大幅跳跃的传染性问题进行研究等。

第二部分将转入分析企业权益价值、债权价值及总资产价值之间的结构关系及企业违约风险测度。这一部分将在一定的假设条件和逻辑框架下，分析权益资产和债权市场价值的变化是如何影响不可被直接观察的企业总资产市场价值的。然后以此为基础，对企业的违约风险进行测度和评价。第二部分的具体章节安排如下：

第5章，基于纯扩散过程的结构分析法和违约风险测度。这一章首先对信用风险相关概念进行界定，之后对早期的扩散型信用风险结构模型及KMV模型进行介绍。然后，探讨扩散型信用风险结构模型及KMV模型的优点、缺陷及可能的改进方法。

第6章，基于跳跃过程的结构分析法和违约风险测度。这一章主要在第一部分和第5章研究的基础上构建能反映跳-扩散波动特征的违约风险结构模型，然后选取符合条件的样本企业进行违约风险测度的实证分析，并比较不同条件下(如不同的跳跃频率、不同的跳跃幅度等)跳-扩散模型和纯扩散模型对违约风险测度的差异。

第7章，违约风险结构模型理论拓展。这一章主要对首达时模型的理论框架、模型特点及存在的缺陷进行阐述；然后，尝试在该模型中引入简单跳跃因子来反映资产收益率的异常变化，并分析违约门限为常数以及违约门限可变情况下，跳跃因子的引入对首达时模型下的违约概率和有关参数估计的影响。最后，在Merton模型和首达时模型中，考虑引入更为复杂的非齐次泊松跳跃行为，纳入跳跃强度变化的时变性、集群性及状态依赖性等特点。

第三部分将以中小企业群体为研究对象进行违约风险分析。这一部分将专门针对中小企业股权价值和总资产价值的变化特点进行分析，并对其违约风险的系统性和异质性进行测度。第三部分的具体章节安排如下：

第8章，中小企业界定与投融资特点分析。这一章探讨了主要发达国家和中国中小企业发展的基本情况以及中小企业的界定标准。然后，专门对我国中小企业投资、经营及融资结构的特点进行分析。最后，从破解外源融资困境的角度出发，提出科学度量中小企业违约风险的必要性和可能的方法。

第9章，中小企业违约风险测度。这一章主要构建了基于资产价值跳跃变化的中小企业违约风险测度模型和违约风险成分分析法，然后对样本中小企业的违约风险进行定量和定性研究，并对不同行业、类型的中小企业违约风险特征进行深入分析。

本书最后一章为结论与展望。这一章将对全书研究内容进行总结，给出了本书的研究结论，不足之处以及今后研究的重点。

◎ 本章参考文献

[1] Aase K. K.. Contingent Claims Valuation When the Security Price is a Combination of a Ito Process and a Random Point Process. Stochastic Processes and Their Applications, 1988, 28 (2): 185-220.

[2] Aggarwal R., Inclan C., Leal R.. Volatility in Emerging Stock Markets. Journal of Financial and Quantitative Analysis, 1999, 34 (1): 33-55.

[3] Akgiray V., Booth G. G.. Mixed Jump-Diffusion Process Modeling of Exchange Rate Movements. Review of Economics and Statistics, 1988, 70(4): 631-637.

[4] Amin K. I.. Jump Diffusion Option Valuation in Discrete Time. The Journal of Finance, 1993, 48(5): 1833-1863.

[5] Andersen T. G., Benzoni L., Lund J.. An Empirical Investigation of Continuous-Time Equity Return Models. The Journal of Finance, 2002, 57(3): 1239-1284.

[6] Ball C. A., Torous W. N.. A Simplified Jump Process for Common Stock Returns. Journal of Financial and Quantitative Analysis, 1983, 18(1): 53-65.

[7] Barbedo C. H. S., Lemgruber E. F.. A Down-and-Out Exchange Option Model with Jumps to Evaluate Firms Default Probabilities in Brazil. Emerging Markets Review, 2009, 10(3): 179-190.

[8] Bates D. S.. Pricing Options under Jump-Diffusion Processes. Rodney L. White Center for Financial Research, 1988, Working Paper.

[9] Bekaert G., Campbell R. H.. Emerging Equity Market Volatility. Journal of Financial Economics, 1997, 43(1): 29-77.

[10] Bekaert G., Campbell R. H.. Research in Emerging Markets Finance: Looking to the Future. Emerging Markets Review, 2002, 3(4): 429-448.

[11] Bekaert G., Gray S. F.. Target Zones and Exchange Rates: an Empirical Investigation. Journal of International Economics, 1998, 45(1): 1-35.

[12] Black F., Scholes M.. The Pricing of Options and Corporate Liabilities. Journal of Political Economy, 1973, 81(3): 81-98.

[13] Black F., Cox J. C.. Valuing Corporate Securities: Some Effects of Bond Indenture Provisions. The Journal of Finance, 1976, 31(2): 351-367.

[14] Bollerslev T.. Generalized Autoregressive Conditional Heteroscedasticity. Journal of Econometrics, 1986, 31(3): 307-327.

[15] Bu Di, Yin Liao. Corporate Credit Risk Prediction under Stochastic Volatility and Jumps. Journal of Economic Dynamics and Control, 2014, 47(10): 263-281.

[16] Carr P., Linetsky V.. A Jump to Default Extended CEV Model: an Application of Bessel Processes. Finance and Stochastics, 2006, 10(3): 303-330.

[17] Chan W. H., Maheu J. M.. Conditional Jump Dynamics in Stock

Market Returns. Journal of Business & Economic Statistics, 2002, 20(3): 377-389.

[18] Chan W. H.. Conditional Correlated Jump Dynamics in Foreign Exchange. Economics Letters, 2004, 83(1): 23-28.

[19] Chayawat O.. Lévy Jump Risk: Evidence from Options and Returns. Journal of Financial Economics, 2014, 112(1): 69-90.

[20] Chen N., Kou S. G.. Credit Spreads, Optimal Capital Structure and Implied Volatility with Endogenous Default and Jump Risk. Mathematical Finance, 2009, 19(3): 343-378.

[21] Cox J. C., Ross S. A., Rubinstein M.. Option Pricing: a Simplified Approach. Journal of Financial Economics, 1979, 7(3), 229-263.

[22] Cremers M., Driessen J., Maenhout P.. Explaining the Level of Credit Spreads-Option-Implied Jump Risk Premia in a Firm Value Model. The Review of Financial Studies, 2008a, 21(5): 2209-2242.

[23] Cremers M., Driessen J., Maenhout P.. Individual Stock-Option Prices and Credit Spreads. Journal of Banking & Finance, 2008b, 32(12): 2706-2715.

[24] Daal E., Naka A., Yu J. S.. Volatility Clustering, Leverage Effects and Jump Dynamics in the US and Emerging Asian Equity Markets. Journal of Banking & Finance, 2007, 31(9): 2751-2769.

[25] Das S. R.. The Surprise Element: Jumps in Interest Rate. Journal of Econometrics, 2002, 106(1): 27-65.

[26] Davis R. A., Rydberg T. H., Shephard N.. The Cbin Model for Counts: Testing for Common Features in the Speed of Trading, Quote Changes, Limit and Market Order Arrivals. Nuffield College, Oxford, 2001, Manuscript.

[27] Delianedis R., Geske R.. The Components of Corporate Credit Spreads: Default, Recovery, Tax, Jumps, Liquidity and Market

Factors. Anderson Graduate School of Management, 2001, Working Paper.

[28] Duffie D., Lando D.. Term Structure of Credit Spreads with Incomplete Accounting Information. Econometrica, 2001, 69(3): 633-664.

[29] Duffie D., Schroder M., Skiadas C.. Recursive Valuation of Defaultable Securities and the Timing of Resolution of Uncertainty. Annals of Applied Probability, 1996, 6(4): 1075-1090.

[30] Duffie D., Singleton K.. Modeling Term Structures of Defaultable Bonds. Review of Financial Studies, 1999, 12(4): 687-720.

[31] Duong, D., Swanson N. R.. Empirical Evidence on the Importance of Aggregation, Asymmetry, and Jumps for Volatility Prediction. Journal of Econometrics, 2015, 187(2): 606-621.

[32] Engel R. F.. Autoregressive Conditional Heteroscedasticity with Estimates of the Variance of United Kingdom Inflation. Econometrica, 1982, 50(4): 987-1007.

[33] Eraker B., Johannes M., Polson N.. The Impact of Jumps in Volatility and Returns. The Journal of Finance, 2003, 58(3): 1269-1300.

[34] Eraker B.. Do Stock Prices and Volatility Jump? Reconciling Evidence from Spot and Option Prices. The Journal of Finance, 2004, 59(3): 1367-1403.

[35] Fama E. F.. The Behavior of Stock-Market Prices. The Journal of Business, 1965, 38(1): 34-105.

[36] Hellmich M., Kassberger, S., Schmidt W. M.. Credit Modeling under Jump Diffusions with Exponentially Distributed Jumps—Stable Calibration, Dynamics and Gap Risk. International Journal of Theoretical and Applied Finance, 2013, 16(4): 1-26.

[37] Jarrow R. A., Turnbull S. M.. Pricing Derivatives on Financial Securities Subject to Credit Risk. The Journal of Finance, 1995, 50

(1): 53-85.

[38] Jiang, G. J., Tong Y.. Stock Price Jumps and Cross-Sectional Return Predictability. Journal of Financial & Quantitative Analysis, 2013, 48(5): 1-51.

[39] Johannes M., Kumar R., Polson N. G.. State Dependent Jump Models: How Do U. S. Equity Indices Jump. Graduate School of Business, University of Chicago, 1999, Working Paper.

[40] Jorion P.. On Jump Processes in the Foreign Exchange and Stock Markets. Review of Financial Studies, 1988, 1(4): 427-445.

[41] Kendall M. G., Bradford H. A.. The Analysis of Economic Time-Series-Part I: Prices. Journal of the Royal Statistical Society, Series A(General), 1953, 116(1): 11-34.

[42] Kiesel R., Scherer M.. Dynamic Credit Portfolio Modelling in Structural Models with Jumps. 2007, Ulm University and London School of Economics, Working Paper.

[43] Kim I. J., Ramaswamy K., Sundaresan S.. Does Default Risk in Coupons Affect the Valuation of Corporate Bonds? A Contingent Claims Model. Financial Management, 1993, 22(3): 117-131.

[44] Kou S. G., Wang H.. First Passage Time of a Jump Diffusion Process. Advances in Applied Probability, 2003, 35 (2): 504-531.

[45] Kou S. G., Wang H.. Option Pricing under a Double Exponential Jump Diffusion Model. Management Science, 2004, 50 (9): 1178-1192.

[46] Lo A. W., MacKinlay A. C.. Stock Market Prices Do Not Follow Random Walks: Evidence from a Simple Specification Test. The Review of Financial Studies, 1988, 1(1): 41-66.

[47] Longstaff F., Schwartz E.. A Simple Approach to Valuing Risky Fixed and Floating Rate Debt. The Journal of Finance, 1995, 50 (3): 789-819.

[48] Luciano C., Simon P., Alessandro S.. Assessing Credit with

Equity: a CEV Model with Jump to Default. Tilburg University, 2005, Working Paper.

[49] Luciano C., Simon P., Alessandro S.. Systematic Equity-Based Credit Risk: a CEV Model with Jump to Default. Journal of Economic Dynamics and Control, 2009, 33(1): 93-108.

[50] Maheu J. M., McCurdy T. H.. News Arrival, Jump Dynamics and Volatility Components for Individual Stock Returns. The Journal of Finance, 2004, 59(2): 755-793.

[51] Mason S. P., Bhattacharya S.. Risky Debt, Jump Processes and Safety Covenants. Journal of Financial Economics, 1981, 9(3): 281-307.

[52] Merton R. C.. On the Pricing of Corporate Debt: The Risk Structure of Interest Rates. The Journal of Finance, 1974, 29(2): 449-470.

[53] Merton R. C.. Option Pricing When Underlying Stock Return Are Discontinuous. Journal of Financial Economics, 1976, 3(1-2): 125-144.

[54] Naifar, N. Modeling the Dependence Structure between Default Risk Premium, Equity Return Volatility and the Jump Risk: Evidence from a Financial Crisis. Economic Modelling March, 2012, 29(2): 119-131.

[55] Neely C. J.. Target Zones and Conditional Volatility: the Role of Realignments. Journal of Empirical Finance, 1999, 6(2): 177-192.

[56] Nieuwland F., Vershchoor W., Wolff C.. Stochastic Trends and Jumps in EMS Exchange Rates. Journal of International Money and Finance, 1994, 13(6): 699-727.

[57] Osborne M. F. M.. Periodic Structure in the Brownian Motion of Stock Prices. Operations Research, 1962, 10(3): 345-379.

[58] Pan J.. The Jump-Risk Premia Implicit in Options: Evidence from an Integrated Time-Series Study. Journal of Financial Economics,

2002, 63(1): 3-50.

[59] Press S. J.. A Compound Events Model for Security Prices. Journal of Business, 1967, 40(3): 317- 335.

[60] Rangel J. G.. Macroeconomic News, Announcements and Stock Market Jump Intensity Dynamics. Journal of Banking and Finance, 2011, 35(5): 1263-1276.

[61] Ross S. A.. The Arbitrage Theory of Capital Asset Pricing. Journal of Economic Theory, 1976, 13(3): 341-360.

[62] Santis G. D., Imrohoroglu S.. Stock Returns and Volatility in Emerging Financial Markets. Journal of International Money and Finance, 1997, 16(4): 561-579.

[63] Tang, D. Y., Yan, H.. Market Conditions, Default Risk and Credit Spreads. Journal of Banking and Finance, 2010, 34 (4): 743-753.

[64] Tudela M., Young G.. A Merton-Model Approach to Assessing the Default Risk of UK Public Companies. International Journal of Theoretical and Applied Finance, 2005, 8(6): 737-761.

[65] Tucker A., Pond L.. The Probability Distribution of Foreign Exchanges: Tests of Candidate Processes. Reviews of Economics and Statistics, 1988, 70(4): 638-647.

[66] Vlaar P. J. G., Palm F. C.. The Message in Weekly Exchange Rates in the European Monetary System: Mean Reversion, Conditional Heteroscedasticity and Jumps. Journal of Business & Economic Statistics, 1993, 11(3): 351-360.

[67] Zhang Y. B., Zhou H., Zhu H. B.. Explaining Credit Default Swap Spreads with the Equity Volatility and Jump Risks of Individual Firms. Review of Financial Studies, 2009, 22 (12): 5099-5131.

[68] Zhou C. S.. A Jump Diffusion Approach to Modeling Credit Risk and Valuing Defautable Securities. Washington, USA, Federal Reserve Board, 1997, Working Paper.

[69] Zhou C. S.. The Term Structure of Credit Spreads with Jump Risk. Journal of Banking and Finance, 2001, 25 (11): 2015-2040.

[70] Zhou H. G., Zhu J.. Jump Risk and Cross Section of Stock Returns: Evidence from China's Stock Market. Journal of Economics & Finance, 2011, 35(3): 309-331.

[71] 长青, 朱慧明, 欧阳资生. 跳跃-扩散条件下信用风险相关性度量的变结构 Copula 模型. 中国管理科学, 2014, 22(3): 1-12.

[72] 陈浪南, 孙坚强. 股票市场资产收益的跳跃行为研究. 经济研究, 2010, 45(4): 54-66.

[73] 洪永淼, 林海. 中国市场利率动态研究——基于短期国债回购利率的实证分析. 经济学(季刊), 2006, 5(2): 511-532.

[74] 柳会珍, 顾岚, 胡啸兵. 极端波动、跳跃和尾部风险——基于已实现波动率的股票市场风险动态预测. 数理统计与管理, 2014, 33(1): 158-169.

[75] 罗长青, 朱慧明, 欧阳资生. 跳跃-扩散条件下信用风险相关性度量的变结构 Copula 模型. 中国管理科学, 2014, 22(03): 1-12.

[76] 欧丽莎, 袁琛, 李汉东. 中国股票价格跳跃实证研究. 管理科学学报, 2011, 14(9): 60-66.

[77] 彭玉梅, 潘宣东, 纪大伟. 基于跳-扩散过程的信用风险模型研究. 商业研究, 2004, 10: 30-32.

[78] 陶亚民, 蔡明超. 上海股票市场收益率分布特征的研究. 预测, 1999, 18(2): 57-58, 78.

[79] 唐齐鸣, 陈健. 中国股市的 ARCH 效应分析. 世界经济, 2001, 3: 29-36.

[80] 童汉飞, 刘宏伟. 中国股市收益率与波动率跳跃性特征的实证分析. 南方经济, 2006, 5: 61-72.

[81] 魏巍贤, 周晓明. 中国股票市场波动的非线性 GARCH 预测模型. 预测, 1999, 18(5): 47-49.

[82] 吴长凤. 利用回归-GARCH 模型对我国沪深股市的分析. 预

测, 1999, 18(4): 46-47.
[83]吴恒煜, 吴唤群. 企业资产具有跳-扩散过程的债务证券定价. 系统工程, 2007, 2: 61-64.
[84]伍舟宏, 田明, 陈启宏. 一个股权违约互换的定价模型研究. 系统工程学报, 2008, 23(5): 632-635.
[85]谢赤, 邓艺颖. SVAR模型及其在货币政策传导机制分析中的应用. 系统管理学报, 2003, 12(4): 293-297.
[86]西村友作, 孙便霞, 门明. 全球金融危机下的股票市场波动跳跃研究——基于高频数据的中美比较分析. 管理工程学报, 2012, 26(1): 106-112
[87]俞金平, 李胜宏. 基于跳扩散模型的资产证券化定价. 浙江大学学报(理学版), 2008, 35(2): 160-162.
[88]余文龙, 王安兴. 货币市场利率的跳跃行为及影响因素实证分析. 南方经济, 2009, 11: 22-35, 56.
[89]张琳, 郭文旌. 含有信用风险的跳扩散市场的最优组合选择, 经济数学, 2011, 28(2): 60-63.
[90]张思奇, 马刚. 股票市场风险, 收益与市场效率: ARMA-ARCH-M模型. 世界经济, 2000, 5: 19-28.

第一部分　企业权益资产价值分析

本书主要研究内容是如何在信用结构模型的研究框架和关键假设下，引入各种跳跃因子的影响。本书的整体研究思路是从跳跃因子对权益资产市场价值的影响着手分析，重点对引入跳跃因子后的权益收益率分布、波动特征以及权益资产市场价值变化进行深入探讨。然后再利用权益、债权及企业总资产之间的非线性关系，间接分析跳跃因子对总资产市场价值变化和违约风险的影响。

沿着这一研究思路，本书第一部分将重点分析权益资产价值变化。这一部分的研究将从权益资产价格满足纯扩散过程的假设开始，对权益资产价值的变化过程进行分析，然后逐步引入简单跳跃因子、复杂跳跃因子以及扩散波动的不对称、集聚性等特征。

第一部分包括第2~4章。其中，第2章主要对刻画企业权益资产价格和收益变化的基本模型和方法进行介绍、分析和评述，并指出这类模型存在的缺陷。第3章着重考虑权益资产价格出现简单跳跃的可能性，在此基础上推导权益资产收益的随机过程和概率分布，并与前一章的基本模型和方法进行比较分析，指出这类齐次泊松跳-扩散模型优点、存在的缺陷和可能的改进方法。第4章对扩散因子和跳跃因子的变化过程进行扩展，允许它们符合复杂的变化过程。

第2章　基于布朗运动(纯扩散)的权益资产价值分析

本章主要是对刻画企业权益(股票、股权)①资产价值和收益变化的基本模型和方法进行介绍、分析和评述。首先，对权益资产市场价值的变化特性、相关概念和理论进行刻画和定义；然后，简单介绍构建权益资产价值纯扩散变化模型所需的数学定义和定理；最后，对权益资产价值变化的纯扩散模型进行描述和分析，并指出该模型存在的缺陷。

2.1　相关理论和概念的界定

针对资产价值和收益的研究是建立在对资产价格变化特性科学和完整界定和描述的基础之上的。权益资产价格的主要变化特性决定了如何合理地构建权益资产收益模型，也决定了基于权益价格变化的企业价值分析和违约风险度量模型的架构和研究。因此，在对权益资产收益及以此为基础的企业总价值和违约风险进行定性和定量分析以前，必须对权益资产价格的基本特性、相关概念和理论进行界定和描述。

2.1.1　有效市场假说与权益资产价格

资本市场最重要的功能就是对资本这种特殊的资源进行有效配置，即将资金有效地从资金供给者手中转移到资金需求者手中。在这个过程中，资本可以实现最大收益，资金供给者和资金需求者的

① 本书中企业的“权益”与企业“股票”、“股权”同义。

效用都能得到最大程度的满足。因此，资本市场参与方的效用是否能够最大化，取决于资金是否能被最有效地配置。而资源配置的有效性又由市场的有效性决定。Copeland 等(2013)认为，如果某个市场中的资产价格使得所有资金需求者和资金供给者的边际收益率相等，那么该市场就实现了资源的有效配置。但是，有效市场与资产定价中经常要求的完善市场假设是不同。资本市场的完善性要求无摩擦、信息对称，且不存在信息获取成本及理性经济人假设。而资本市场的有效性无需如此严格的假设。比如，当市场存在交易成本或信息获取成本时，市场不是完善的，但仍可以是有效的。有效市场只要求价格可以完全和迅速地反映所有可以利用的信息。这意味只要在资产进行交易时，价格可以准确地引导资源配置，市场就是有效的。

那么，如何评价资本市场对资源配置的有效性呢？有效市场存在哪些典型的特征呢？针对这些问题，Fama(1970，1976)提出了著名的有效市场假说，不仅对有效市场的特征进行了描述，还对不同类型的有效市场进行了界定。该假说认为：(1)投资者都力图利用可获得的信息获得更高的报酬；(2)证券价格对新的市场信息的反映是迅速而准确的，证券价格能完全反映全部信息；(3)市场竞争使证券价格从一个均衡水平过渡到另一个均衡水平，而与新信息相应的价格变动是相互独立的。有效市场假说可分为三种形态：强式有效、半强式有效和弱式有效。

强式有效是指没有任何投资者可以利用任何信息(无论是公开的信息还是非公开的信息)来获取超额收益。

半强式有效是指没有任何投资者可以利用基于公开信息的交易法则来获取超额收益。这些公开信息包括企业年报、新闻媒体上公开的投资数据或公开的交易信息。

弱式有效是指没有任何投资者可以利用基于历史价格或者收益率信息而建立的交易规则来获得超额收益，即历史价格或收益中蕴含的信息无助于获取超额收益。

自 Fama(1970，1976)以后，大量的研究从不同的角度验证市场的有效性。尽管不是所有的研究都支持市场是有效的假说，并提出了金融市场存在的各种异象，但仍有许多研究验证了金融资本市场的弱有效性。如 Phillips 和 Smith(1980)在研究期权市场有效性和交易异象时，发现异象(异常收益)的出现和研究方法有关系，如果在研究中考虑到被忽略的市场交易成本时，异常收益就消除了，因此市场仍然是有效的。Fama (1991)和 Fama (1998)认为，金融市场的有效性经历了长久以来的各种挑战，并且认为金融异象只是偶然性结果。他认为研究方法的选择导致了异常收益，一旦将研究技巧进行调整，长期收益异象倾向于消失。Urrutia(1995)也对拉丁美洲 4 个主要国家的股票市场价格进行了分析，验证了这些国家股票市场的弱有效性。Cheung 和 Coutts(2001)则对香港股票交易市场恒生交易指数进行了分析，验证了恒生指数是弱有效的。Islam 和 Khaled(2005)利用异方差鲁棒检验方法验证了市场的弱有效性。Ryan(2009)认为弱有效市场的假设历经了几十年的深入验证和检验，目前仍是对市场行为作出最好解释的假设。他认为，目前提出的一些异象并不能否定市场弱有效性，而且市场弱有效并未否定泡沫和金融资产定价偏误的出现，而只是认为这些是不可预测的。

此外，从现有的研究和相关文献看，大量关于股票(权益)价格或资产收益建模的研究几乎都以弱有效市场假说为基础。所以，本书的理论和实证研究也将以弱有效市场假说为基本前提。

2.1.2 弱式有效、鞅性及马尔科夫性

马尔科夫性和鞅性是金融资产定价中使用最多的两种数学特性，它们是金融资产定价的数学理论基础，而这两种特性与弱势有效市场又具有内在的一致性。

马尔科夫性是指一个资产未来价格的条件概率分布只与资产价格的当前状态有关，而与过去的状态无关，也即资产价格未来的可能分布只依赖于当期信息。其正规的数学表述如下：

定义 2.1 对于一个随机过程 $X(t)$ $(t > 0)$ 而言，如果给定 $X(t) = x$，$X(t + s)$ $(s > 0)$ 的条件分布只依赖于 $X(t) = x$，而不依赖时间 t 以前的历史信息，那么过程 $X(t)$ 就具有马尔科夫性，即：

$$P(X(t+s) \leqslant y \mid \mathscr{F}_t) = P(X(t+s) \leqslant y \mid X(t)) \tag{2.1}$$

其中,$\mathscr{F}_t$为随机过程 $X(t)$ 在 t 期及 t 期以前的历史信息流。

鞅性则是指资产未来价格的条件期望值恰好等于当期价格，而与历史信息流无关。根据鞅性可知，当期价格所蕴含的信息足以对资产未来价格和收益的期望值进行预测。其正规的数学表述如下：

定义 2.2　如果对任意时间 t，随机过程 $\{X(t),\ t \geqslant 0\}$ 是可积的，且 $E|X(t)| < \infty$，同时对任意的 $s > 0$ 都有下式几乎确定成立，那么 $X(t)$ 就是一个鞅：

$$E(X(t+s) \mid \mathscr{F}_t) = X(t) \tag{2.2}$$

其中,$\mathscr{F}_t$是与随机过程 $X(t)$ 有关的 t 期及 t 期以前的信息流。

鞅性意味着，如果我们知道该随机过程在 t 期的值，那么该随机过程在未来任意时间内的期望值就等于当期值。

由上述定义可知，鞅性、马尔科夫性和弱式有效具有内在的一致性。鞅性和马尔科夫性表明，历史价格的信息已经充分地反映在当前的价格上，资产价格未来的走势是目前价格的函数，与历史价格无关。没有投资者可以利用历史价格或者收益率信息来获得超额收益。尽管在现实世界中，由于各国金融市场发展程度和相关机制的完善程度不尽相同，弱式有效市场假说、鞅性和马尔科夫性在某些不发达资本市场存在被破坏的可能性。但是，本书仍将以弱式有效、鞅性以及马尔科夫性为重要假设前提，这些假设将是本书建立有关理论模型和开展相关实证研究的基础。

2.1.3　市场信息和权益价格变化

权益资产(股票)的价格变化通常可以从三个方面来进行刻画和定义：其一是定义股票价格的变化趋势和幅度，即价格上升或下跌的幅度，常用股票的对数收益率来刻画单位时间内股票价格的变化率；其二是定义股票资产收益率的波动特征，通常用收益率的方差、标准差来刻画；其三是分析股票资产收益率的分布和统计特征，可以用均值、峰度、偏度及分布函数或密度函数来刻画。

在有效市场中，股票价格及其收益率的变化特征都与市场信息有关，受到市场信息的影响。这种影响是通过投资者的预期和投资行为得以实现的。股票价格是上升还是下跌、是否会出现大幅波动等，都与投资者的预期有关，而投资者的预期又是以信息为基础的。所以，股票价格的运动、投资者的预期和行为以及市场信息三者之间紧密相关。信息对股票价格的影响以股票的内在价值为基础，信息的披露首先能够改变投资者对企业未来盈余和未来股利支付能力的估计和预判，然后投资者会作出相应的投资策略，进而引起市场价格的波动。根据信息来源和影响的普遍性和异质性，可将影响投资行为的市场信息划分为系统信息和非系统信息。

1. 系统信息

系统信息是指那些对所有上市企业未来经营状况产生影响的信息，又称宏观信息。这些信息会引起股票价格整体水平的涨跌，既包括宏观经济、政策等方面的信息或调整，如加息、征收资产收益所得税、印花税等，也包括来自于经济、政治或社会领域的突发事件或重大冲击，如金融危机、地震、雪灾等。按系统信息引发市场反应的强弱，还可以将系统信息分为一般性系统信息和重大系统信息。

2. 非系统信息

非系统信息是指仅影响个别上市企业未来经营状况的信息，又称微观信息，包括企业的经营状况、重大决策及与企业有关的突发事件等。非系统信息将直接影响上市企业未来的现金流量、净资产收益率、资金成本率等因素，进而影响股票的内在价值和外在价格。按非系统信息引发个股价格变化的大小，也可以将非系统信息分为一般性非系统信息和重大非系统信息。

2.1.4 权益资产价格运动的连续性和正态分布

在针对权益资产(股票)等金融资产的研究广泛展开的初期，大多数研究文献都假定资产价格是时间的连续函数。Kendall 和 Bradford (1953)首先提出股票价格似乎遵循一种随机游走的布朗运动①，由此

① 布朗运动的定义参见本章 2.2 节。

得到股票资产的对数收益率符合正态分布(也称 GAUSS 分布)。正态分布函数的密度函数如下:

$$f(x,\ \mu,\ \sigma^2) = \frac{1}{\sqrt{2\pi}} e^{-\frac{(x-\mu)^2}{2\sigma^2}} \tag{2.3}$$

正态分布函数的均值 μ 和标准差 σ 完全决定了正态分布的性质。由于任意正态分布都能表示为标准正态分布的线性和，所以标准正态分布的使用更为广泛。标准正态分布的密度函数为:

$$f(x,\ 0,\ 1) = \frac{1}{\sqrt{2\pi}} e^{-\frac{x^2}{2}} \tag{2.4}$$

如果 $X \sim N(\mu,\ \sigma^2)$，那么 $Z = \frac{X-\mu}{\sigma}$ 就符合标准正态分布，即 $Z \sim N(0,\ 1)$。

由于正态分布具有很好的统计特性，而且正态分布的线性和仍具有正态性，因此基于正态分布假定的分析更为方便，这也是为什么金融资产定价中经常会使用到正态分布的假定。某个资产组合内的资产无论是符合独立正态分布，还是符合联合正态分布，其资产组合的对数收益率都具有正态性和连续性。关于这一性质的数学表述如下:

性质 2.1　若 X_1 和 X_2 符合独立正态分布，即 $X_1 \sim N(\mu_1,\ \sigma_1^2)$，$X_2 \sim N(\mu_2,\ \sigma_2^2)$，那么 $\alpha X_1 + \beta X_2 \sim N(\alpha\mu_1 + \beta\mu_2,\ \alpha^2\sigma_1^2 + \beta^2\sigma_2^2)$；若 X_1 和 X_2 符合联合同正态分布，即令 $X = \begin{pmatrix} X_1 \\ X_2 \end{pmatrix}$，有 $X \sim N(\mu,\ \Sigma)$，其中 Σ 为协方差矩阵，再令 B 为非随机矩阵，那么有 $BX \sim N(B\mu,\ B\Sigma B^{\mathrm{T}})$。

2.2　相关数学定义和定理

在金融领域内，最常用来描述资产价格变化特性的随机过程就是布朗运动，有时也称为维纳过程，它是一个具有连续参数和连续状态空间的随机过程。布朗运动最早是由英国的植物学家布朗于 1827 年根据花粉微粒在液体表面上作“无规则运动”的物理现象提出的。1918 年，维纳对这一现象在理论上作了精确的数学描述，并进一步研究了布朗运动轨道的性质，在布朗运动空间上定义了测度与积分，使得对布朗运动及其泛函的研究得到迅速而深入的发展。布朗运动的规范数学定义如下①：

定义 2.3 布朗运动：若随机过程 $\{B(t),\ t \geqslant 0\}$ 满足如下三个特性，则称 $\{B(t),\ t \geqslant 0\}$ 是布朗运动或维纳过程：

(1)独立增量过程：对任意的 $\{B(t),\ t \geqslant 0\}$ ，$B(t) - B(s)$ 独立于过程过去的状态 $B(u)$ ，$0 \leqslant u \leqslant s \leqslant t$ ；

(2)正态增量过程：$B(t) - B(s)$ 服从均值为 0、方差为 $t\text{-}s$ 的正态分布。那么当 $s = 0$ 时，$(B(t) - B(0)) \sim N(0,\ t)$ ；

(3)连续路径：对任意 $t \geqslant 0$, $B(t)$ 是 t 的连续函数。

布朗运动具有两个重要特性，即鞅性和马尔科夫性。这也是为什么布朗运动会在资产定价中得以广泛运用的一个重要原因。关于布朗运动的鞅性和马尔科夫性的相关定理如下：

定理 2.1 若 $\{B(t),\ t \geqslant 0\}$ 为布朗运动，则 $B(t)$ 是一个鞅。

证明：要证明 $B(t)$ 是一个鞅，即要证明 $E(B(t+s) \mid \mathscr{F}_t) = B(t)$ 。

根据布朗运动 $B(t)$ 的定义可知，$B(t+s) - B(t)$ 独立于 t 期前所有的状态 $B(t)$ ；且 $(B(t+s) - B(t)) \sim N(0,\ s)$ ，即 $E(B(t+s) - B(t)) = 0$

因此，有

$$\begin{aligned} E(B(t+s) \mid \mathscr{F}_t) &= E(B(t) + B(t+s) - B(t) \mid \mathscr{F}_t) \\ &= E(B(t) \mid \mathscr{F}_t) + E(B(t+s) - B(t) \mid \mathscr{F}_t) \\ &= B(t) + E(B(t+s) - B(t)) \\ &= B(t) \end{aligned} \tag{2.5}$$

因此 $B(t)$ 是一个鞅。

定理 2.2 布朗运动 $\{B(t),\ t \geqslant 0\}$ 具有马尔科夫性。

证明：根据布朗运动的定义可知，对于某个时间 t 有 $B(t) \sim N(0,\ t)$ 。因此，根据正态分布的定义可知 $B(t)$ 的矩母函数如下：

① 本章的数学定义和定理参考了 Klebaner(2005)。

$$E(e^{uB(t)}) = \int_{-\infty}^{\infty} e^{ux} f(x;\ 0,\ t)\,dx = e^{\frac{tu^2}{2}} \tag{2.6}$$

由于正态分布及其矩母函数具有一一对应的特性，因此若证明其矩母函数具有马尔科夫性，就可以说明 $B(t)$ 也具有马尔科夫性。

$$\begin{aligned} E(e^{uB(t+s)} \mid \mathscr{F}_t) &= E(e^{uB(t)} e^{u(B(t+s)-B(t))} \mid \mathscr{F}_t) \\ &= e^{uB(t)} E(e^{u(B(t+s)-B(t))} \mid \mathscr{F}_t) \\ &= e^{uB(t)} E(e^{u(B(t+s)-B(t))}) \\ &= e^{uB(t)} e^{\frac{su^2}{2}} \\ &= e^{uB(t)} E(e^{u(B(t+s)-B(t))} \mid B(t)) \\ &= E(e^{uB(t+s)} \mid B(t)) \end{aligned} \tag{2.7}$$

因此 $B(t)$ 具有马尔科夫性。

1951 年，伊藤(Ito)根据布朗运动进一步建立了一系列连续时间的积分过程，称为伊藤(Ito)积分过程。利用伊藤(Ito)积分过程，又可以进一步界定伊藤(Ito)过程或随机微(积)分方程。现今，布朗运动和诸多形式的伊藤过程已广泛地应用于经济、金融、生物、统计等领域，这也是本书构建理论模型的数学基础。伊藤(Ito)积分过程和伊藤(Ito)过程的规范数学定义及主要相关特性如下：

定义 2.4　伊藤(Ito)积分过程：令 $X(t)$ 为正则适应过程，则 $X(t)$ 的伊藤(Ito)积分过程可以定义为：

$$Y(t) = \int_0^t X(s)\,dB(s) \tag{2.8}$$

可证明伊藤(Ito)积分过程也具有鞅性。

定理 2.3　伊藤(Ito)积分过程的鞅性：正则适应过程 $X(t)$ 的伊藤(Ito)积分过程为 $Y(t) = \int_0^t X(s)\,dB(s)$ ，若 $\int_0^t X^2(s)\,ds < \infty$ 成立，则 $Y(t)$ 具有鞅性。

证明：
$$\begin{aligned} E(Y(t) \mid \mathscr{F}_s) &= E(\int_0^t X(u)\,dB(u) \mid \mathscr{F}_t) \\ &= E((\int_0^s X(u)\,dB(u) + \int_s^t X(u)\,dB(u)) \mid \mathscr{F}_t) \\ &= \int_0^s X(u)\,dB(u) + E(\int_s^t X(u)\,dB(u) \mid \mathscr{F}_t) \end{aligned} \tag{2.9}$$

根据 Fubini 定理和伊藤积分过程的特性可知下式成立：

$$E\left(\int_s^t X(u)\,\mathrm{d}B(u)\mid \mathscr{F}_s\right)=E\left(\int_s^t X(u)\,\mathrm{d}B(u)\right)=0 \tag{2.10}$$

故有
$$E(Y(t)\mid \mathscr{F}_s)=\int_0^s X(u)\,\mathrm{d}B(u)+E\left(\int_s^t X(u)\,\mathrm{d}B(u)\mid \mathscr{F}_t\right)$$
$$=\int_0^s X(u)\,\mathrm{d}B(u)=Y(s) \tag{2.11}$$

因此，伊藤(Ito)积分过程也具有鞅性。

定义 2.5　伊藤(Ito)过程：如果随机过程 $\{X(t),\ 0\leqslant t\leqslant T\}$ 可以表示为：

$$X(t)=X(0)+\int_0^t \mu(s)\,\mathrm{d}s+\int_0^t \sigma(s)\,\mathrm{d}B(s)\ ，\text{且}\ 0\leqslant t\leqslant T \tag{2.12}$$

其中，$B(t)$ 为布朗运动，$\mu(t)$ 和 $\sigma(t)$ 分别满足 $\int_0^T |\mu(t)|\,\mathrm{d}t<\infty$ 和 $\int_0^T \sigma^2(t)\,\mathrm{d}t<\infty$ ，那么称 $\{X(t),\ 0\leqslant t\leqslant T\}$ 为 Ito 过程，$\mu(t)$ 和 $\sigma(t)$ 分别称为漂移系数和扩散系数。Ito 过程的微分形式为：

$$\mathrm{d}X(t)=\mu(t)\,\mathrm{d}t+\sigma(t)\,\mathrm{d}B(t)\ ，\text{且}\ 0\leqslant t\leqslant T \tag{2.13}$$

由伊藤过程的定义可知，布朗运动 $B(t)$ 是最简单的伊藤过程，其漂移系数和扩散系数分别为 0 和 1。

与古典微积分所处理的平滑函数式不同，布朗运动和伊藤过程的微分和积分轨迹非常不规则，也比较复杂。要深入理解布朗运动和伊藤过程的微分和积分过程，就必须熟悉一个重要的引理，即资产定价模型中常常用到的伊藤(Ito)引理。但在正式介绍伊藤引理前，还必须先给出变差函数的定义。

定义 2.6　变差函数：令 $0=t_0^n<t_1^n<\cdots<t_n^n=t$ 为 $[0,\ t]$ 上的一个划分，且 $\delta_n=\max\limits_{1\leqslant i\leqslant n}(t_i^n-t_{i-1}^n)$ ，那么实值函数 $M(t)$ 在 $[0,\ t]$ 上的变差函数为：

$$V_M(t)=V_M([0,\ t])=\lim_{\delta_n\to 0}\sum_{i=1}^{n}\left|M(t_i^n)-M(t_{i-1}^n)\right| \tag{2.14}$$

如果随机过程 $M(t)$ 的变差函数 $V_M(t)<\infty$ ，则 $M(t)$ 就是一个有限变差过程。

定义 2.7　二次变差函数：令 $0=t_0^n<t_1^n<\cdots<t_n^n=t$ 为 $[0,\ t]$ 上的一个划分，且 $\delta_n=\max\limits_{1\leqslant i\leqslant n}(t_i^n-t_{i-1}^n)$，那么实值函数 $M(t)$ 在 $[0,\ t]$ 上的二次变差函数为：

$$[M](t)=\lim_{\delta_n\to 0}\sum_{i=1}^{n}[M(t_i^n)-M(t_{i-1}^n)]^2 \tag{2.15}$$

定义 2.8　二次协变差函数：令 $0=t_0^n<t_1^n<\cdots<t_n^n=t$ 为 $[0,\ t]$ 上的一个划分，且 $\delta_n=\max\limits_{1\leqslant i\leqslant n}(t_i^n-t_{i-1}^n)$，那么 f 和 g 在 $[0,\ t]$ 上的二次协变差函数为：

$$[f,\ g](t)=\lim_{\delta_n\to 0}\sum_{i=0}^{n-1}(f(t_{i+1}^n)-f(t_i^n))(g(t_{i+1}^n)-g(t_i^n)) \tag{2.16}$$

在定义了变差函数以后，就可以正式给出伊藤(Ito)引理。

定理 2.4　伊藤(Ito)引理①：设 $X(t)$ 为满足定义 2.5 的 Ito 过程，$f(x)$ 是二阶连续可微函数，那么随机过程 $Y(t)=f(X(t))$ 的随机微分形式存在，并由下式确定：

$$\begin{aligned}\mathrm{d}f(X(t))&=f'(X(t))\mathrm{d}X(t)+\frac{1}{2}f''(X(t))\mathrm{d}[X,\ X](t)\\&=f'(X(t))\mathrm{d}X(t)+\frac{1}{2}f''(X(t))\sigma^2(t)\mathrm{d}t\\&=(f'(X(t))\mu(t)+\frac{1}{2}f''(X(t))\sigma^2(t))\mathrm{d}t+\\&\quad f'(X(t))\sigma(t)\mathrm{d}B(t)\end{aligned} \tag{2.17}$$

其中，$[X,\ X](t)$ 表示 X 的二次变差函数。

式(2.17)称为 Ito 公式，它是我们随后章节中构造资产收益模型和违约模型时要用到的一个重要公式。

定理 2.5　伊藤(Ito)过程的随机指数：若 X 是一个伊藤过程，那么基于伊藤过程的随机微分方程 $U(t)=1+\int_0^t U(s)\mathrm{d}X(s)$

① 定理 2.4 和定理 2.5 的证明涉及的相关概念和公式已经超出了本书的研究范围，故在此省略。感兴趣的读者可以参考 Protter(1992)，Rogers 和 Williams(2000)等。

或 $dU(t)=U(t)dX(t)$ 具有如下唯一的一般解形式 $\varepsilon(X)(t)_i$：

$$U(t)=\varepsilon(X)(t)=e^{X(t)-X(0)-\frac{1}{2}[X, X](t)} \tag{2.18}$$

其中，$[X, X](t)$ 表示 X 的二次变差函数。

2.3 基于布朗运动(纯扩散)的权益资产价值变化过程

在对金融资产的研究分析中，常常会利用基于布朗运动和伊藤过程的各类随机微分方程和模型来分析金融资产价格的变动。其中，纯扩散随机微分方程就是最常用的一类模型。以下将分析满足纯扩散模型的权益资产(股票)的价值变化和收益特点。

假设权益资产(股票)价格满足如下纯扩散随机微分方程：

$$\frac{dS_t}{S_t}=\mu_S dt+\sigma_S dB_t \tag{2.19}$$

其中，μ_S 为权益资产的期望收益率，与股票的风险、利率水平、投资人的风险规避程度有关。σ_S 为权益资产价格的波动率，波动率越大，风险越大。μ_S 和 σ_S 均为常数。B_t 为真实概率测度 P 下的标准布朗运动。

令 $f(s)=\ln s$，那么 $f'(s)=\frac{1}{s}$，$f''(s)=-\frac{1}{s^2}$，由定理 2.4 可知：

$$\begin{aligned} d(\ln S_t) &= \frac{1}{S_t}dS_t+\frac{1}{2}\left(-\frac{1}{S_t^2}\right)\sigma_S^2 S_t^2 dt \\ &= \frac{1}{S_t}(\mu_S S_t dt+\sigma_S S_t dB_t)-\frac{1}{2}\sigma_S^2 dt \\ &= \left(\mu_S-\frac{1}{2}\sigma_S^2\right)dt+\sigma_S dB_t \end{aligned} \tag{2.20}$$

设 $Y_t=\ln S_t$，则有 $dY_t=\left(\mu_S-\frac{1}{2}\sigma_S^2\right)dt+\sigma_S dB_t$，它的积分表达式为：

$$Y_T=Y_t+\left(\mu_S-\frac{1}{2}\sigma_S^2\right)(T-t)+\sigma_S(B_T-B_t)$$

将 $Y_t = \ln S_t$ 代入，即得式(2.19)的解：

$$S_T = S_t e^{\left(\mu_S - \frac{1}{2}\sigma_S^2\right)(T-t) + \sigma_S(B_T - B_t)} \tag{2.21}$$

由布朗运动的定义可知 $(B_T - B_t) \sim N(0,\ T-t)$，所以 $\frac{S_T}{S_t}$ 符合对数正态分布，即有：

$$\ln \frac{S_T}{S_t} \sim N\left(\left(\mu_S - \frac{1}{2}\sigma_S^2\right)(T-t),\ \sigma_S^2(T-t)\right) \tag{2.22}$$

从权益资产对数收益率的概率分布表达式可以看出，基于纯扩散假设的权益资产收益的基本特征：它们与历史的股价无关，并且独立同分布，具有鞅性和马尔科夫性，也符合弱有效市场的假设。由此不难看出，纯扩散过程为什么会成为描述金融资产价格变化的基准模型。

2.4　本章小结

为了能更好地对企业权益资产价值和收益变化过程进行描述，本章首先对权益资产市场价值(价格)变化的有关特性进行了描述，确定了本书研究的基本假设前提，如市场的弱势有效性、权益资产(股票)价格变化的鞅性和马尔科夫性，并对影响资产价格的相关市场信息类型进行了界定。然后，简单介绍了本章及下一章构建理论模型所需的基本随机过程和相关定理，包括布朗运动及其特性、伊藤过程及其特性。在此基础上，本章对描述企业权益资产收益变化过程的纯扩散模型进行了推导和分析，得出了企业权益资产(股票)对数收益率符合正态分布的结论。

然而，越来越多的实证研究表明，金融资产价格具有连续扩散和跳跃变化双重特征。近年来，经济、政治和社会等方面出现的突发事件，不断影响着各国金融市场，使得资产价格出现更为频繁的跳跃变化。尤其是面对 2007 年全球金融危机、2008 年的雪灾及地震等突发事件，我国金融市场反应相当敏感，各种金融资产价格及其收益率发生了相当大的跳跃式变动，纯扩散模型和正态分布已不适于描述这样的变化。因此，下一章将进一步考虑如何将跳跃因子引入到资产收益变化的基本理论模型之中。

◎ 本章参考文献

[1] Copeland T., Weston J.. Financial Theory and Corporate Policy. Pearson New International Edition. London, UK, Pearson Education Limited, 2013.

[2] Cheung K. C., J. A. Coutts.. A Note on Weak Form Market Efficiency in Security Prices: Evidence from the Hong Kong Stock Exchange. Applied Economics Letters, 2001, 8(6): 407-410.

[3] Fama E. F.. Efficient Capital Markets: a review of Theory and Empirical Work. The Journal of Finance, 1970, 25(2): 383-417.

[4] Fama E. F.. Efficient Capital Markets: Reply. The Journal of Finance, 1976, 31(1): 143-145.

[5] Fama E. F.. Efficient Capital Markets II. Journal of Finance, 1991, 46(5): 1575-1617.

[6] Fama E. F.. Market Efficiency, Long-Term Returns, and Behavioral Finance. Journal of Financial Economics, 1998, 49(3): 283-306.

[7] Islam A., Khaled M.. Tests of Weak-Form Efficiency of the Dhaka Stock Exchange. Journal of Business Finance and Accounting, 2005, 32(7-8): 1613-1624.

[8] Kendall M. G., Bradford H. A.. The Analysis of Economic Time-Series-Part I: Prices. Journal of the Royal Statistical Society, Series A(General), 1953, 116(1): 11-34.

[9] Klebaner F. C.. Introduction to Stochastic Calculus with Applications. Second Edition. Imperial College Press, London, UK, 2005.

[10] Phillips S. M., Smith C. Jr.. Trading Costs for Listed Options: the Implications for Market Efficiency. Journal of Financial Economics, 1980, 8(2): 179-201.

[11] Protter P. E.. Stochastic Integration and Differential Equations.

Springer Verlag, Berlin, Germany, 1992.

[12] Rogers L. C. G. and Williams D. . Diffusions, Markov Processes and Martingales. Volume 2. Ito Calculus, Cambridge University Press, Cambridge, UK, 2000.

[13] Ryan J. R. . Are Capital Markets Efficient?. Insurance and Financial Planning, 2009, Dec. 4.

[14] Urrutia J. L. . Tests of Random Walk and Market Efficiency for Latin American Emerging Equity Markets. The Journal of Financial Research, 1995, 18(3): 299-309.

第3章　基于齐次泊松跳过程的权益资产价值分析

前一章讨论了企业权益资产(股票)的基本特性，并在股票价格服从连续变化的假设前提下，推导了股票资产收益率的纯扩散模型及其概率分布。本章将着重考虑股票资产价值出现简单跳跃的可能性，在此基础上推导股票资产收益率的随机过程和概率分布，并与前一章的基本模型和方法进行比较分析。本章的具体安排如下：首先，对股票价格的跳跃性进行描述，并对引发股票价格跳跃的相关因素进行分析；其次，简单介绍本章建模所需的数学定义和定理；然后，构建齐次泊松跳-扩散模型，以描述股票资产价格的变化，并与纯扩散模型进行对比分析；最后，指出齐次泊松跳-扩散模型存在的缺陷和可能的改进方法。

3.1　权益资产价格运动的跳跃性

正如前章所述，在针对股票等金融资产的研究广泛展开的初期，大多数研究文献都假定资产价格是时间的连续函数。由此得到股票资产的对数收益率符合正态分布，这种分布具有很好的统计特性，且计算方便。但是，连续的随机过程和正态分布并不足以描述现实世界股票价格的变化特征。实证研究提供了越来越多关于金融资产收益率分布与正态性及连续变化假设相违背的证据。

Osborne(1962)在研究股票市场收益率的密度函数并试图把这些收益率表示为“近似正态”时，发现了一个异常情况：在分布的尾部有过多的观测值，即存在“肥尾”的特征。Fama(1965)研究了股票日收益率时间序列的分布，发现它不同于独立的正态分布。大量实证研究的结果包括尖峰态、有偏性和波动集群性。通过对大量现实数据的时序分析，也发现股票的价格可能会出现间断的“跳跃”。Lo和Mackinlary(1988)通过实证分析，发现布朗运动与实际市场数据有一定差距。实测的股票价格出现了间断的“跳跃”。Pan(2002)发现，股票价格既呈现随机波动，也兼有跳跃的特征，跳跃风险不仅出现在股票的时间序列数据中，也出现在股票期权横截面数据中。跳跃风险对市场波动反应甚为敏感，尤其是在比较脆弱的金融市场中更为明显，跳跃风险溢酬和市场的波动高度正相关。Eraker et al(2003)认为，研究波动中的跳因素非常重要，因为跳因素加大了资产的波动幅度。比如，1987年美国股市的大幅波动从大约20%跳至50%，一旦到达这样一个高的水平后，波动均值才慢慢地再次回归到它的长期水平。这说明波动中的跳跃因素对收益分布产生了持续的影响。Eraker(2004)指出，20世纪股票市场出现的大幅波动和急跌给传统经济和统计模型都提出了挑战。许多学者在这方面做了大量研究，以期建立可以反映市场大幅运动或收益分布中“肥尾”特征的模型，主要包括随机波动模型和跳模型。但这两类模型在实证解释方面都存在一定的局限性，只有将随机波动和跳跃行为结合起来，才能很好地反映市场波动的连续性和间断跳跃性双重特征。Daal等(2007)则认为，与美国等发达金融市场相比，中国、印度、泰国以及菲律宾等新兴金融市场由于制度和市场发展的不完善，更容易受到外部突发事件的冲击，其各类金融资产价格和收益在金融危机时段呈现出更明显的跳跃特征。因此，近些年有关股票等金融资产定价和金融衍生产品定价的研究越来越强调股票资产价格和收益的“跳跃”特征。

根据大量理论和实证研究的结论，可以将金融资产价格(包括股票资产)的运动变化分为正常的价格波动(连续变化)和异常的价格波动(跳跃变化)。所谓正常的价格波动，是指进入市场的一般新信息(如短暂的供求不平衡、资本化比率的变化、经济状况的改变等)造成的资产价格的边际变化。这种变化的核心是，新信息在每单位时间内对资产价格的影响是一种边际效应。这种边际效应是一个连续变化的过程，因此可以用连续的随机过程(如布朗运动)

来描述这种变化。所谓异常的价格波动，是指进入市场的重大新信息(如突发事件、重要的宏观经济信息、涉及某一行业的重大调整、企业重大投资决策发布的等新闻信息、宏观政策的重大调整)造成资产价格出现的不能反映价值边际改变的大幅变化。

总体而言，市场在大多数情况下面临的都是前一类的一般新信息，第二类的重大信息仅仅是在离散时点上进入市场，并引发资产价格的大幅跳跃。

3.1.1 突发事件、重大新闻信息与资产价格运动的跳跃性

资产价格的变化反映了投资者的行为和决策，而投资者的行为和决策又受到经济环境变化和各种信息冲击的影响。大量实证研究表明，金融资产价格的大幅跳跃源于投资者对突发事件、重大新闻信息的应激反应。Das(2002)和Johannes(2004)较早将金融资产价格的异常波动(跳跃)与进入市场的信息冲击相联系。他们在研究利率市场时发现，与宏观经济状况有关的信息进入利率市场后，会对资产价格的变化有显著影响。一些意外的信息冲击会引发资产价格的跳跃，而且不同信息源对资产价格跳跃频率和幅度产生的影响也不尽相同。

Dungey等(2009)对2002—2006年美国债券价格数据进行分析时，发现并验证了其价格变化中存在跳跃和相关跳跃，而且这两种跳跃同时出现在各种期限债券的利率变化中。通过进一步的分析，他们发现80%的跳跃和相关跳跃与宏观经济新闻的公布有关。Jiang和Lo(2011)也发现美国债券价格变化中存在着明显的跳跃现象。他们在试图分析是何种因素造成这种大幅跳跃时发现，预计宏观经济状况的重大新闻信息(如失业率指数、消费价格指数、非农工资变化、零售指数、生产者价格指数、消费信心指数、采购经理人指数等)和市场流动性的意外信息(如买卖价差的意外变化、市场深度的急剧变化等)是造成债券价格发生大幅跳跃的两类重要信息源，90%的跳跃与这两类信息冲击有关。

Lahaye等(2011)也对金融资产的不连续性和宏观经济状况信

息之间的关联性进行了研究。他们选取了权益指数期货合约、债券期货合约以及汇率作为研究对象，从它们的交易数据中剥离出跳跃和相关跳跃，并利用有限依赖变量模型来分析宏观经济新闻的信息公布是否导致跳跃。研究结果表明，非农工资变化、联邦基金目标和 GDP 数据的信息公布是造成三类资产价格出现跳跃的最主要的因素。他们还研究了各类资产价格跳跃发生的时间、频率和幅度与各种冲击源之间的关系，发现债券资产价格和权益资产价格在受到宏观经济信息源的冲击时，都有较强的跳跃反应，其中债券资产的跳跃频率和幅度变化最为显著。而在汇率价格变化中，宏观经济信息源的冲击对相关跳跃的影响更强。

Kevin(2011)在对标普 500 指数期货、美国 10 年期债券期货和欧元兑美元汇率期货日内价格跳跃进行检测时发现，日内跳跃不仅大量存在、幅度大，而且对资产日交易价格变化有很重要的影响。在进一步分析这些日内跳跃与美国宏观经济新闻信息公布之间的关系时，他们发现大概三分之一的跳跃与后者有关，并证明了这种影响在统计和经济上的显著性。其中，宏观经济新闻的“纯影响”是造成跳跃幅度绝对额大幅增加的主要因素，而信息的“意外性”是造成跳跃频率变化的主要因素。

Boudt 和 Petitjean(2014)利用非参数时间分析法研究了消息公布对道琼斯工业指数成分股的影响，试图分析日内跳跃发生的时点和显著性。他们也发现信息的公布会造成成分股日内价格出现显著跳跃。

Frömmel 等(2015)利用二次幂变差方法研究汇率市场的跳跃现象，并尝试分析各种信息源的公布对汇率资产价格跳跃的影响。他们发现跳跃现象在汇率市场广泛存在。而且在跳跃变化出现的交易日中，跳跃波动几乎占了汇率资产价格总波动的一半以上。同时，他们的实证研究还表明，几乎一半的显著跳跃又与预期或未预期的消息公布有关。而汇率价格的跳后逆转模式则说明已实现的跳跃几乎都是信息触发型的，无论这些跳跃是否和公布的信息有直接关系。Lian 等(2015)则研究了突发事件对黄金资产价格的冲击，如 1979 年石油危机、1997 年亚洲金融危机和 2008 年次贷危机，发现这些突发事件对黄金期货市场有很大的冲击，造成黄金期货价格出现大幅跳跃。

Cui 和 Zhao(2015)利用非参数方法对 2007 年 1 月 1 日—2012 年 12 月 31 日的中国国债市场的数据进行分析，也尝试研究中国宏观经济信息的释放对债券价格跳跃幅度、时点和频率的影响。实证研究的结果表明债券市场的跳跃强度变化呈 W 形。CPI、PPI、贸易平衡、GDP 和 M2 货币供应量等信息的公布都对债券价格跳跃发生的频率和幅度有显著影响。他们还发现信息公布的频率越高，债券价格发生跳跃的频率就越高，跳跃幅度也越大。

对突发事件、重大新闻信息与资产价格运动跳跃性之间关系感兴趣的读者还可以参阅其他相关文献，如 Rangel(2011)，Birz 和 Lott(2011)，Bacchetta 和 Wincoop(2013)，Asgharian 和 Nossman(2013)等。

3.1.2 政策调整与资产价格运动的跳跃性

除了突发事件和重要的信息公布会导致金融资产价格的跳跃以外，一个国家重大的政策调整或者相关金融机构对金融市场的干预也会导致资产价格发生跳跃变化或者导致其跳跃频率、幅度的改变。Beine 等(2007)关注了汇率市场每日和日内的波动率，专门分析了美国政府干预对这些波动率的影响。他们首先利用计量方法对已实现的波动率进行分析，使用二次幂变差方法将波动率分解为连续部分和跳跃部分，然后同时分析了宏观经济信息的公布和政府干预对跳跃发生的时点、幅度及方向的影响。研究结果表明，宏观经济信息的公布会引发汇率资产价格的跳跃，但宏观经济信息的公布并不是造成所有跳跃的原因，有一部分显著的大幅跳跃是由于政府干预所引发的。

Hussain(2011)研究了欧洲央行货币政策的突然变化对欧洲和美国的主要权益指数收益率和波动率的影响。结果表明，货币政策决策的变化无论对美国还是对欧洲股票指数收益和波动都产生了即时且显著的影响。其中，德国股指 DAX30 样本数据的最大和最小值甚至达到了标准差的 25~50 倍，这是典型的跳跃现象。

Pastor 和 Veronesi(2012)也研究了政府政策对股票价格的影响。他们认为，政府既塑造了企业赖以存在的经济环境，也通过多种方法制定或改变游戏规则来影响经济环境进而影响企业，比如制定税收政策、补贴政策，法律的实施，规范竞争，以及制定环境政策等。政策的变化也会影响金融市场的价格，尤其是意料之外的政策变化会导致金融市场价格出现强烈的跳跃反应。为了深入分析这种影响，他们对政府政策的不确定性以及政府政策的经济和非经济动机进行了界定，并在此基础上构建了一个一般均衡模型。利用该均衡模型对政府政策影响进行分析后，他们认为，政策变化一般会导致股票价格的下跌，比如对医疗和金融制度的改革，再如美国政府 2008 年做出让雷曼兄弟公司破产的决定(意味着大而不倒政策的改变)以及金融危机期间一系列政策变化。而且政府政策变化的不确定性越大，股票价格下跌幅度也越大。他们主要分析了两种的不确定性变化：一种是政府政策的不确定性，即关于当前政府政策是否会发生变化的不确定性；另一种是冲击的不确定性，即政策变化对企业收益影响的不确定性。他们发现两种不确定性都会显著影响到股票价格的变化，既会增加股票价格的跳跃风险，也会增加股票间跳跃的相关性。Leon 和 Sebestyen(2012)的研究也得到类似的结论。他们在事件研究法的框架下提出了一种新测度方法来刻画货币政策意外变化的两个重要维度，即政策自身的变化和政策出台时间的变化。他们发现，欧洲央行的政策突然变化或政策的突然出台普遍导致欧元区利率资产价格的跳跃变化，进而成为利率大幅跳跃的主要原因。

Liu 和 Zhang(2015)在研究经济政策不确定性对股票市场波动率影响时，也发现较大的经济政策不确定性会导致股票价格的大幅跳跃。他们利用标普 500 指数 5 分钟高频数据计算已实现的市场波动率，并用不同类型的模型来捕捉已实现波动率的波动变化，从而来检验经济政策不确定性对波动率的影响。结果表明，前期的经济政策不确定性的确造成了当期股指价格的显著跳跃。

对分析政策调整与资产价格跳跃相关性感兴趣的读者还可以参考其他相关文献，如 Wang 和 Mayes (2012)，Vithessonthi 和

Techarongrojwong (2012), Meurer et al (2015), Hanson 和 Stein (2015)等。

3.2 相关数学定义和定理

布朗运动过程是描述连续小噪音累积过程的基本模型，而泊松过程则是描述间断性突发信息过程的基本模型。所以，可以用布朗运动来描述权益资产价值变化的连续部分，而用泊松过程来描述其跳跃部分。此时，泊松过程刻画的就是引起权益资产价格跳跃的重大信息冲击。假设这些冲击是独立同分布的，那么在时间间隔 t 上，跳跃发生的概率就可以用泊松分布来描述。

泊松过程是一类特殊的计数过程，按照其所服从分布的参数是否为常数，可分为齐次泊松过程和非齐次泊松过程。本章主要讨论满足齐次泊松过程的跳跃变化，下一章将拓展到非齐次泊松过程。泊松过程的定义如下：

定义 3.1 齐次泊松过程：如果随机过程具有下述特性，则称其为泊松过程：

(1) $N(0)=0$；

(2)阶梯函数路径：$\{N(t),\ t\geqslant 0\}$ 的路径是 t 的递增函数，且每次跳跃的幅度为 1；

(3)独立增量函数：对任意的 $\{N(t),\ t>s\geqslant 0\}$，$N(t)-N(s)$ 独立于过程过去的状态 $N(u)$，$0\leqslant u\leqslant s$；

(4) 泊松增量：$N(t+s)-N(s)$ $(t,\ s\geqslant 0)$ 服从参数为 $\lambda(>0)$ 的泊松分布：

$$P\{N(t+s)-N(s)=n\}=\mathrm{e}^{-\lambda t}\frac{(\lambda t)^n}{n!},\quad n=0,\ 1,\ \cdots \tag{3.1}$$

由泊松过程的定义可以推导出其数学期望和方差为：$EN(t)=\mathrm{Var}(N(t))=\lambda t$。如果参数 $\lambda(>0)$ 不是常数，而是时间 t 的函数，那么齐次泊松过程便推广为非齐次泊松过程。

定义 3.2 非齐次泊松过程：如随机过程具有下述特性，则称其为非齐次泊松过程：

（1）$N(0)=0$；

（2）阶梯函数路径：$\{N(t),\ t\geqslant 0\}$ 的路径是 t 的递增函数，且每次跳跃的幅度为 1；

（3）独立增量函数：对任意的 $\{N(t),\ t>s\geqslant 0\}$，$N(t)-N(s)$ 独立于过程过去的状态 $N(u)$，$0\leqslant u\leqslant s$；

（4）非齐次泊松增量：$N(t+s)-N(s)$（$t,\ s\geqslant 0$）服从参数为 $\lambda(u)(>0)$ 的泊松分布：

$$P\{N(t+s)-N(s)=n\}=\mathrm{e}^{-\int_s^{t+s}\lambda(u)\mathrm{d}u}\frac{\left(\int_s^{t+s}\lambda(u)\mathrm{d}u\right)^n}{n!},\quad n=0,\ 1,\ \cdots \tag{3.2}$$

由泊松过程的定义可以推导出其数学期望和方差为：

$$EN(t)=\mathrm{Var}(N(t))=\int_0^t\lambda(u)\mathrm{d}u$$

前一章已经对布朗运动和伊藤过程的各种特性进行了分析。正是因为这些的良好特性，使得布朗运动和伊藤过程在金融资产定价的研究中得到了较为广泛的运用。而在本章中，资产价值的运动轨迹不再是单纯的扩散运动，跳跃变化会时有发生。在这种情况下，必须进一步考察资产价值运动的鞅性是否仍然成立。在资产定价分析中，伊藤引理是否继续可用？如何求解基于伊藤过程和泊松过程的随机微分方程？在回答这些问题前，必须明确几个与鞅有关的数学定义①。

定义 3.3　随机过程的一致可积性：称随机过程 $X(t)$（$0\leqslant t\leqslant T$）是一致可积的，如果当 $n\to\infty$ 时 $E(|X(t)|I(|X(t)|>n))$ 一致收敛到 0，即：

$$\lim_{n\to\infty}\sup_t E[|X(t)|I(|X(t)|>n)]=0 \tag{3.3}$$

其中，上确界 $\sup\limits_t$ 的取值区间与随机过程的变化区间相同。若随机过程变化区间为有限时，上确界取值区间为 $[0,\ T]$。若随机过程的时间区间为无限时上确界取值区间为 $[0,\ \infty)$。

---

①　本章的数学定义和定理参考了 Klebaner(2005)。

定义 3.4 局部鞅：$M(t)$ 为一个适应过程，若存在一系列停时 τ_n，使得当 $\tau_n \to \infty$ 时，对每个 n，停时过程 $M(t \wedge \tau_n)$ 是 t 的一致可积鞅，称适应过程 $M(t)$ 为局部鞅。

所有的鞅过程都是一个局部鞅，显然布朗运动和 Ito 过程都是鞅过程，因此也是局部鞅过程。但是局部鞅过程却不一定是一个鞅过程。

定义 3.5 有限变差过程：如果随机过程 $M(t)$ 的变差函数 $V_M(t) < \infty$，$M(t)$ 就是一个有限变差过程。

定理 3.1 泊松过程 $\{N(t),\ t \geqslant 0\}$ 是一个有限变差过程。

证明：令 $0 = t_0^n < t_1^n < \cdots < t_n^n = t$ 为区间 $[0,\ t]$ 上的一组划分，因此泊松过程的变差可以表示为：$V_N(t) = V_N([0,\ t]) = \lim\limits_{\delta_n \to 0} \sum\limits_{i=1}^{n} |N(t_i^n) - N(t_{i-1}^n)|$。

因为，当 $\delta_n = \max\limits_{1 \leqslant i \leqslant n}(t_i^n - t_{i-1}^n) \to 0$ 时，有 $N(t_i^n) - N(t_{i-1}^n) = 0$ 或 1。

因此，有 $V_N(t) = \lim\limits_{\delta_n \to 0} \sum\limits_{i=1}^{n} |N(t_i^n) - N(t_{i-1}^n)| = N(t) - N(0) = N(t) < \infty$。

所以，泊松过程 $N(t)$ 是一个有限变差过程。

定义 3.6 半鞅：如果一个右连续左极限存在的正则适应过程 $S(t)$ 可以表示为一个局部鞅 $M(t)$ 和一个有限变差过程 $A(t)$ 的和，即：$S(t) = S(0) + M(t) + A(t)$，且 $M(0) = A(0) = 0$，那么称过程 $S(t)$ 为一个半鞅。

泊松过程是一个有限变差过程，由定义 3.6 可知，它是一个半鞅。同样，伊藤过程是一个局部鞅，也是一个半鞅。因此，由泊松过程和伊藤过程构成的随机过程是一个半鞅过程。当我们将泊松跳跃因子引入扩散过程中后，原有的鞅过程将转变为半鞅过程，随之发生变化的还有伊藤(Ito)引理的半鞅形式。

定理 3.2 半鞅的伊藤(Ito)引理①：令 $X(t)$ 为一个半鞅，f 为

---

① 定理 3.2 和定理 3.3 的证明涉及的相关概念和公式已经超出了本书的研究范围，故在此省略。感兴趣的读者可以参考 Protter(1992)，Rogers 和 Williams(1990)等。

二阶连续可微函数，那么 $f(X(t))$ 是一个半鞅且有如下伊藤公式成立：

$$\begin{aligned} & f(X(t)) - f(X(0)) \\ = & \int_0^t f'(X(s-))\mathrm{d}X(s) + \frac{1}{2}\int_0^t f''(X(s-))\mathrm{d}[X,X](s) + \\ & \sum_{s\leqslant t}\Big(f(X(s)) - f(X(s-)) - f'(X(s-))\Delta X(s) - \\ & \frac{1}{2}f''(X(s-))(\Delta X(s))^2\Big) \end{aligned} \tag{3.4}$$

其中，$X(t)$ 的二次变差过程 $[X, X]$ 的跳跃点和 $X(t)$ 的跳跃点相同。根据二次变差过程的定义，可将 $[X, X]$ 跳跃（不连续）部分表示为 $\Delta[X, X](s) = (\Delta X(s))^2$。因此，积分 $\int_0^t f''(X(s-))\mathrm{d}[X, X](s)$ 的跳跃部分可以表示为 $\sum_{s\leqslant t} f''(X(s-))(\Delta X(s))^2$。

令 $[X, X]^c$ 表示 $[X, X]$ 的连续部分，故式(3.4)的等价形式为：

$$\begin{aligned} & f(X(t)) - f(X(0)) \\ = & \int_0^t f'(X(s-))\mathrm{d}X(s) + \frac{1}{2}\int_0^t f''(X(s-))\mathrm{d}[X,X]^c(s) + \\ & \sum_{s\leqslant t}[f(X(s)) - f(X(s-)) - f'(X(s-))\Delta X(s)] \end{aligned} \tag{3.5}$$

根据半鞅的定义和半鞅的 Ito 引理可以直接推导出带跳跃项的随机微分方程闭式解的表达式。

定理 3.3　半鞅的随机指数：若 X 是一个半鞅，那么随机微分方程：

$$U(t) = 1 + \int_0^t U(s-)\mathrm{d}X(s) \quad 或 \quad \mathrm{d}U(t) = U(t-)\mathrm{d}X(t) \tag{3.6}$$

有唯一的解 $\varepsilon(X)(t)$，并称其为 X 的随机指数：

$$U(t) = \varepsilon(X)(t) = \mathrm{e}^{X(t)-X(0)-\frac{1}{2}[X,X](t)}\prod_{s\leqslant t}(1+\Delta X(s))\mathrm{e}^{(-\Delta X(s))+\frac{1}{2}(\Delta X(s))^2} \tag{3.7}$$

3.3 含齐次泊松跳的权益资产收益变化过程

3.3.1 齐次泊松跳-扩散模型的构建

假设权益资产价格的跳跃变化符合泊松过程，因此在原有扩散模型基础上可假设权益资产价格 S_t 满足如下的跳-扩散随机微分方程(Merton，1976 和 Zhou，2001)：

$$\frac{\mathrm{d}S_t}{S_t} = (\mu_S - \lambda_S v_S)\mathrm{d}t + \sigma_S \mathrm{d}B_t + (J_S - 1)\mathrm{d}N_t \tag{3.8}$$

其中，μ_S 为权益资产的期望收益率，σ_S 为权益资产价格没有发生跳跃时的波动率，它们均为常数；B_t 为真实概率测度 P 下的标准布朗运动；N_t 服从参数为 λ_S 的泊松过程，用以描述随机跳跃，λ_S 为常数，即 $P(N_t = n) = \dfrac{\mathrm{e}^{-\lambda_S t}(\lambda_S t)^n}{n!}(n = 0, 1, 2, \cdots)$；随机变量 $J_S(>0)$ 为权益资产价格发生跳跃时的跳跃幅度，它服从均值为 θ_S、方差为 δ_S^2 的对数正态分布，即 $\ln J_S \sim N(\theta_S, \delta_S^2)$。定义 $v_S := E(J_S - 1) = \exp\left(\theta_S + \dfrac{\delta_S^2}{2}\right) - 1$。上述 B_t、N_t 和 J_S 相互独立。

在对原有的扩散模型进行扩展以后，需要求出权益资产收益率所满足的概率分布。现将式(3.8)简写为：

$$\frac{\mathrm{d}S_t}{S_t} = \mathrm{d}X_t \tag{3.9}$$

其中，$\mathrm{d}X_t = (\mu_S - \lambda_S v_S)\mathrm{d}t + \sigma_S \mathrm{d}B_t + (J_S - 1)\mathrm{d}N_t$。

根据定理 3.3 可知，式(3.9)存在唯一的闭式解：

$$\frac{S_T}{S_t} = \mathrm{e}^{[X(T)-X(t)-\frac{1}{2}[X,X](T-t)]}\prod_{t\leqslant s\leqslant T}(1+\Delta X(s))\mathrm{e}^{(-\Delta X(s))+\frac{1}{2}(\Delta X(s))^2} \tag{3.10}$$

其中，

$$X(T) - X(t) = (\mu_S - \lambda_S v_S)(T - t) + \sigma_S(B_T - B_t) + \int_t^T (J_S - 1)\,\mathrm{d}N_t$$

$$[X,\ X](T-t)=\sigma_s^2(T-t)+\int_t^T (J_S-1)^2 \mathrm{d}N_t$$

$$\Delta X(s)=\mathrm{d}X(s)-\mathrm{d}X^c(s)=(J_S-1)(\mathrm{d}N(s)-\mathrm{d}N^c(s))$$
$$=(J_S-1)\Delta N(s)$$

$$(\Delta X(s))^2=(J_S-1)^2(\Delta N(s))^2=(J_S-1)^2\Delta N(s)$$

故

$$\mathrm{e}^{[X(T)-X(t)-\frac{1}{2}[X,\ X](T-t)]}$$
$$=\exp\left[(\mu_S-\frac{1}{2}\sigma_S^2-\lambda_S v_S)(T-t)+\sigma_S(B_T-B_t)\right.$$
$$\left.+\int_t^T(J_S-1)\mathrm{d}N_t-\frac{1}{2}\int_t^T(J_S-1)^2\mathrm{d}N_t\right]$$

由于 N_t 是有限变差过程，所以关于 N_t 的积分可利用 Stieltjes 积分来定义，即存在 $[0,\ T]$ 上一个划分 $t=t_0<t_1<\cdots<t_k<\cdots<t_n=T$，使得：

$$\int_t^T(J_S-1)\mathrm{d}N_t=\sum_t^T(J_S(t_k)-1)(N(t_{k+1})-N(t_k))$$
$$(N(t_{k+1})-N(t_k)=0\text{ 或 }1)$$
$$=\sum_{i=0}^{N_{T-t}}(J_S^i-1)$$

其中，$J_S^i(>0)$ 为时间间隔 $T-t$ 上权益资产价格发生第 i 次跳跃时的跳跃幅度，它们与 J_S 独立同对数正态分布。

同理可得：$\int_t^T(J_S-1)^2\mathrm{d}N_t=\sum_{i=0}^{N_{T-t}}(J_S^i-1)^2$

所以：

$$\mathrm{e}^{[X(T)-X(t)-\frac{1}{2}[X,\ X](T-t)]}$$
$$=\exp\left[\left(\mu_S-\frac{1}{2}\sigma_S^2-\lambda_S v_S\right)(T-t)+\sigma_S(B_T-B_t)+\right.$$
$$\left.\sum_{i=0}^{N_{T-t}}(J_S^i-1)-\frac{1}{2}\sum_{i=0}^{N_{T-t}}(J_S^i-1)^2\right]$$

而：$\prod_{t\leqslant s\leqslant T}(1+\Delta X(s))\mathrm{e}^{\left(-\Delta X(s)+\frac{1}{2}(\Delta X(s)\right)^2}$

$$=\exp\left[\sum_{t\leqslant s\leqslant T}(\ln(1+\Delta X(s))-\sum_{t\leqslant s\leqslant T}(\Delta X(s))+\right.$$

$$\left.\frac{1}{2}\sum_{t\leqslant s\leqslant T}(\Delta X(s))^2\right]$$

$$=\exp\left[\sum_{t\leqslant s\leqslant T}(\ln(1+(J_S-1)\Delta N(s))-\sum_{t\leqslant s\leqslant T}(J_S-1)\Delta N(s)+\right.$$

$$\left.\frac{1}{2}\sum_{t\leqslant s\leqslant T}(J_S-1)^2\Delta N(s)\right]\qquad(\Delta N(s)=0\text{ 或 }1)$$

$$=\exp\left[\sum_{i=0}^{N_{T-t}}\ln J_S^i-\sum_{i=0}^{N_{T-t}}(J_S^i-1)+\frac{1}{2}\sum_{i=0}^{N_{T-t}}(J_S^i-1)^2\right]$$

综上可得式(3.8)的闭式解：

$$S_T=S_t\exp\left[\left(\mu_S-\frac{1}{2}\sigma_S^2-\lambda_S v_S\right)(T-t)+\sigma_S(B_T-B_t)+\sum_{i=0}^{N_{T-t}}\ln J_S^i\right]\tag{3.11}$$

由式(3.11)可求得 $\ln\dfrac{S_T}{S_t}$ 的概率分布为：

$$P\left(\ln\frac{S_T}{S_t}<x\right)$$

$$=P\left[\left(\mu_S-\frac{1}{2}\sigma_S^2-\lambda_S v_S\right)(T-t)+\sigma_S(B_T-B_t)+\sum_{i=0}^{N_{T-t}}\ln J_S^i<x\right]$$

$$=\sum_{n=0}^{\infty}P\left[\left(\mu_S-\frac{1}{2}\sigma_S^2-\lambda_S v_S\right)(T-t)+\sigma_S(B_T-B_t)+\right.$$

$$\left.\sum_{i=0}^{N_{T-t}}\ln J_S^i<x\,|\,N(T-t)=n\right]\cdot P(N((T-t)=n)$$

$$=\sum_{n=0}^{\infty}\frac{e^{-\lambda_S(T-t)}(\lambda_S(T-t))^n}{n!}\cdot P\left[\left(\mu_S-\frac{1}{2}\sigma_S^2-\lambda_S v_S\right)(T-t)+\right.$$

$$\left.\sigma_S(B_T-B_t)+\sum_{i=0}^{N_{T-t}}\ln J_S^i<x\right]$$

其中，$\left(\mu_S-\dfrac{1}{2}\sigma_S^2-\lambda_S v_S\right)(T-t)$ 为常数，$(B_T-B_t)\sim N(0,\ T-t)$，$\ln J_S^i$ 与 $\ln J_S$ 独立同正态分布，即：$\ln J_S^i\sim N(\theta_S,\ \delta_S^2)$。

由于正态分布的线性和仍为正态分布，所以有：

$$\ln \frac{S_T}{S_t} \sim \sum_{n=0}^{\infty} \frac{e^{-\lambda_S \tau}(\lambda_S \tau)^n}{n!} N(\alpha\tau + n\theta_S,\ \sigma_S^2 \tau + n\delta_S^2) \quad (3.12)$$

其中，
$$\tau = T - t,\ \alpha = \mu_S - \frac{1}{2}\sigma_S^2 - \lambda_S v_S 。$$

因此，此时权益资产收益率所满足的概率分布为混合泊松正态分布。

3.3.2　齐次泊松跳-扩散模型的评述

齐次泊松跳-扩散模型用纯扩散过程描述权益资产收益的正常变化，用跳跃过程描述异常的大幅变化，因而对权益资产收益不同的变化特征作出了较好的区分，这是对纯扩散模型最大的改进。由该模型导出的混合泊松正态分布也能较好地拟合权益资产收益率分布特征，能够解释纯扩散模型所无法解释的一些现象，如肥尾和偏态等。但该模型同样存在一些缺陷，包括：

(1)假设了一个常数强度控制的跳跃分布，虽然该假设给理论模型的构建和实证研究带来了很大的便利，但也使得相关结论与实际数据存在一定的偏差。大量的实证研究和文献说明，权益资产收益发生跳跃的频率或强度不是一成不变的，它具有明显的时变性和集群性。每期跳跃强度在随时间发生变化的同时，又明显受到前期跳跃强度的影响，大的跳跃强度(或小的跳跃强度)倾向于集群出现。与此同时，单个资产的跳跃强度还受到诸如宏观经济变量波动、市场大幅波动及关联资产大幅波动等状态变量的影响，从而表现出状态依赖性。

(2)该模型的另一个缺点就是将扩散型条件波动率 σ_S 视为常数，没有考虑正常扩散波动的特性。根据大量的实证研究，扩散型条件波动率 $\sigma_S(t)$ 并不为常数，而是具备一些重要的变化特征，如时变性、集群性和 GARCH 效应等，这些特性是齐次泊松跳-扩散模型无法描述和解释的。

构造一个同时兼顾上述这些特性的模型，正是近年来关于金融资产收益建模研究的重点和热点，当然也是本书所要探讨的重要内容之一。相关研究内容和实证分析将在下一章中展开。

3.4 本章小结

为了能更好地对权益资产收益过程进行描述，本章对权益资产价格变化特性及相关数学概念进行了刻画和定义，并简单介绍了本章及下一章构建理论模型所需的数学定义和定理。在此基础上，本章对描述权益资产收益变化过程的齐次泊松跳-扩散模型进行了详尽的描述和分析。该模型对纯扩散模型最大的改进在于较好地区分了资产收益变化过程中的“正常”与“非正常”变化。该模型导出的混合泊松正态分布也能较好地拟合资产收益分布特征，解释纯扩散模型无法解释的肥尾和偏态等现象。

但是，该模型最大的缺点是假设了常数跳跃强度和常数扩散型条件波动率。虽然该假设给理论模型的构建和实证研究带来了很大的便利，但也使得相关结论与实际数据存在一定的偏差。因此，下一章将就该缺点所带来的问题进行深入分析和探讨，并构造了一个状态依赖的可变跳跃强度-GARCH 模型，该模型能同时兼顾跳跃强度的时变性、集群性、状态依赖性以及扩散型条件波动率的集群性、不对称性等特征。

◎ 本章参考文献

[1] Asgharian H., Nossman M.. Financial and Economic Integration's Impact on Asian Equity Markets' Sensitivity to External Shocks. The Financial Review, 2013, 48(2): 343-363.

[2] Bacchetta P., Wincoop E. V.. Sudden Spikes in Global Risk. Journal of International Economics, 2013, 89(2): 511-521.

[3] Beine, M., Lahaye J., Laurent S., et al. Central Bank Intervention and Exchange Rate Volatility, Its Continuous and Jump Components. International Journal of Finance and Economics, 2007, 12(2): 201-223.

[4] Birz G., Lott J. R.. The Effect of Macroeconomic News on Stock

Returns: New Evidence from Newspaper Coverage. Journal of Banking & Finance, 2011, 35(11): 2791-2800.

[5] Boudt K., Petitjean M.. Intraday Liquidity Dynamics and News Releases around Price Jumps: Evidence from the DJIA Stocks. Journal of Financial Markets, 2014, 17: 121-149.

[6] Cui J., Zhao H.. Intraday Jumps in China's Treasury Bond Market and Macro News Announcements. International Review of Economics and Finance, 2015, 39: 211-223.

[7] Daal E., Naka A., Yu J. S.. Volatility Clustering, Leverage Effects and Jump Dynamics in the US and Emerging Asian Equity Markets. Journal of Banking & Finance, 2007, 31(9): 2751-2769.

[8] Das S. R.. The Surprise Element: Jumps in Interest Rate. Journal of Econometrics, 2002, 106(1): 27-65.

[9] Dungey, M., McKenzie, M., & Smith, L. V.. Empirical Evidence on Jumps in the Term Structure of the US Treasury Market. Journal of Empirical Finance, 2009, 16(3), 430-445.

[10] Eraker B., Johannes M., Polson N.. The Impact of Jumps in Volatility and Returns. The Journal of Finance, 2003, 58(3): 1269-1300.

[11] Eraker B.. Do Stock Prices and Volatility Jump? Reconciling Evidence from Spot and Option Prices. The Journal of Finance, 2004, 59(3): 1367-1403.

[12] Fama E. F.. The Behavior of Stock-Market Prices. The Journal of Business, 1965, 38(1): 34-105.

[13] Frömmel M., Han X., Gysegem F. V.. Further Evidence on Foreign Exchange Jumps and News Announcements. Emerging Markets Finance & Trade, 2015, 51(4): 774-787.

[14] Hanson S. G., Stein J. C.. Monetary Policy and Long-term Real Rates. Journal of Financial Economics, 2015, 115(3): 429-448.

[15] Hussain S. M.. Simultaneous Monetary Policy Announcements and International Stock Markets Response: an Intraday Analysis.

Journal of Banking & Finance, 2011, 35(3): 752-764.

[16] Johannes M.. The Statistical and Economic Role of Jumps in Continuous-time Interest Rate Models. Journal of Finance, 2004, 59(1): 227-260.

[17] Jiang G. J., Lo I., Verdelhan A.. Information Shocks, Liquidity Shocks, Jumps, and Price Discovery: Evidence from the U. S. Treasury Market. Journal of Financial and Quantitative Analysis, 2011, 46(2): 527-551.

[18] Kevin P. E.. Intraday Jumps and US Macroeconomic News Announcements. Journal of Banking & Finance, 2011, 35 (10): 2511-2527.

[19] Klebaner F. C.. Introduction to Stochastic Calculus with Applications. Second Edition. Imperial College Press, London, UK, 2005.

[20] Lahaye J., Laurent S., Neely C. J.. Jumps, Cojumps and Macro Announcements. Journal of Applied Econometrics, 2011, 26(6): 893-921.

[21] Leon A., Sebestyen S., New Measures of Monetary Policy Surprises and Jumps in Interest Rates. Journal of Banking & Finance, 2012, 36 (8): 2323-2343.

[22] Liu L., ZhangT.. Economic Policy Uncertainty and Stock Market Volatility. Finance Research Letters, 2015, 15: 99-105.

[23] Lian Y. M., Liao S. L., Chen J. H.. State-dependent Jump Risks for American Gold Futures Option Pricing. North American Journal of Economics and Finance, 2015, 33: 115-133.

[24] Lo A. W., MacKinlay A. C.. Stock Market Prices Do Not Follow Random Walks: Evidence from a Simple Specification Test. The Review of Financial Studies, 1988, 1(1): 41-66.

[25] Meurer R., Santos A. A. P., Turatti D. E.. Monetary Policy Surprises and Jumps in Interest Rates: Evidence from Brazil. Journal of Economic Studies, 2015, 42(5): 893-907.

[26] Merton R. C. . Option Pricing When Underlying Stock Return are Discontinuous. Journal of Financial Economics, 1976, 3 (1-2): 125-144.

[27] Osborne M. F. M. . Periodic Structure in the Brownian Motion of Stock Prices. Operations Research, 1962, 10(3): 345-379.

[28] Pan J. . The Jump-Risk Premia Implicit in Options: Evidence from an Integrated Time-Series Study. Journal of Financial Economics, 2002, 63(1): 3-50.

[29] Protter P. E. . Stochastic Integration and Differential Equations. Springer Verlag, Berlin, Germany, 1992.

[30] Rangel J. G. . Macroeconomic News, Announcements and Stock Market Jump Intensity Dynamics. Journal of Banking and Finance, 2011, 35(5): 1263-1276.

[31] Rogers L. C. G. and Williams D. . Diffusions, Markov Processes and Martingales. Volume 2. Ito Calculus, Cambridge University Press, Cambridge, UK, 2000.

[32] Vithessonthi C. , Techarongrojwong Y. . The Impact of Monetary Policy Decisions on Stock Returns: Evidence from Thailand. Journal of International Financial Markets, Institutions & Money, 2012, 22 (3): 487-507.

[33] Wang S. , Mayes D. G. , Monetary Policy Announcements and Stock Reactions: an International Comparison. North American Journal of Economics and Finance, 2012, 23(2): 145-164.

[34] Zhou C. S. . The Term Structure of Credit Spreads with Jump Risk. Journal of Banking and Finance, 2001, 25(11): 2015-2040.

第4章　基于非齐次泊松跳过程的权益资产价值分析

如何准确合理地描述金融资产价格和收益变动，一直是现代金融学研究的重要问题之一。在各种金融工具和新型衍生产品广泛发展和不断涌现的今天，对基础金融资产价格和收益变动的准确度量，更是成为资产定价、风险管理等领域的核心问题。在众多的基础金融资产中，股票又是最常见的金融资产。在违约风险结构模型中，股票资产又被称为权益资产，它的变化将直接引起企业总资产价值和信用水平的变化。因此，对企业的资本结构和违约风险进行分析时，对权益资产价值的变化过程作出恰当合理的描述尤为重要。

Engle(1982)提出的ARCH模型和Bollerslev(1986)提出的GARCH模型及在此基础上发展的EGARCH、TGARCH等模型，曾为刻画股票等金融资产的收益率波动特性提供了非常有效的方法。但是随着金融市场的不断发展，这些模型已经不能很好地刻画现实金融资产收益率的一些重要特征，尤其是对收益率的"肥尾"特征刻画不足。现实生活中，经济、政治和社会等各方面出现的突发事件不断影响着各国金融市场，使得金融资产价格出现不连续的跳跃式变化。1987年的美国股市崩盘、1997年的亚洲金融危机以及2007年的全球金融危机，对金融市场形成了巨大冲击。尤其是遭受2007年美国金融危机，2008年雪灾、地震，以及2012年欧债危机等突发事件冲击后，我国各类金融资产价格业频繁出现大幅跳动，收益风险短期内发生急剧扩大，这使得识别和监控金融资产收益的跳跃性风险具有重要的现实意义。

现实中的各种经济现象表明，股票价格在大多数情况下遵循的是小幅平稳(正常)变化，服从布朗运动的假设。但在某些情况下，其价格也会在短时间内发生剧烈的变动，即出现跳跃性(非正常)变化。另一方面，越来越多的理论研究也表明，资产价格走势由不可预测的信息流决定。潜在信息流由“正常消息”和“异常消息”两部分组成，两种消息对价格波动的影响具有显著区别。正常消息的扩散引起资产价格的平滑变动，而异常消息的冲击则是导致价格异常大幅变动(Maheu 和 Mccurdy(2004)称之为“冲击”或“跳跃”)的重要因素。上一章利用齐次泊松跳-扩散模型对股票(权益资产)价格和收益率的变化进行了解释，该模型能对资产收益变化过程中的“正常”与“非正常”变化作出较好的区分，这是对纯扩散模型最大的改进。但是，该模型假设了常数跳跃强度和常数扩散型条件波动率，使得相关结论与实际数据存在一定的偏差，不能很好地解释资产收益率存在的波动聚集、有偏、肥尾以及对信息反应的非对称性(即杠杆效应)等特征。因此，本章将构建 TSD-ARJI-GARCH 模型来探讨股票(权益资产)收益率随时间平滑波动和大幅跳跃的双重特征。该模型既考虑了扩散型条件波动率的集群性、不对称性，也兼顾了跳跃强度的时变性、集群性、状态依赖性等特征。

本章的主要内容安排如下：首先，简单介绍“自回归强度跳跃-GARCH 模型(简称 ARJI-GARCH 模型)”的基本思想，指出该模型的不足之处。为了改进这些不足，本章随后构建了“门限效应下状态变量依赖自回归强度跳跃-GARCH 模型(简称 TSD-ARJI-GARCH)”。在保留 ARJI-GARCH 模型特点的基础上，TSD-ARJI-GARCH 模型加入了基于门限效应的状态变量对跳跃强度的影响。最后，利用 TSD-ARJI-GARCH 模型对样本数据进行实证研究，包括：检验模型的拟合优度，对企业权益资产的跳跃行为展开分析，对 ST 企业和非 ST 企业的不同跳跃特征以及交叉持股企业间大幅跳跃的传染性问题进行研究等。

4.1　权益资产收益变化的 ARJI-GARCH 模型基本思想

ARJI-GARCH 模型由 Chan 和 Maheu(2002)最先提出的。ARJI-GARCH 模型假定资产收益率满足如下跳跃模型：

$$R_t = \mu + \sum_{i=1}^{l} \phi_i R_{t-i} + \sqrt{h_t} z_t + \sum_{k=1}^{n_t} Y_{t,k} \tag{4.1}$$

其中，$z_t \sim N(0, 1)$，跳跃幅度 $Y_{t,k} \sim N(\theta_t, \delta_t^2)$。$n_t$ 表示离散计数过程，用于控制 $(t-1, t)$ 间跳跃发生的次数。该计数过程服从参数为 $\lambda_t > 0$ 的泊松分布，其概率密度函数为：

$$P(n_t = j \mid \Phi_{t-1}) = \frac{e^{-\lambda_t} (\lambda_t)^j}{j!}, \quad j = 0, 1, 2, \cdots, \tag{4.2}$$

Chan 和 Maheu(2002)假设条件跳跃强度 $\lambda_t > 0$ 符合一个内生的自回归修正过程(ARJI)。他们构造 ARJI 模型思路是：由于跳跃强度的变化较为复杂，为了能对其进行测度和分析，就必须将跳跃强度和已知的信息集联系起来。他们首先引入一个称为“滤子”的信息流，并根据不同时点的信息流来测度跳跃强度的事前预期值和事后推断值。然后，假定条件强度满足自回归模型，并利用强度的事前预期和事后推断之差作为修正变量，来修正模型的预测偏差。该模型的具体构造如下：

令 $\lambda_t = E(n_t \mid \Phi_{t-1})$ 为 Φ_{t-1} 可测的。其中 $\Phi_{t-1} = \{R_1, \cdots, R_{t-1}\}$ 为 $t-1$ 期及以前的所有资产历史收益率的信息集。令 λ_t 符合如下的 ARJI(r, s)：

$$\lambda_t = \lambda_0 + \sum_{i=1}^{r} \rho_i \lambda_{t-i} + \sum_{i=1}^{s} \gamma_i \xi_{t-i} \tag{4.3}$$

其中，$\xi_{t-i} = E(n_{t-i} \mid \Omega_{t-i}) - \lambda_{t-i} = E(n_{t-i} \mid \Omega_{t-i}) - E(n_{t-i} \mid \Omega_{t-i-1})$ 为偏差修正项。根据随机变量条件期望的定义可知，$E(n_{t-i} \mid \Omega_{t-i}) = \sum_{j=0}^{\infty} j \cdot P(n_{t-i} = j \mid \Omega_{t-i})$ 是基于 $t-i$ 期的信息集对 $(t-i-1, t-i)$ 期发生跳跃的事后推断。所以，$\xi_{t-i} = E(n_{t-i} \mid \Omega_{t-i}) - E(n_{t-i} \mid \Omega_{t-i-1})$ 表示“事后推断与事前预期之间的偏差”。

另一方面，Chan 和 Maheu(2002)假定资产价格扩散变化的波动率满足广义自回归条件异方差过程，即令 h_t 也为 Φ_{t-1} 可测的，其变化符合 GARCH(p, q)模型：

$$h_t = \omega + \sum_{i=1}^{q} \alpha_i \varepsilon_{t-i}^2 + \sum_{i=1}^{p} \beta_i h_{t-i} \tag{4.4}$$

其中，$\varepsilon_t = R_t - \mu - \sum_{i=1}^{l} \phi_i R_{t-i}$，从 ε_t 的构造来看，h_t 同时受到上期扩散波动和跳跃变化的双重影响。

随后，Chan 和 Maheu(2002)将该混合模型用于分析道琼斯工业平均价格指数共 72 年(1928—2000 年)18947 个日数据的变化。参数估计和检验结果显示跳跃强度模型中各参数都高度显著，并拒绝了常强度模型的假设。实证结果还表明，股票资产收益条件跳跃强度的自相关性为正且有一定的持续性，不过在强度表达式中加入修正因子后，低阶的 ARJI(1，1)模型就足以捕捉条件跳跃强度的自相关性和时变性。

最后，他们认为 ARJI-GARCH 跳-扩散模型在三个方面改进了常强度-GARCH 跳-扩散模型：(1)时变的跳跃强度能更好地预测股票市场指数的波动；(2)在强度模型中加入自回归形式有助于充分发掘常强度模型忽视的跳跃变化中的其他特征；(3)在股票市场指数出现下挫的时间段内，ARJI 模型估计的条件跳跃强度和预期概率均显著增加，弥补了常强度模型对不同时段跳跃变化特征的刻画不足。

他们提出了一个比较完整的计量模型，既能描述股票资产收益的跳跃行为和强度变化的各种特征，又能解释正常波动变化的集群性和 GARCH 效应，并对所选的实证数据进行了较好的拟合。但是，Chan 和 Maheu(2002)在模型构造和实证应用方面仍存在一些缺陷，比如：(1)没有对股票指数日收益率变化过程进行完整描述，仅直接给出日收益率所满足的表达式 $R_t = \mu + \sum_{i=1}^{l} \phi_i R_{t-i} + \sqrt{h_t} z_t + \sum_{k=1}^{n_t} Y_{t,k}$，从该表达式很难看出日收益率的变化特征；(2)在 GARCH 模型中没有区分好坏信息对扩散型条件波动率的不对称影响；(3)没有考虑系统波动、宏观因素或关联指数波动等状态变量对跳跃强度的影响；(4)仅研究了市场指数的变化，却没有探讨该模型是否适用于单个企业权益资产(股票)的分析。

Chan 和 Maheu(2002)之后的一些相关研究都从不同角度探讨

和修正了上述某些不足。比如 Maheu 和 Mccurdy(2004)就在条件波动率的 GARCH 成分中利用虚拟变量区分好消息和坏消息的不同影响。他们首先假定资产收益率变化满足如下模型：

$$R_t = \mu + \varepsilon_{1,t} + \varepsilon_{2,t} \tag{4.5}$$

其中，$\varepsilon_{1,t} = \sigma_t z_t$ 为扩散新信息成分，且 $z_t \sim N(0, 1)$；$\varepsilon_{2,t} = J_t - E(J_t | \Omega_{t-1})$ 则为跳跃新信息成分且与 $\varepsilon_{1,t}$ 同期独立，其中 $J_t = \sum_{k=1}^{n_t} Y_{t,k}$，且 $Y_{t,k} \sim N(\theta_t, \delta_t^2)$，$n_t$ 为服从参数为 $\lambda_t > 0$ 的泊松计数过程。根据式(4.5)有：

$$\begin{aligned} \mathrm{Var}(R_t | \Omega_{t-1}) &= \mathrm{Var}(\varepsilon_{1,t} | \Omega_{t-1}) + \mathrm{Var}(\varepsilon_{2,t} | \Omega_{t-1}) \\ &= \sigma_t^2 + \mathrm{Var}(\varepsilon_{2,t} | \Omega_{t-1}) \end{aligned} \tag{4.6}$$

Maheu 和 Mccurdy(2004)对 λ_t 变化的设定与 Chan 和 Maheu (2002)类似，但对 σ_t 变化的设置则考虑了好消息和坏消息的不同影响。他们假定 σ_t^2 变化符合如下的 GARCH 模型：

$$\sigma_t^2 = \omega + g(\Lambda, \Phi_{t-1}) \cdot \varepsilon_{t-1}^2 + \beta \cdot \sigma_{t-1}^2 \tag{4.7}$$

其中，$g(\Lambda, \Phi_{t-1}) = \exp[\alpha + \alpha_j E(n_{t-1} | \Omega_{t-1}) + I(\varepsilon_{t-1})(\alpha_\alpha + \alpha_{\alpha,j} E(n_{t-1} | \Omega_{t-1}))]$，$\varepsilon_{t-1} = \varepsilon_{1,t-1} + \varepsilon_{2,t-1}$，当 $\varepsilon_{t-1} > 0$ 时，$I(\varepsilon_{t-1})$ 为 1，当 $\varepsilon_{t-1} < 0$ 时，$I(\varepsilon_{t-1})$ 为 0。

因此，式(4.7)中的 $I(\varepsilon_{t-1})$ 体现了上期好消息和坏消息对当前条件波动率的不同影响。

Daal et al(2007)则在跳跃成分中考虑了 GARCH 成分的反馈效应，并利用该模型对美国股票指数和 8 个亚洲新兴市场指数进行了研究。其跳跃成分符合如下模型：

$$\varepsilon_{2,t} = \sqrt{h_t^k}\left(\sum_{i=1}^{N_t} J_{i,t} - \phi\lambda_t\right) \tag{4.8}$$

其中，$k \in \{0, 1\}$，$k = 1$ 表示跳跃部分受到 GARCH 成分的影响，$k = 0$ 则表示跳跃部分没受到 GARCH 成分的影响。此外，对 h_t 变化的设定也与 Maheu 和 Mccurdy(2004)略有不同。Daal et al(2007)假设它符合如下 NGARCH 或 PGARCH 函数：

$$h_t = \alpha_0 + \alpha_1 h_{t-1}\left(\frac{\varepsilon_{t-1}}{\sqrt{h_{t-1}}} - \theta\right)^2 + \beta h_{t-1} \tag{4.9}$$

$$h_t = \alpha_0 + \alpha_1 (|\varepsilon_{t-1}| - \theta\varepsilon_{t-1})^2 + \beta h_{t-1} \tag{4.10}$$

陈浪南和孙坚强(2010)则考虑了在自回归条件跳跃强度函数中加入了前一期扩散波动率 σ_{t-1}^2 的影响，即：

$$\lambda_t = \lambda_0 + \rho\lambda_{t-1} + \gamma\xi_{t-1} + \beta\sigma_{t-1}^2 \tag{4.11}$$

Maheu 和 Mccurdy(2004)、Daal et al(2007)，及陈浪南和孙坚强(2010)都从不同角度对 ARJI-GARCH 模型进行了扩展，考虑了前期扩散波动或前期跳跃成分对当期跳跃成分或扩散波动的回馈效应。但是，他们都忽略了外部状态变量的冲击对跳跃强度的影响以及这种影响的不对称性①。通过对相关文献和实证数据的梳理和研究，我们发现，金融资产收益率跳跃强度除了受资产自身特质因素的内生影响外，还受制于市场系统波动或关联资产波动的外生影响。以股票市场为例，现有研究(如谈正达和胡海鸥(2012)、陈永伟(2012)等)对样本数据的分析表明，市场指数的大幅波动会影响投资者对单个资产发生大幅波动的预期，这体现了市场波动对单个资产跳跃强度影响的系统效应。同样，关系密切的资产之间大幅波动也会相互影响。比如，对于持有其他企业股票(权益)的持股企业而言，其股票(权益)收益发生较大波动时也会增加被持股企业股票(权益)大幅波动的预期，这体现了交叉持股企业股票(权益)间波动的传染效应。而现有的研究要么仅强调外部状态变量对跳跃强度的影响，如 Bekaert 和 Gray(1998)、Neely(1999)、Johannes et al(1999)及 Das(2002)等；要么仅分析内生因素的影响，如 Maheu 和 Mccurdy(2004)、Daal et al(2007)及陈浪南和孙坚强(2010)等，而没有同时考虑这两种因素对跳跃强度的共同影响。

为了能同时考虑跳跃强度的外部状态依赖性、时变性、集群性以及扩散型条件波动率的集群性、不对称性等特征，本章 4.2 节将构建门限效应下状态变量依赖自回归强度跳跃-GARCH 模型(简称 TSD-ARJI-GARCH)来探讨权益资产收益率随时间平滑波动和大幅度跳跃的双重特征。具体而言，以区分好坏消息且能反映条件波动

① 尽管 Daal et al(2007)在强度变化方程中加入了状态变量，但是该状态变量仍是内生的，而非外部状态变量。

集群效应的 GARCH 模型来控制扩散型波动的条件波动率，以门限效应下状态变量依赖自回归修正模型来控制跳跃强度过程，进而控制权益资产收益率发生跳跃的概率。该模型结合了 Johannes et al(1999)及 Daal et al(2007)考虑状态变量的研究思路，也吸纳了 Chan 和 Maheu(2002)及 Maheu 和 Mccurdy(2004)所构造模型的优点，同时也弥补了他们存在的不足。

TSD-ARJI-GARCH 模型主要特点体现在：不仅允许跳跃强度变化受企业特质因素内生驱动，还考虑了“市场系统大幅波动”或“关联企业权益资产大幅波动”等状态变量对企业权益资产跳跃强度影响的门限效应。该模型有助于更加全面深入地研究权益资产收益的跳跃特点，使投资者和管理者更准确地预判企业权益资产收益跳跃行为的变化，适时控制跳跃风险和违约风险，从而作出更有利的投资决策。

4.2 构建权益资产收益变化的 TSD-ARJI-GARCH 模型

假设权益资产的跳跃符合非齐次泊松过程，在齐次泊松跳-扩散模型基础上令权益资产价格 S_t 在时间间隔 $(t-1,\ t)$ 上满足如下的跳-扩散随机微分方程：

$$\frac{\mathrm{d}S_t}{S_t} = [\mu_S - \lambda_S(t)\cdot v]\mathrm{d}t + \sigma_S(t)\mathrm{d}B_t + (J_S - 1)\mathrm{d}N_t \tag{4.12}$$

其中，μ_S 为常数，表示权益资产的期望收益率；B_t 为真实概率测度 P 下的标准布朗运动；$\sigma_S(t)$ 为正常漂移扰动的条件波动率，解释了正常消息引起的权益资产收益率波动，它随时间发生变化但在 $(t-1,\ t)$ 上为常数，其变化过程符合 GARCH 模型。

N_t 服从参数为 $\lambda_S(t)$ 的泊松过程，用以描述异常消息引发的随机跳跃。$\lambda_S(t)$ 表示 $(t-1,\ t)$ 期发生跳跃的条件跳跃强度，是基于 $t-1$ 期的全部信息对 $(t-1,\ t)$ 发生跳跃次数的事前预期，即 $\lambda_S(t) = E(N_t \mid \Omega_{t-1})$（$\Omega_{t-1}$ 为 $t-1$ 时的信息集）。$\lambda_S(t)$ 随时间发生变化但在 $(t-1,\ t)$ 上仍为常数，其变化过程符合 TSD-ARJI 模型。

随机变量 $J_S(>0)$ 为权益资产价格发生跳跃时的跳跃幅度，它服从均值为 θ_S 、方差为 δ_S^2 的对数正态分布，即 $\ln J_S \sim N(\theta_S, \delta_S^2)$ ，其中 θ_S 和 δ_S^2 均为常数。而 v_S 则被定义为 $v_S:=E(J_S-1)=\exp\left(\theta_S+\frac{\delta_S^2}{2}\right)-1$。

假设上述 B_t , N_t 和 J_S 相互独立，那么类似式(3.11)推导过程，根据定理 3.3 可知，式(4.12)在 $(t-1, t)$ 上存在唯一的闭式解：

$$r_t=\ln\frac{S_t}{S_{t-1}}=\left(\mu_S-\frac{1}{2}\sigma_S^2(t)-\lambda_S(t)\cdot v_S\right)+\sigma_S(t)(B_t-B_{t-1})+\sum_{i=0}^{N_t}\ln J_S^i \tag{4.13}$$

其中，$J_S^i(>0)$ 为时间间隔 $(t-1, t)$ 上权益资产收益率发生第 i 次跳跃时的跳跃幅度，它们与 J_S 独立同对数正态分布。

4.2.1　描述条件波动率 $\sigma_S^2(t)$ 的 GARCH 模型

式(4.12)中的 $\sigma_S(t)$ 为扩散波动的条件波动率。根据大量的实证研究可知，$\sigma_S^2(t)$ 具备三个特点：其一，$\sigma_S^2(t)$ 表现出集群效应，即大的 $\sigma_S^2(t)$ 或小的 $\sigma_S^2(t)$ 会集群出现，这说明 $\sigma_S^2(t)$ 往往受到其前一期值 $\sigma_S^2(t-1)$ 的影响；其二，前期收益率偏离条件均值的残差平方值 $\varepsilon_S^2(t-1)$ 也会对 $\sigma_S^2(t)$ 产生影响，也即条件波动率的 GARCH 效应；其三，$\varepsilon_S^2(t-1)$ 对 $\sigma_S^2(t)$ 的影响往往是非对称的，也即根据好坏消息的不同，$\varepsilon_S^2(t-1)$ 对 $\sigma_S^2(t)$ 产生不同的影响。结合以上三个特点，可假定 $\sigma_S^2(t)$ 满足如下的 GARCH(1, 1)过程：

$$\sigma_S^2(t)=\omega_0+(\omega_1+I(\varepsilon_S(t-1))\cdot\omega_2)\cdot\varepsilon_S^2(t-1)+\omega_3\cdot\sigma_S^2(t-1) \tag{4.14}$$

其中，$t\geqslant 2$ 且为整数，$\varepsilon_S(t-1)=r_{t-1}-E(r_{t-1}\mid\Omega_{t-2})$ 为前期收益率偏离条件均值的残差；$I(\varepsilon_S(t-1))=\begin{cases}1, & \varepsilon_S(t-1)<0\\0, & \varepsilon_S(t-1)\geqslant 0\end{cases}$ ；如果是好消息的冲击，$\varepsilon_S(t-1)$ 的影响表现为 $\omega_1\cdot\varepsilon_S^2(t-1)$ ；如果是坏

消息的冲击，则为 $(\omega_1+\omega_2)\cdot\varepsilon_S^2(t-1)$，其中，$\omega_2\cdot\varepsilon_S^2(t-1)$ 表示了坏消息的额外影响。为了保证 $\sigma_S^2(t)$ 为非负值，在估计上述模型参数时必须假定 $\omega_0\geqslant 0$，$\omega_1\geqslant 0$，$\omega_2\geqslant 0$ 及 $\omega_3\geqslant 0$。如果 $\omega_1=\omega_2=\omega_3=0$，那么模型退化为常条件波动率，不存在异方差变化，各期扩散型波动独立同分布。

4.2.2 描述条件跳跃强度 λ_t 的 TSD-ARJI 模型

相关研究表明，式(4.12)中的条件跳跃强度 $\lambda_S(t)$ 不仅跨期依赖，还会受到系统波动和关联波动的影响。为了综合考虑条件跳跃强度 $\lambda_S(t)$ 的变化，构造门限效应下状态依赖自回归强度模型(Threshold Based State-Dependent, Autoregressive Jump Intensity Model)，简称 TSD-ARJI 模型。该模型是对 Johannes et al(1999)、Maheu 和 Mccurdy(2004)以及 Daal et al(2007)强度模型的扩展，囊括了条件跳跃强度的时变性、集群性及状态依赖性等重要特征。该模型的具体形式如下：

$$\lambda_S(t)=\lambda_0+\beta_1\cdot\lambda_S(t-1)+\beta_2\cdot\eta_S(t-1)+I(\mathrm{EXF}_{t-1})\cdot\beta_3\cdot\mathrm{EXF}_{t-1} \tag{4.15}$$

其中，$t\geqslant 2$ 且为整数；λ_0 为常数，表示条件跳跃强度中的不变成分。

$\lambda_S(t-1)=E(N_{t-1}\mid\Omega_{t-2})$ 表示条件跳跃强度的滞后一期值，是基于 $t-2$ 期的信息集对 $(t-2,\ t-1)$ 发生跳跃的事前预期。

$\eta_S(t-1)=\kappa_S(t-1)-\lambda_S(t-1)=E(N_{t-1}\mid\Omega_{t-1})-E(N_{t-1}\mid\Omega_{t-2})$ 为偏差修正项，其中 $\kappa_S(t-1)=E(N_{t-1}\mid\Omega_{t-1})$ 是基于 $t-1$ 期的信息集对 $(t-2,\ t-1)$ 期间发生跳跃的事后推断。所以，$\eta_S(t-1)=\kappa_S(t-1)-\lambda_S(t-1)$ 表示“事后推断与事前预期之间的偏差”，在式(4.15)中加入该项是利用这种偏差对条件强度进行实时修正。根据随机变量期望的定义知：

$$\kappa_S(t-1)=E(N_{t-1}\mid\Omega_{t-1})=\sum_{k=0}^{\infty}k\cdot P(N_{t-1}=k\mid\Omega_{t-1}) \tag{4.16}$$

其中，$P(N_{t-1}=k\mid\Omega_{t-1})$ 为发生 k 次跳跃的事后概率。根据 Maheu 和 Mccurdy(2004)的分析有：

$$P(N_{t-1}=k\mid\Omega_{t-1})=\frac{f(r_{t-1}\mid N_{t-1}=k,\ \Omega_{t-2})P(N_{t-1}=k\mid\Omega_{t-2})}{f(r_{t-1}\mid\Omega_{t-2})} \tag{4.17}$$

其中，k 为非负整数；$f(r_{t-1}\mid\cdot)$ 表示 r_{t-1} 的条件密度函数；$P(N_{t-1}=k\mid\Omega_{t-2})=\dfrac{e^{-\lambda_S(t-1)}\ (\lambda_S(t-1))^k}{k!}$ 表示基于信息集 Ω_{t-2}，对 $(t-2,\ t-1)$ 期间发生 k 次跳跃的预期概率。

EXF_{t-1} 为基于 $t-1$ 期信息集的状态变量值，用以考察企业外部状态发生变化时，条件跳跃强度的变化情况。如果式(4.15)中 $\beta_3=0$，TSD-ARJI 模型便简化为 ARJI 模型。同时，在研究中还发现，外部状态变量的变化在达到某个门限水平时才会对企业权益资产跳跃行为产生明显影响，也即仅当外部状态变量发生“较大”变化时才会引起企业权益资产条件跳跃强度 $\lambda_S(t)$ 的显著变化。因此，在式(4.15)中用虚拟变量 $I(\mathrm{EXF}_{t-1})$ 将 EXF_{t-1} 区分为大的冲击和小的冲击，若 $\mathrm{EXF}_{t-1}>K$，则 $I(\mathrm{EXF}_{t-1})=1$；若 $\mathrm{EXF}_{t-1}\leqslant K$，则 $I(\mathrm{EXF}_{t-1})=0$，其中 $K(\geqslant 0)$ 为门限值。实证研究中，可以通过选择不同的门限值，来确定究竟何种力度的冲击才会对单个资产的条件跳跃强度产生显著影响。

此外，为了保证 $\lambda_S(t)$ 为非负值，在估计式(4.15)中的参数时必须假定 $\lambda_0\geqslant 0,\beta_1\geqslant 0,\beta_2\geqslant 0$ 及 $\beta_3\geqslant 0$。如果 $\beta_1=\beta_2=\beta_3=0$，则模型退化为齐次泊松跳跃模型，跳跃强度在整个时间区间上保持不变，将其称为 CJI 模型(Constant Jump Intensity Model)。

TSD-ARJI 模型和 Maheu 和 Mccurdy(2004)的 ARJI 模型一样，允许条件跳跃强度随时间发生变化，但在时间间隔 $(t-1,\ t)$ 上为常数，既考虑了条件跳跃强度的集群效应，同时还根据预期的偏差进行修正。这一点在很大程度上弥补了传统常强度跳跃模型(CJI 模型)的不足。但 ARJI 模型仅仅将跳跃强度的变化归结为个体的非系统因素，这显然是不合理的。许多实证研究表明，不仅股票市场指数的大幅波动会对单个资产跳跃强度产生“系统性”影响，而且在交叉持股企业间资产收益大幅波动也存在着的“传染性”影响。而 TSD-ARJI 模型则纳入了这两类外部状态变量对条件跳跃强度的影响。在后续的实证研究中，选择股票市场收益率日波动率(用其收益率的绝对值表示)作为考察市场波动系统性影响的代理变量，选择交叉持股企业收益率日波动率(用其收益率的绝对值表示)作为考察交叉持股企业间波动传染性影响的代理变量①。

4.2.3 最大似然法和相关参数估计

利用最大似然估计法对 TSD-ARJI-GARCH 模型(4.13)、(4.14)和(4.15)中相关参数进行估计。假设基于 $t-1$ 时信息集 Ω_{t-1} 的 r_t 的条件密度函数为 $f(r_t \mid \Omega_{t-1})$，则模型的对数似然函数为：

$$ML = \mathrm{Log}F(r_1, r_2, \cdots, r_T) = \mathrm{Log}\left(\prod_{t=1}^{T} f(r_t \mid \Omega_{t-1})\right)$$
$$= \sum_{t=1}^{T} \mathrm{Log}(f(r_t \mid \Omega_{t-1})) \tag{4.18}$$

由全概率公式可知：

$$f(r_t \mid \Omega_{t-1}) = \sum_{k=0}^{\infty} f(r_t \mid N_t = k, \Omega_{t-1}) \cdot P(N_t = k \mid \Omega_{t-1}) \tag{4.19}$$

其中，$f(r_t \mid N_t = k, \Omega_{t-1})$ 为基于信息集 Ω_{t-1} 且 t 期发生 k 次跳跃的 r_t 的条件密度函数；$P(N_t = k \mid \Omega_{t-1}) = \dfrac{e^{-\lambda_S(t)}(\lambda_S(t))^k}{k!}$ 表示预期 t 期发生 k 次跳跃的概率。

另一方面，由式(4.13)知，$\mu_S - \dfrac{1}{2}\sigma_S^2(t) - \lambda_S(t) \cdot v$ 在 $(t-1, t)$ 上为常数，$(B_t - B_{t-1}) \sim N(0, 1)$，$\ln J_S^i$ 与 $\ln J_S$ 独立同正态分布，所以 $N_t = k$ 时 $f(r_t \mid N_t = k, \Omega_{t-1})$ 为形如下式的正态分布密度函数：

---

① 用收益率绝对值度量资产收益波动率参考了 Daal 等(2007)的处理方法。

$$f(r_t \mid N_t = k,\ \Omega_{t-1}) = \frac{1}{\sqrt{2\pi(\sigma_S^2(t) + k\delta_S^2)}} \cdot$$
$$\exp\left\{ -\frac{\left[r_t - \left(\mu_S - \frac{1}{2}\sigma_S^2(t) - \lambda_S(t) \cdot v_S + k\theta_S \right) \right]^2}{2(\sigma_S^2(t) + k\delta_S^2)} \right\} \tag{4.20}$$

由式(4.19)和式(4.20)便可得 $f(r_t \mid \Omega_{t-1})$ 表达式。

此外，$f(r_1)$ 定义如下：

$$f(r_1) = \sum_{k=0}^{\infty} \frac{e^{-\lambda_S(1)}(\lambda_S(1))^k}{k!} \cdot \frac{1}{\sqrt{2\pi(\sigma_S^2(1) + k\delta_S^2)}} \cdot$$
$$\exp\left\{ -\frac{[r_t - (\alpha_1 + k\theta_S)]^2}{2(\sigma_S^2(1) + k\delta_S^2)} \right\} \tag{4.21}$$

其中，$\alpha_1 = \mu - \frac{1}{2}\sigma_S^2(1) - \lambda_S(1) \cdot v$。

在进行最大似然估计时，关于无限和的处理方法可以参考 Daal et al(2007)。由于泊松分布在 $N_t \geqslant 10$ 时尾部概率充分小可以忽略不计，求和至 $N_t = 10$ 已经可以充分保证估计过程的精度，所以在模型估计过程中凡涉及无限求和计算时均截尾至第 11 项。另外，模型迭代的初值设置为 $\sigma_S^2(1) = \omega_0$，$\lambda_S(1) = \lambda_0$。

4.3 实证研究

4.3.1 数据描述和统计分析

由于 2007 年美国金融危机，2008 年发生的地震、雪灾及其之后发生的欧债危机等突发事件的冲击，我国各类金融资产价格频繁出现大幅度的跳动，波动风险短期内迅速扩大。因此选取这一时段的数据进行跳跃风险的分析有一定的现实意义，而且也利于对跳跃特征的分析。在中国上市企业中，随机选取符合下述条件的样本企业的权益资产(股票)作为分析对象：(1)所选企业均为只发行 A 股且完成股改的上市企业；(2)为了能分析 ST 企业在被 ST 前几年收益率波动的变化，ST 企业只选择上市发行以后仅在 2009 年被 ST 过一次的企业(即没有多次被 ST 的历史)，且在被 ST 前有至少 6 年的日收盘数据；(3)选取的非 ST 企业在 2003—2009 年没有被 ST 的历史；(4)为了考察持股企业和被持股企业之间的影响，选择的持股企业是单向持股，且至少从 2003 年 1 月开始持股，同时还要求在持股期间持股比例不低于 15%；(5)只计算可得到股票日收盘价格，不考虑停盘影响。如果由于企业自身原因停盘时间较长出现股价的异常跳动，则去掉复盘当日的日收益率，从而剔除长时间企业权益资产停盘所引起的股价异常跳动。当企业派发红利后，股票价格也会出现突然的大幅变动，此处所采用的数据全部是经过复权后的股票日收盘价(所有数据均取自 Wind 数据库)，并以此为基础计算权益资产的日对数收益率。截取的个股日收盘价数据范围为 2003 年 1 月至 2008 年 12 月共 6 年的数据。

经过筛选后，随机选取了 22 个符合上述条件的企业来进行考察，其中 ST 企业 6 个、非 ST 企业 6 个，分别来自食品行业、水泥行业、医药行业、综合行业、电力行业以及电子信息行业，非 ST 交叉持股企业 10 个(持股企业和被持股企业各 5 个)。这 22 只企业权益资产在所考察区间内日对数收益率的部分统计值见表 4.1。

表 4.1　**22 家上市企业权益资产日收益率部分统计值**

企业名称	数据容量	均值	标准差	最小值	最大值	峰值	偏态值	交叉持股关系
金健米业	1407	0.00039	0.034	-0.105	0.096	4.43	-0.149	—
ST 甘化	1416	0.000011	0.050	-0.335	0.237	6.19	-0.145	—
华新水泥	1400	0.00053	0.0304	-0.103	0.107	4.57	-0.001	—
ST 金顶	1403	0.00043	0.044	-0.18	0.186	4.69	-0.090	—
恒瑞医药	1418	0.0016	0.025	-0.095	0.116	5.24	0.315	—
ST 天方	1393	-0.000085	0.030	-0.100	0.094	4.67	-0.270	—
综艺股份	1424	0.000003	0.037	-0.113	0.096	3.97	-0.180	—
ST 偏转	1356	-0.00054	0.058	-0.297	0.249	5.29	-0.510	—

续表

企业名称	数据容量	均值	标准差	最小值	最大值	峰值	偏态值	交叉持股关系
东方热电	1402	−0.00033	0.033	−0.104	0.094	5.13	−0.220	—
ST 能山	1399	−0.00071	0.038	−0.129	0.114	4.36	−0.100	—
浪潮信息	1421	−0.00037	0.032	−0.103	0.093	4.52	−0.385	—
ST 波导	1410	−0.0002	0.031	−0.103	0.092	4.50	−0.310	—
宝信软件	1357	0.00023	0.030	−0.105	0.095	5.27	0.220	被持股
宝钢股份	1357	0.00047	0.023	−0.094	0.097	5.54	0.050	持股
宁波联合	1384	0.00016	0.027	−0.101	0.091	5.11	−0.270	被持股
五矿发展	1384	0.00046	0.037	−0.157	0.140	4.59	−0.039	持股
桐君阁	1357	−0.00015	0.039	−0.125	0.125	4.30	−0.165	被持股
太极集团	1357	−0.0011	0.043	−0.164	0.143	3.90	−0.168	持股
新疆众和	1312	0.000262	0.033	−0.104	0.095	4.42	−0.069	被持股
特变电工	1312	0.002	0.032	−0.128	0.123	4.79	−0.012	持股
泰豪科技	1364	−0.00025	0.031	−0.100	0.095	4.30	−0.132	被持股
同方股份	1364	0.00005	0.033	−0.128	0.118	4.80	−0.048	持股

从表 4.1 可以看出，在考察的时间区间内，所有权益资产日收益率峰值和偏态值都偏离正态分布的峰值 3 和偏态值 0，且几乎所有权益资产的偏态值都为负值。同时，大多数权益资产出现了较大的极端值，跳跃现象十分显著，且负向跳跃更多。图 4.1 中的时间序列图对这些非经常的大幅波动有更直观的呈现。

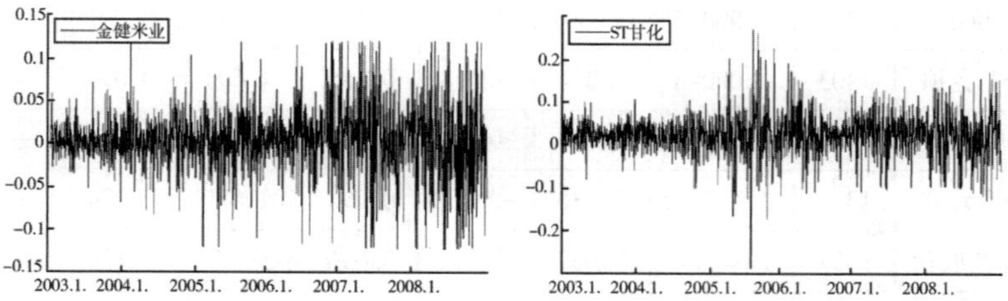

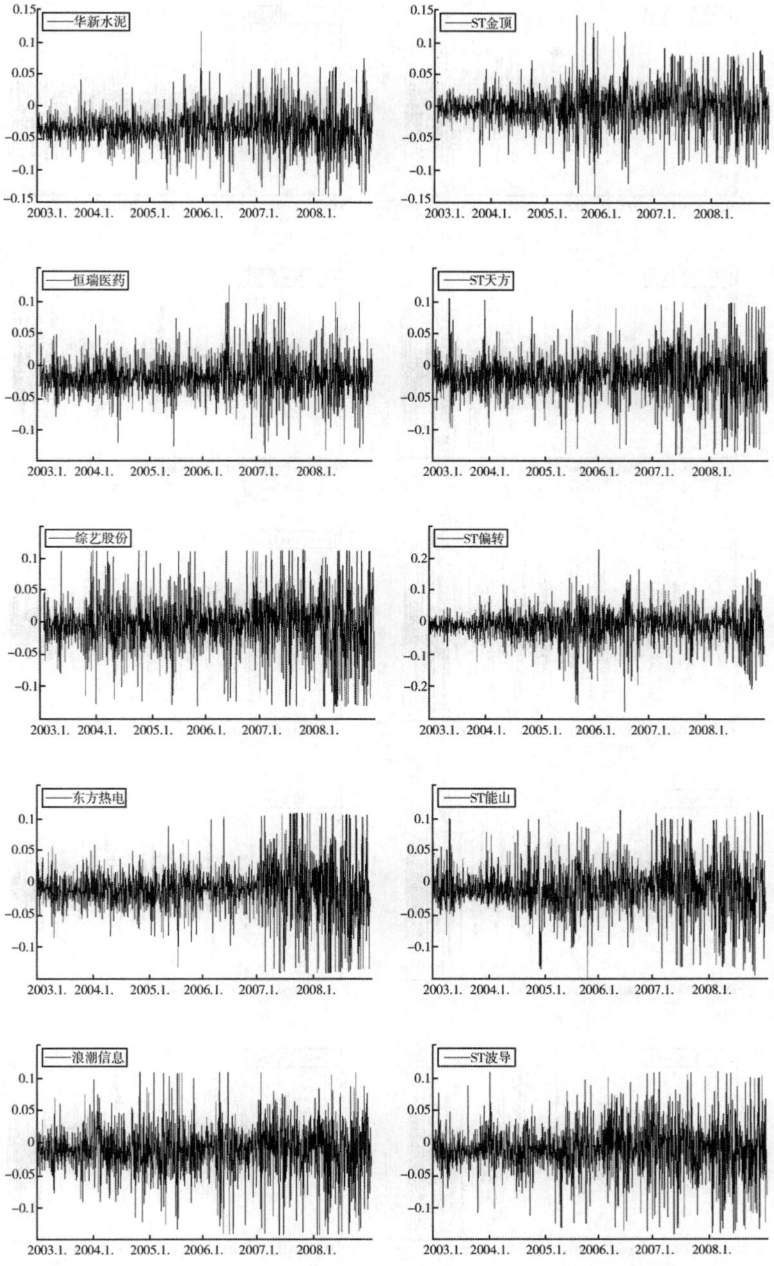

华新水泥
ST金顶
恒瑞医药
ST天方
综艺股份
ST偏转
东方热电
ST能山
浪潮信息
ST波导
2003.1. 2004.1. 2005.1. 2006.1. 2007.1. 2008.1.

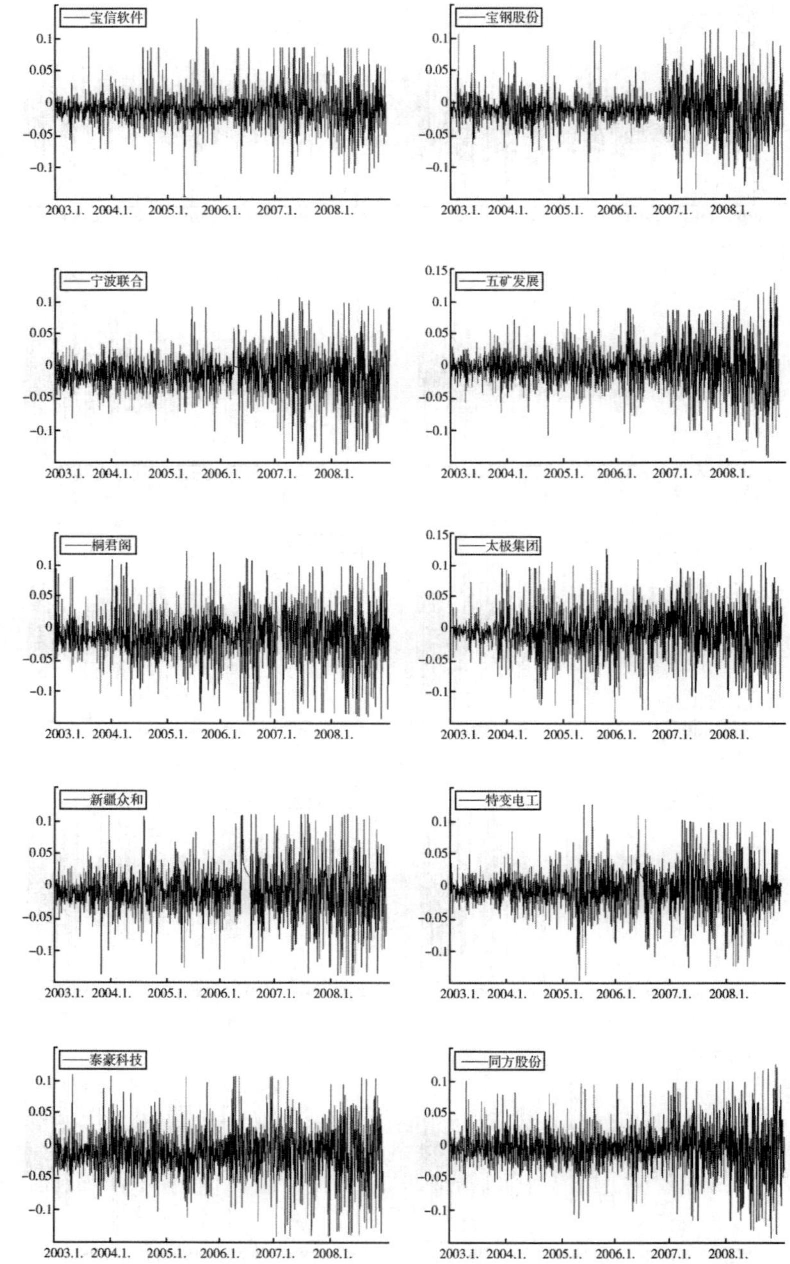

图 4.1　22 家上市企业权益资产日收益率时间序列图

另外，对比ST和非ST企业权益资产日收益率分布图还可以发现，相对于同行业的非ST股，ST股的尖峰肥尾的特点更为明显，极端值更大，跳跃幅度和跳跃风险也应更大。这一点在后续的实证研究中也得到了验证。

如果进一步观测交叉持股企业的时间序列图，还可以发现“A股指数”及“持股企业日收益”这两个状态变量发生明显波动时，都会增加被持股企业的跳跃频率。但对于不同类型企业而言，状态变量的影响力度有所不同。

以宝钢股份和宝信软件为例，在“A股指数”和“(持股企业)宝钢股份”日收益大幅波动的时点及其之后的时间段上，“(被持股企业)宝信软件”日收益跳跃频率几乎都出现了大幅增加(如图4.2(a)和(b)所示)。但相对而言，“宝钢股份的大幅波动”在更多的时点上影响了宝信软件跳跃频率的变化；

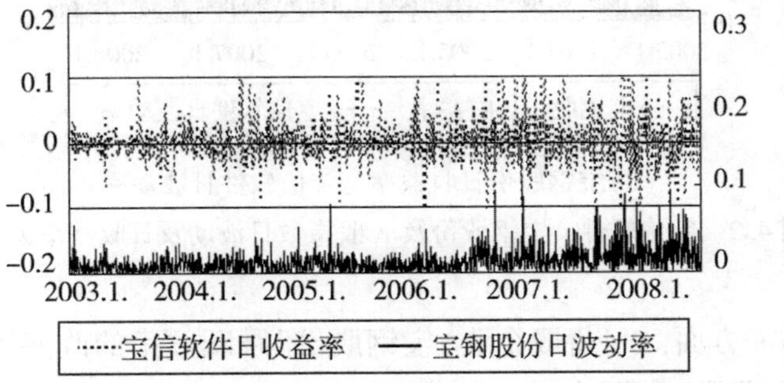

(a)宝信软件日收益率与宝钢股份日波动率

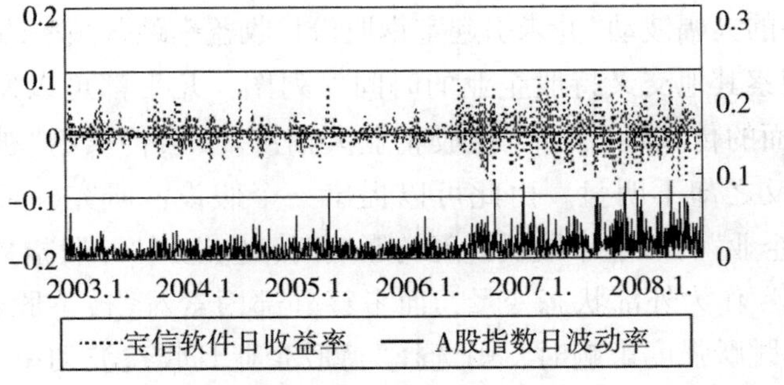

(b)宝信软件日收益率与A股指数日波动率

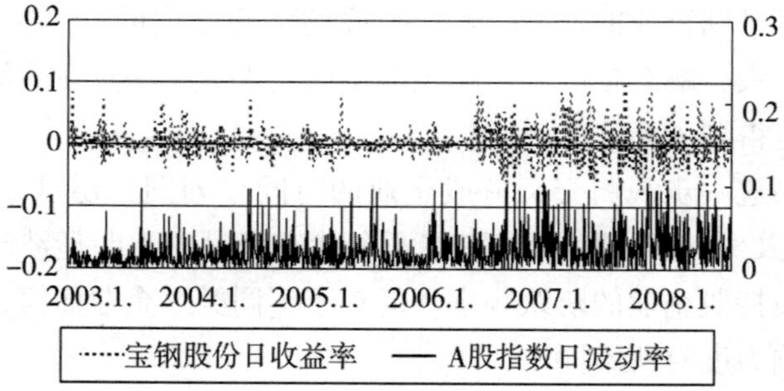

(c)宝钢股份日收益率与 A 股指数日波动率

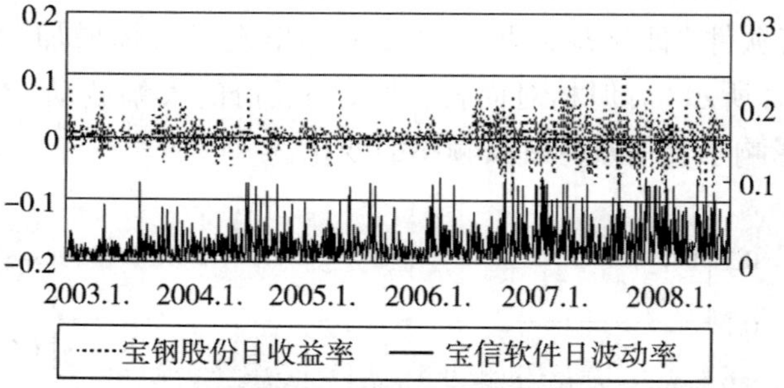

(d)宝钢股份日收益率与宝信软件日波动率

图 4.2　宝信软件、宝钢股份及 A 股指数日波动及日收益率关系图

另一方面，“(持股企业)宝钢股份”跳跃频率的改变则基本上与“A 股指数”大幅波动一致(如图 4.2(c)所示)，而较少受“(被持股企业)宝信软件”大幅波动影响，从图 4.2(d)可以看到部分“宝信软件的大幅波动”并未引起宝钢股份日收益率跳跃频率的改变。

观察其他交叉持股企业的时间序列图，几乎都可以发现这种“单方面的传染性”，即“持股企业大幅波动”会传染给“被持股企业”，反之却不明显。由此可以提出一个假设：研究外部因素对“持股企业”日收益率跳跃强度的影响时，应选择“A 股指数日收益波动率”作为外部状态变量，而考察外部因素对“被持股企业”日收益率跳跃强度影响时，则选择“持股企业日收益波动率”作为状态变量更好一些。本章将在后续实证研究中对这一假设进行验证。

4.3.2 模型的估计与检验

首先，分别利用四种模型，即常跳跃强度模型(简称 CIJ 模型，有 $\beta_1=\beta_2=\beta_3=0, \omega_1=\omega_2=\omega_3=0$)、自回归强度模型(简称 ARJI 模型，有 $\beta_3=0, \omega_1=\omega_2=\omega_3=0$)、自回归强度混合 GARCH 模型(简称 ARJI-GARCH 模型，有 $\beta_3=0$)和门限效应下状态变量依赖自回归强度-GARCH 模型(简称 TSD-ARJI-GARCH 模型)。对前述 22 家企业权益资产的日收益率进行估计，求出各模型估计的对数似然值。然后，利用似然比(LR)检验和赤池信息值(AIC)来判断各模型的拟合优度，统计检验结果见表 4.2。

利用 TSD-ARJI-GARCH 模型进行估计时，选取股票市场收益波动率①(用 A 股指数收益率的绝对值表示)作为状态变量时，是考察市场波动对单个企业权益资产跳跃强度影响的“系统效应”，而选择交叉持股企业权益资产收益波动率(用其收益率的绝对值表示)作为状态变量时，是考察关系密切企业间大幅波动的“传染效应”。

关于门限值 K 的取值作如下处理：考察“系统效应”时，门限值 K 分别取 A 股指数 1997—2002 年日波动率标准差的 0 倍(表示无门限效应)、0.5 倍、1 倍和 1.5 倍；考察“传染效应”时，K 分别取交叉持股企业从上市日至 2002 年日波动率标准差的 0 倍(表示无门限效应)、0.5 倍、1 倍和 1.5 倍。经比较发现：(1)对于大多数企业而言，K 为 0 时，状态变量对跳跃强度影响不显著，而 K 取其他值时，这一情况发生变化。这说明状态变量对企业权益资产收益率跳跃强度的影响具有门限效应，只有当波动达到一定的水平才会对单个企业跳跃强度产生明显影响；(2)选择 1 倍标准差作为区别大小波动的门限值时估计效果最优，且状态变量基本都在 5%～10%水平上显著。因此，表 4.2 中列出的 TSD-ARJI-GARCH 模型估计值是取 K 为 1 倍标准差的情况下得到的。

---

① 用收益率绝对值度量资产收益波动率参考了 Daal 等(2007)的处理方法。

表 4.2　**四种模型的对数似然值、赤池信息值(AIC)和部分 LR 检验值**①

企业名称	CJI 模型	ARJI 模型	ARJI-GARCH 模型	TSD-ARJI-GARCH 模型(系统效应)	“H0: β_3 = 0”的 LR 检验
金健米业	2824.1 (−4.0072)	2926.9 (−4.1505)	2936.1 (−4.1593)	2942.1 (−4.1665)	12 (0.0005)
ST 甘化	2323.2 (−3.272)	2425.6 (−3.4137)	2429.1 (−3.4144)	2430.7 (−3.4152)	3.2 (0.0736)
华新水泥	2968.3 (−4.2303)	3050.5 (−4.3589)	3052.5 (−4.3464)	3063.5 (−4.3677)	22 (0.0000)
ST 金顶	2464.5 (−3.5061)	2572.7 (−3.6574)	2581.1 (−3.6651)	2584.2 (−3.6681)	6.2 (0.0127)
恒瑞医药	3293.8 (−4.6386)	3346.4 (−4.71)	3344.3 (−4.7028)	3349.5 (−4.7087)	10.4 (0.0013)
ST 天方	2965 (−4.2498)	3064.1 (−4.3892)	3067.7 (−4.3901)	3071.8 (−4.3945)	8.2 (0.0042)
综艺股份	2720 (−3.8132)	2780.5 (−3.8954)	2780.6 (−3.8913)	2785.6 (−3.8969)	10 (0.0016)
ST 偏转	2024.5 (−2.9786)	2141.9 (−3.1488)	2147.3 (−3.1524)	2148.5 (−3.1527)	2.4 (0.1213)
东方热电	2939.2 (−4.1857)	3085.3 (−4.3913)	3091.2 (−4.3954)	3094.1 (−4.3981)	5.8 (0.016)
ST 能山	2656.2 (−3.7901)	2754.2 (−3.9274)	2764.4 (−3.9377)	2770.5 (−3.945)	12.2 (0.0005)
浪潮信息	2954.8 (−4.1517)	3001.9 (−4.2152)	3007.1 (−4.2183)	3016.1 (−4.2296)	18 (0.0000)
ST 波导	2968.8 (−4.204)	3042.9 (−4.3062)	3044.2 (−4.3038)	3046.4 (−4.3055)	4.4 (0.0359)

① 表中仅列出 TSD-ARJI-GARCH 模型与 ARJI-GARCH 模型之间的似然比(LR)检验结果，其中受约束模型为 ARJI-GARCH 模型，检验的零假设为“H0: β_3 = 0”。

续表

企业名称	CJI 模型	ARJI 模型	ARJI-GARCH 模型	TSD-ARJI-GARCH 模型			
				系统效应	“H0: $\beta_3=0$”的 LR 检验	传染效应	“H0: $\beta_3=0$”的 LR 检验
宝信软件	2968.2 (−4.3164)	3020.4 (−4.3895)	3037.5 (−4.4101)	3046.1 (−4.4211)	17.2 (0.0000)	3047.5 (−4.4232)	20 (0.0000)
宝钢股份	3367.3 (−4.8977)	3509 (−5.1012)	3516.2 (−5.1074)	3522.1 (−5.1145)	11.8 (0.0006)	3517.1 (−5.1072)	1.8 (0.1797)
宁波联合	3128.1 (−4.5132)	3245.9 (−4.6805)	3260.2 (−4.6968)	3261.1 (−4.6967)	1.8 (0.1797)	3264.5 (−4.7016)	8.6 (0.0033)
五矿发展	2670.7 (−3.8522)	2792.6 (−4.0254)	2796.8 (−4.0272)	2798.1 (−4.0276)	2.6 (0.1068)	2794.4 (−4.0223)	−2.4 (1.0000)
桐君阁	2545.6 (−3.7389)	2609.9 (−3.8306)	2617.9 (−3.8436)	2621.8 (−3.8479)	7.8 (0.0052)	2622.8 (−3.8494)	9.8 (0.0017)
太极集团	2378 (−3.4923)	2464.9 (−3.6172)	2477.8 (−3.6371)	2482.1 (−3.6427)	9.6 (0.0019)	2482.6 (−3.6417)	8.2 (0.0042)
新疆众和	2687.7 (−4.0895)	2771.8 (−4.2146)	2778.4 (−4.2201)	2782.1 (−4.2242)	7.4 (0.0065)	2782.3 (−4.2255)	7.8 (0.0052)
特变电工	2708.9 (−4.1218)	2803.1 (−4.2634)	2813.5 (−4.2736)	2813.7 (−4.2724)	0.4 (0.5271)	2812.4 (−4.2704)	−2.2 (1.0000)
泰豪科技	2832.6 (−4.146)	2889.1 (−4.226)	2891.4 (−4.2249)	2893.5 (−4.2265)	4.2 (0.0404)	2893.8 (−4.2270)	4.8 (0.0285)
同方股份	2803.3 (−4.1031)	2874.5 (−4.2045)	2884.1 (−4.2142)	2888.5 (−4.2192)	8.8 (0.0030)	2886.2 (−4.2158)	4.2 (0.0404)

注：对数似然值下括号内为模型估计的 AIC 值，LR 检验值下括号内为 p 值。

根据表 4.2 所示的各模型 AIC 值和 LR 检验结果可以得到以下几个结论：

(1)研究权益资产收益率发生跳跃的强度模型从最初的 CIJ 模型变化为可变强度模型时，对数似然值出现相当明显的增加且 AIC 值全部减小。经似然比检验，所有的可变强度模型都在 5%的显著水平上拒绝了 CIJ 模型。这表明资产收益率的跳跃强度随时间发生变化，并具有明显的集群效应。

(2)将 ARJI 模型与 ARJI-GARCH 模型进行比较时，大部分权益资产都在 10%水平上拒绝了 ARJI 模型，而接受 ARJI-GARCH 模型。这说明将 GARCH 模型和可变强度模型结合起来有助于改善模型的解释能力。

(3)TSD-ARJI-GARCH 模型的对数似然值最大，AIC 信息值最小。对 TSD-ARJI-GARCH 模型和 ARJI-GARCH 模型及 ARJI 模型进行比较时，似然比检验结果表明，几乎所有的样本值都在 5%～10%的显著水平上拒绝了 ARJI-GARCH 模型和 ARJI 模型。这说明单个资产的跳跃强度不仅受自身特质因素的影响，而且也会随状态变量信息的变化而出现调整。在单个资产的条件跳跃强度估计模型中引入状态变量，会明显改善模型的估计效果，弥补现有模型的不足。

(4)ST 企业的跳跃方差明显大于同行业的非 ST 企业跳跃方差，跳跃特征更显著，跳跃风险更大。

(5)持股企业和被持股企业间波动的传染性是单向的。“持股企业收益波动率”大幅变动对“被持股企业”的跳跃变化有显著影响，而“被持股企业收益波动率”大幅变动对“持股企业”跳跃变化的影响较小。

从上述分析不难看出，TSD-ARJI-GARCH 模型在刻画权益资产收益率跳跃强度的时变特性和集群现象方面具有明显优势。现利用 TSD-ARJI-GARCH 模型估计各企业权益资产收益率的参数，所得估计值如表 4.3 所示。后续将根据此表分类讨论各企业权益资产收益率的跳跃变化特点、ST 企业和非 ST 企业的不同波动风险特征以及交叉持股企业间大幅跳跃的传染性。

表 4.3　　**基于 TSD-ARJI-GARCH 模型的参数估计值**

参数	状态变量为“A 股指数收益率波动”							
	金健米业	ST 甘化	华新水泥	ST 金顶	恒瑞医药	ST 天方	综艺股份	ST 偏转
λ_0	0.033 (7.1)	0.0343 (5.26)	0.0287 (6.22)	0.0194 (5.38)	0.0167 (5.7)	0.0055 (3.92)	0.0081 (4.56)	0.0004 (1.6)
β_1	0.923 (22.9)	0.798 (7.25)	0.899 (1.893)	0.817 (6.09)	0.96 (2.4)	0.97 (1.68)	0.94 (46.1)	0.99 (27.2)
β_2	0.343 (2.8)	0.77 (2.05)	0.295 (2.86)	0.21 (1.11)	0.375 (2.66)	0.355 (2.51)	0.22 (3.74)	0.179 (5.15)
β_3	2.74 (3.2)	5.58 (1.71)	3.82 (3.57)	2.96 (1.35)	1.29 (1.25)	1.35 (1.36)	5.34 (3.71)	0.71 (1.49)
ω_0	0.000012 (16.3)	0.000016 (35.1)	0.000017 (24.7)	0.00002 (24.8)	0.000086 (16.1)	0.00009 (20.3)	0.00015 (11.7)	0.0001 (26.7)
ω_1	0.015 (6.2)	0.0399 (3.22)	0.00865 (7.45)	0.067 (33.5)	0.02 (2.43)	0.082 (5.8)	0.0079 (1.53)	0.075 (6.46)
ω_2	0.0015 (0.78)	0.00023 (0.15)	0.000006 (82.2)	0.028 (1.16)	0.074 (3.89)	0.002 (0.3)	0.00016 (0.045)	0.014 (1.76)
ω_3	0.955 (2.4)	0.94 (72.3)	0.978 (2.33)	0.87 (21.75)	0.542 (1.41)	0.597 (1.94)	0.57 (1.72)	0.74 (3.21)
μ	−0.0006 (−0.82)	−0.00022 (−0.22)	0.00723 (1.34)	−0.00012 (−0.14)	0.0013 (2.26)	−0.0002 (−0.29)	0.00021 (0.23)	0.00018 (0.16)
θ	−0.0031 (−1.73)	−0.0145 (−2.07)	−0.0003 (−0.18)	−0.0123 (−1.85)	0.0036 (2.13)	−0.0045 (−2.09)	−0.0057 (−2.64)	−0.0187 (−3.9)
δ^2	0.0007 (3.82)	0.0017 (2.15)	0.0006 (3.44)	0.00216 (2.47)	0.00046 (4.01)	0.0007 (3.48)	0.0011 (3.99)	0.00192 (4.26)
参数	状态变量为“A 股指数收益率波动”							
	东方热电	ST 能山	浪潮信息	ST 波导	宝钢股份	五矿发展	特变电工	同方股份
λ_0	0.00034 (0.88)	0.005 (−3.64)	0.0055 (3.68)	0.0032 (4.28)	0.027 (−7.48)	0.0027 (5.77)	0.0047 (5.26)	0.0061 (3.8)

续表

参数	状态变量为“A股指数收益率波动”							
	东方热电	ST能山	浪潮信息	ST波导	宝钢股份	五矿发展	特变电工	同方股份
β_1	0.99 (17.6)	0.97 (10.29)	0.96 (66.9)	0.98 (12.5)	0.958 (-2.16)	0.98 (96.5)	0.99 (17.95)	0.967 (63.5)
β_2	0.18 (-3.06)	0.189 (-3.8)	0.162 (4.14)	0.187 (5.71)	0.536 (-2.02)	0.11 (2.96)	0.23 (3.41)	0.273 (2.35)
β_3	1.01 (1.32)	3.58 (1.92)	4.39 (2.37)	1.85 (1.71)	2.37 (1.21)	1.96 (1.31)	0.175 (0.216)	2.7 (1.69)
ω_0	0.000098 (19.04)	0.00013 (-24.1)	0.00018 (27.4)	0.00011 (4.79)	0.000004 (-20.24)	0.000022 (20.2)	0.00005 (21.8)	0.000067 (16.1)
ω_1	0.068 (6.17)	0.086 (-5.19)	0.128 (6.22)	0.00035 (0.17)	0.0196 (-4.44)	0.051 (6.65)	0.0053 (1.28)	0.011 (1.88)
ω_2	0.019 (1.75)	0.102 (-3.72)	0.018 (1.21)	0.00004 (66.1)	0.0166 (-3.08)	0.011 (1.77)	0.0525 (4.45)	0.029 (3.12)
ω_3	0.53 (1.71)	0.35 (2.14)	0.141 (0.787)	0.43 (0.33)	0.907 (-2.11)	0.845 (15.03)	0.725 (1.95)	0.753 (1.52)
μ	-0.000015 (-0.022)	0.000373 (0.45)	-0.00019 (-0.26)	-0.00012 (-0.17)	0.00051 (1.2)	0.00097 (1.24)	0.00168 (2.44)	-0.00053 (-0.71)
θ	-0.00277 (-1.2)	0.003537 (2.03)	-0.0061 (-3.18)	-0.0042 (-2.95)	0.002 (1.75)	0.0028 (1.12)	-0.00199 (-1.38)	-0.00127 (-0.62)
δ^2	0.00075 (3.1)	0.00071 (3.88)	0.00059 (4.02)	0.00075 (5.41)	0.00032 (4.31)	0.00076 (2.69)	0.0006 (3.9)	0.00088 (3.12)

参数	状态变量为“持股企业权益资产收益率波动”							
	宝信软件	宁波联合	桐君阁	太极集团	新疆众和	泰豪科技		
λ_0	0.07 (6.14)	0.0015 (1.47)	0.095 (5.57)	0.0137 (-7.32)	0.035 (5.57)	0.018 (5.38)		
β_1	0.756 (2.4)	0.937 (1.52)	0.81 (2.5)	0.98 (13.8)	0.728 (5.93)	0.899 (17.7)		

续表

参数	状态变量为“持股企业权益资产收益率波动”							
	宝信软件	宁波联合	桐君阁	太极集团	新疆众和	泰豪科技		
β_2	0.42 (2.7)	0.165 (2.4)	0.527 (2.13)	0.196 (−3.99)	0.29 (2.25)	0.466 (2.19)		
β_3	4.3 (2.26)	1.41 (1.74)	1.49 (1.36)	0.951 (1.31)	3.59 (2.51)	1.8 (1.31)		
ω_0	0.00005 (32.2)	0.000012 (23.56)	0.000025 (14.1)	0.000039 (−26.9)	0.000005 (44.1)	0.000006 (33.1)		
ω_1	0.02 (7.6)	0.0527 (6.31)	0.0095 (6.29)	0.0568 (−4.79)	0.0228 (7.64)	0.0107 (6.52)		
ω_2	0.005 (1.89)	0.015 (2.42)	0.0092 (3.42)	0.112 (−4.43)	0.0041 (1.63)	0.0007 (0.48)		
ω_3	0.92 (3.25)	0.87 (2.97)	0.96 (3.34)	0.383 (−2.29)	0.947 (3.21)	0.97 (2.93)		
μ	0.00016 (0.254)	−0.00003 (−0.046)	0.00025 (0.323)	−0.00082 (−1.03)	−0.00043 (−0.72)	−0.00068 (−0.94)		
θ	0.0039 (1.77)	−0.0003 (−0.12)	0.00016 (0.07)	−0.0011 (−0.92)	−0.00291 (−0.925)	−0.0045 (−1.41)		
δ^2	0.00099 (3.81)	0.00068 (2.59)	0.001 (4.35)	0.00071 (5.39)	0.0014 (3.03)	0.001 (2.64)		

注：括号内为参数估计的 t 值。

4.3.3 单个企业权益资产收益跳跃特征分析

现以金健米业为例，利用 TSD-ARJI-GARCH 模型讨论单个企业权益资产的跳跃特征。图 4.3 为金健米业 2003 年 1 月至 2008 年 12 月权益资产日收益率的时间序列图。其收益率在 2003—2006 年期间跳跃频率较低，大幅跳跃并不常见。而 2007—2008 年由于受到美国金融危机，我国雪灾、地震等突发事件影响，大幅波动次数和幅度都明显增加。常数跳跃强度显然不能描述这些变化特征。

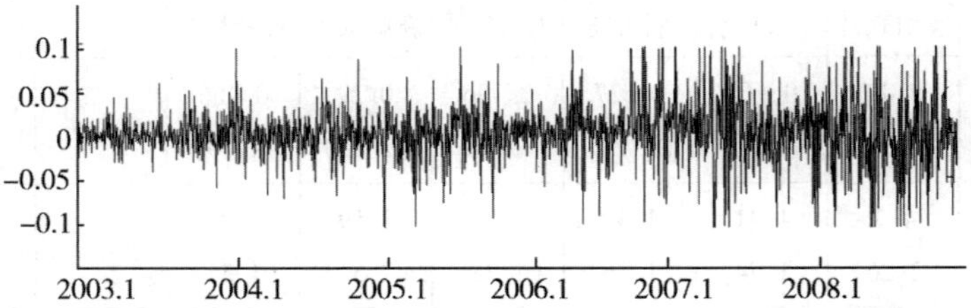

图 4. 3　金健米业日收益率时间序列图

图 4. 4 为条件跳跃强度时间序列图，从图中可以明显看出条件跳跃强度的时变性和集群性。而图 4. 5 为企业权益资产收益率发生跳跃的事后概率，即 $P(N_{t-1}=k\mid\Omega_{t-1})(k\geqslant 1)$，它是对跳跃发生的事后识别和推断。对比图 4. 4 和图 4. 5 可以发现：

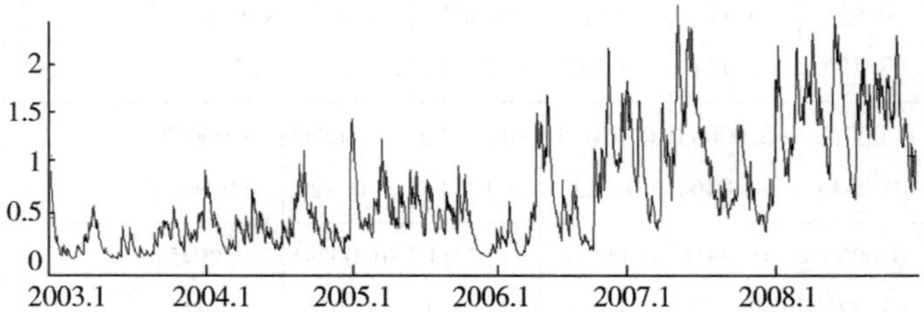

图 4. 4　金健米业条件跳跃强度

(1)在权益资产收益率出现大幅跳动的时段上，条件跳跃强度明显增加，预期了更大的跳跃频率和跳跃风险。而在权益资产收益

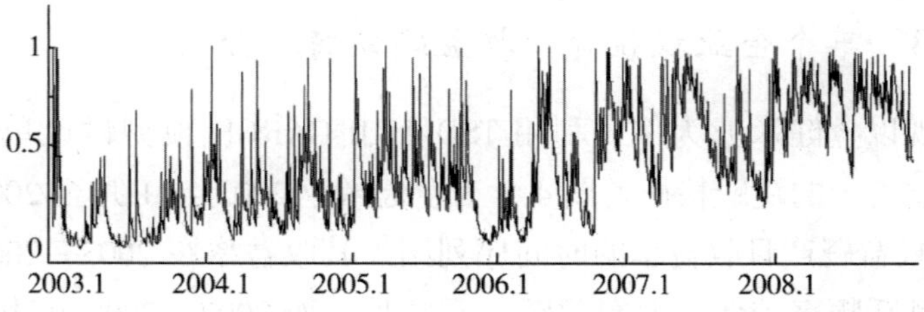

图 4. 5　金健米业发生跳跃的事后概率

率波动较小的时段上条件跳跃强度明显减小，降低了对跳跃风险的预期。这说明模型的预期与跳跃点的出现、跳跃风险的增加较为一致。

(2)权益资产收益率较大的波动基本上都能被较大的事后概率识别，说明模型能对权益资产收益率的大幅波动和跳跃变化作出较为准确的判断。

(3)条件跳跃强度(跳跃发生前的预期)与跳跃事后概率(跳跃发生后的识别)的变化基本上是一致的，即较大的条件跳跃强度，对应的跳跃事后概率较大；较小的条件跳跃强度，对应的跳跃事后概率也较小。这说明对跳跃变化出现的事前预期基本上都得到了事后的验证。

现利用 ARJI-GARCH 分析金健米业权益资产发生跳跃的事后概率，并与 TSD-ARJI-GARCH 模型分析结果进行对比，结果如图 4.6 所示。通过对比可以发现，TSD-ARJI-GARCH 模型能更好识别跳跃行为。如果将超过均值±1.64 标准差的日收益率视为跳跃(共有 217 个跳跃点)，并以概率大于 0.5 为标准来识别跳跃，TSD-ARJI-GARCH 模型几乎识别了所有跳跃，且较好地区分了跳跃与非跳跃变化(犯第一类错误的概率为 0.005，犯第二类错误的概率为 0.212)。而 ARJI-GARCH 模型虽然也识别了所有跳跃点，但是对非跳跃点存在着严重的过度识别(犯第一类错误的概率为 0.005，犯第二类错误的概率为 0.498)，将许多小幅波动都识别为跳跃，

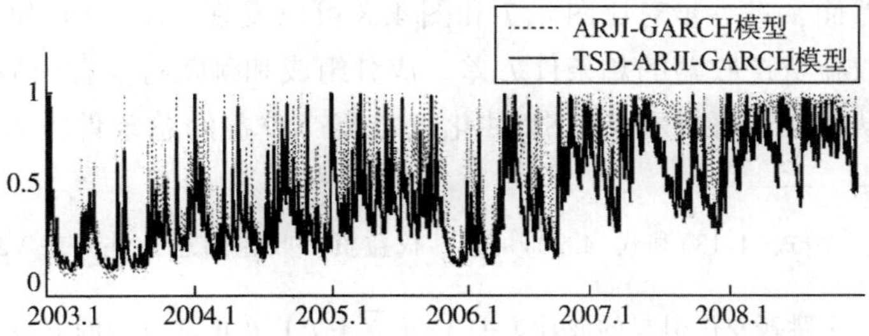

图 4.6 基于不同模型的跳跃发生事后概率对比图

分辨能力较低。这应该是因为 TSD-ARJI-GARCH 模型从全部信息中分离出了状态变量对跳跃强度的影响，从而减轻了模型的过度识别。

4.3.4　ST 企业和非 ST 企业的不同跳跃特征分析

在上文中，对权益资产收益率统计特征进行分析时，发现 ST 企业相对于同行业的非 ST 企业而言，其尖峰肥尾的特点更为明显，极端值更大，因此初步推断其跳跃风险应更大。而表 4.3 的参数估计值则说明 ST 企业的跳跃幅度方差的确明显大于同行业的非 ST 企业跳跃幅度方差。现通过对跳跃成分进行分析，进一步明确 ST 企业和非 ST 企业权益资产跳跃风险的差异。

图 4.7 和图 4.8 分别描绘了金健米业和 ST 甘化的总条件方差及其跳跃成分和 GARCH 成分①。总条件方差由跳跃成分和 GARCH 成分构成，其中 GARCH 成分描述了总波动中大部分经常性的扩散波动，而跳跃成分则描述了总波动中非经常性的大幅波动。从图 4.7 和图 4.8 不难看到，金健米业和 ST 甘化的权益资产收益中的跳跃成分在 2003—2006 年期间几乎都保持在一个较低的位置，占整体风险的比重较小。但从 2007 年开始跳跃成分明显增加，跳跃成分占整体风险的比重变大，甚至超过 GARCH 成分，成为权益资产价值出现大幅波动的主要原因。这进一步说明了 2007—2008 年全球金融危机、国内雪灾等突发事件造成了企业权益资产价值明显的跳跃变化。

然而，进一步对比图 4.7 和图 4.8 可以发现，ST 企业和非 ST 企业权益资产收益的总条件方差、成分组成和跳跃特征有明显的不同。从图 4.8 可以看到，ST 甘化权益资产收益的总条件方差相当

① 由式(4.13)和式(4.20)可知：权益资产收益的总条件方差 $\mathrm{Var}(r_t \mid \Omega_{t-1})$，由跳跃变化引起的波动方差 $\mathrm{Var}\left(\sum_{i=1}^{N_i}\ln J_s^i\right)$ 及正常波动的方差 $\sigma_S^2(t)$ 构成，即 $\mathrm{Var}(r_t \mid \Omega_{t-1}) = \mathrm{Var}\left(\sum_{i=1}^{N_i}\ln J_s^i\right) + \sigma_S^2(t) = (\theta_S^2 + \delta_S^2)\lambda_S(t) + \sigma_S^2(t)$。

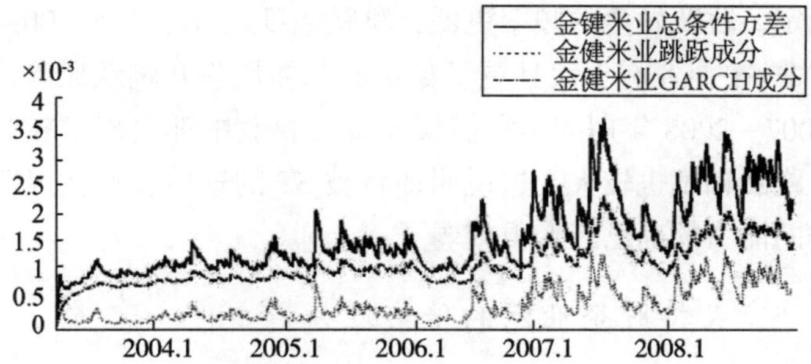

图 4.7　金健米业的总条件方差、跳跃成分和 GARCH 成分

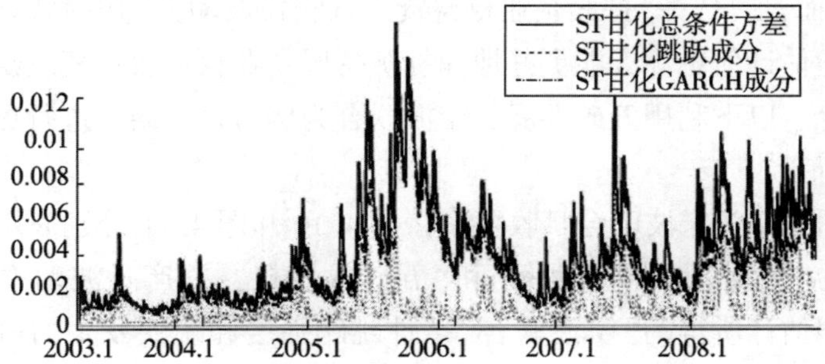

图 4.8　ST 甘化的总条件方差、跳跃成分和 GARCH 成分

大，且 GARCH 成分和跳跃成分也都较大，这表明 ST 甘化的整体风险较大，也更不稳定。值得注意的是，ST 甘化权益资产收益的 GARCH 成分在 2005—2006 年期间出现明显的增加，预示其经常性的波动风险十分显著，总体风险因此出现大幅平稳（非偶尔的）上升。虽然从 2007 年开始经常性的波动有所减小，但该企业的抗外部冲击能力变得相当弱，跳跃性的波动显著增加，跳跃幅度相当大。再反观图 4.7，金健米业权益资产收益中的 GARCH 成分在整个样本期间都没有出现明显的变化，说明其经常性的波动较小也较平稳，从而使得总体风险稳定在较低水平。虽然从 2007 年开始跳跃成分有所增加，但跳跃幅度和跳跃频率变化有限。

对其他几家 ST 企业和非 ST 企业进行同样的分析时，也发现类似的现象。非 ST 企业的 GARCH 成分在整个观测时间段内更为平滑和稳定。跳跃发生的频率更低，跳跃幅度也较小。而 2009 年 ST 企业比非 ST 企业有更大且更不稳定的总体风险和跳跃风险。尤其是在 2007—2008 年期间，它们权益资产收益中都出现了较频繁的跳跃，跳跃幅度也较大。这说明即将被 ST 的这些企业抗风险和外部冲击的能力的确已经变得较弱了。

4.3.5　交叉持股企业间的传染性分析

表 4.2 给出的各估计模型对数似然值 LR 和 AIC 值都表明，状态变量的引入对模型的估计有明显的优化作用。不过，对“被持股企业”而言，选择“持股企业权益资产日收益波动率”作为状态变量时模型估计值更优，能更好地捕捉被持股企业权益收益率跳跃预期的变化。以下利用五矿发展和宁波联合为例对这一结论进行更深入的分析。

图 4.9 为宁波联合日收益率，图 4.10 和图 4.11 分别表示状态变量为“A 股指数日波动率”和“五矿发展权益资产日波动率”时，由模型估计所得的“宁波联合”条件跳跃强度和跳跃发生的事后概率。从图 4.10 可以发现，状态变量为“A 股指数前期日波动率”时模型识别跳跃的能力很强，但识别的跳跃过多，甚至有许多小幅波动的地方被识别为跳跃，这说明有些 A 股指数大幅波动其实并未引起宁波联合跳跃行为的变化，模型的描述和实际变化之间出现了错位。

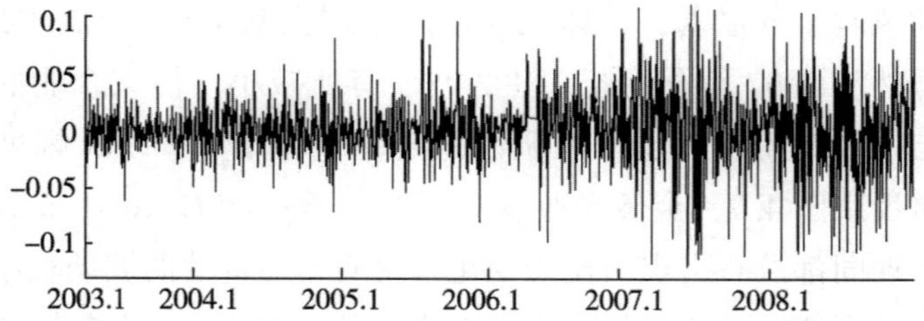

图 4.9　宁波联合日收益率

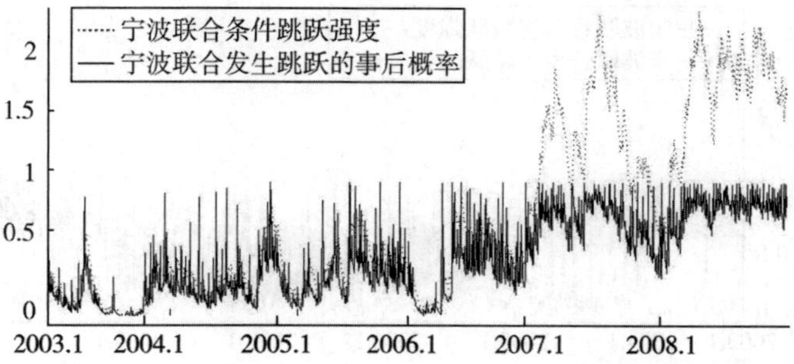

图 4.10　状态变量为“A 股指数日波动率”的模型估计结果

图 4.11 则表明状态变量为“五矿发展权益资产前期日波动率”时模型不仅能更好地描述跳跃的变化特征，而且也正确地区分了跳跃行为和非跳跃行为。如果将超过均值±1.64 标准差①的日收益率视为跳跃，宁波联合在整个观测区间内有 164 个跳跃点。如果以概率大于 0.5 为标准来识别这些跳跃点，那么设置“A 股指数前期日波动率”为状态变量时，有 1 个跳跃点没有被模型识别，犯第一类错误的概率为 0.006，犯第二类错误的概率达到 0.310。而设置“五矿发展前期日波动率”为状态变量时，有 2 个跳跃点没有被模型识别，犯第一类错误的概率为 0.012，犯第二类错误的概率仅为 0.159。

选取不同状态变量的两个模型对跳跃点的识别概率都在 95%以上，但是后一模型犯第二类错误的概率显著下降，减少了将近 180 个点的错误识别。这应该是因为状态变量为“五矿发展的前期日波动率”时，模型在考虑持股企业对被持股企业大幅波动的传染效应同时也间接考虑了市场指数前期大幅波动的影响，从而能更好地捕捉宁波联合跳跃预期的变化。

为了明确这种传染效应是相互的还是单向的，进一步观察宁波联合波动变化对五矿发展跳跃强度的影响。仍旧分别取“A 股指数

① 均值为-0.000345 和标准差为 0.0243 是根据宁波联合自上市日起至 2002 年底的日收益率计算得到。

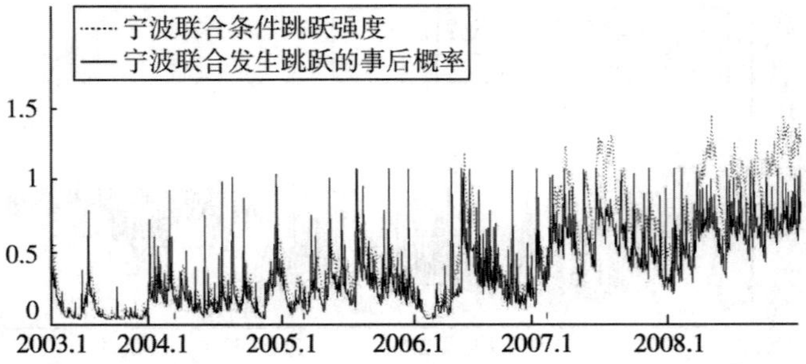

图 4. 11　状态变量为“五矿发展日波动率”的模型估计结果

前期日波动率”和“宁波联合权益资产前期日波动率”作为状态变量，来估计五矿发展的相关参数值。模型估计的结果表明，选取“A 股指数前期日波动率”作为状态变量时，模型正确识别了全部 246 个跳跃点，而犯第二类错误的概率为 0. 311。选取“宁波联合前期日波动率”为状态变量时，模型也正确识别了全部跳跃点，但第二类错误的概率为 0. 384，错误识别非跳跃点的数量多出了 83 个。这说明五矿发展的某些跳跃行为与宁波联合的大幅波动无关，利用“宁波联合权益资产前期日波动率”作为状态变量，反而对五矿发展跳跃预期的某些改变作出错误判断，导致模型出现更多的错误识别。

通过对其他几对交叉持股企业的分析和对比发现，除了桐君阁和太极集团之间波动的传染是相互的以外，基本上都是持股企业大幅波动对被持股企业的单向传染，这可能和太极集团对桐君阁的持股比例较高，达到 50%以上有关。

4. 3. 6　TSD-ARJI-GARCH 模型的预测能力检验

为了对模型的预测能力进行评估和比较，首先选取 2003—2008 年权益资产收益数据作为样本内观测值，分别利用 TSD-ARJI-GARCH 模型、ARJI-GARCH 模型、ARJI 模型和 CJI 模型对其进行拟合分析，并对各模型中的参数进行估计。然后，再选取 2009 年的权益资产收益数据作为样本外预测值，对前述模型预测能力进行检验。

现以金健米业为例，先分别利用四个模型对其2003—2008年数据进行拟合分析，再利用得到的估计模型对其2009年跳跃风险进行预测分析。图4.12为金健米业在2009年期间的日收益率时序图。图4.13~图4.16分别为依据四个不同模型得到的金健米业在2009年间的日收益率跳跃强度预期值和发生跳跃的事后概率。

TSD-ARJI-GARCH模型和ARJI-GARCH模型的共同特点是将可变强度和GARCH过程结合起来，既考虑了跳跃行为中的可变特征和集群效应，又考虑了扩散型条件波动率的GARCH效应以及它对好坏消息的不对称反应。对比图4.12和图4.13、图4.14可以看出，TSD-ARJI-GARCH模型和ARJI-GARCH模型都较好地预测了2009年金健米业权益资产日收益率中的大幅跳跃，较为准确地识别了跳跃发生的时点和跳跃强度发生变化的时间区域。

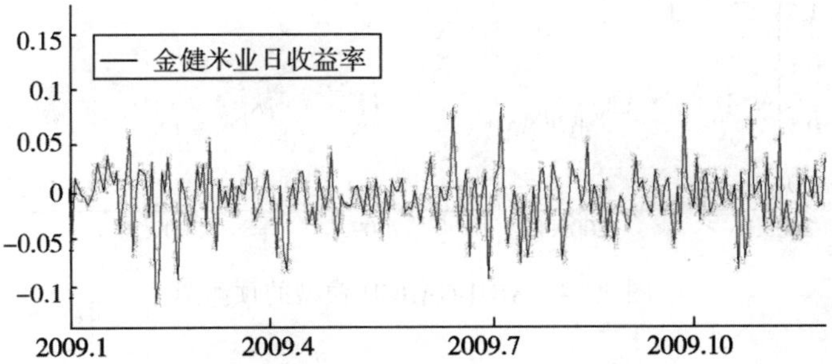

图4.12 金健米业2009年日收益率时间序列图

反观ARJI模型，因为将扩散型条件波动率视为常数，仅对跳跃强度的变化作出了解释，因此普遍存在着高估跳跃强度的现象，进而导致跳跃发生的概率偏大，对收益率跳跃变化的预测明显较差，这一点可以由图4.15得以验证。而CJI模型则将跳跃强度和扩散型条件波动率都视为常数，完全没有考虑跳跃行为和正常扩散波动的各自特点，所以其预测和识别能力最差。从图4.16可以看出，该模型估计的跳跃强度完全不能预测跳跃行为的变化特征，且跳跃发生的事后概率也与实际情况有一定偏差。

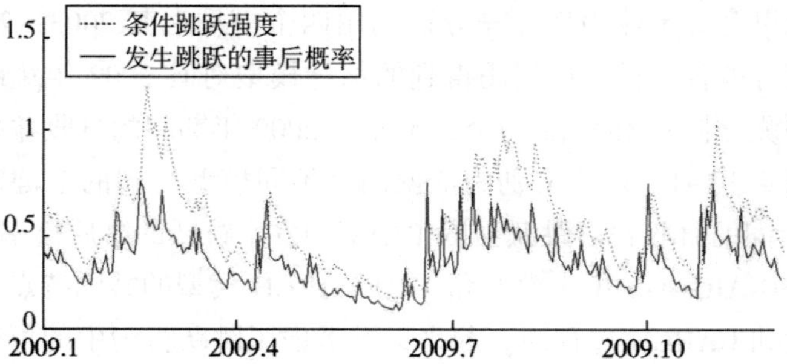

图 4.13　TSD-ARJI-GARCH 模型的预测图

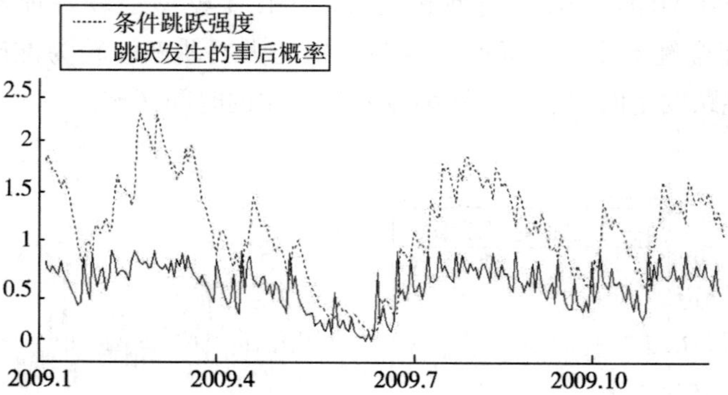

图 4.14　ARJI-GARCH 模型的预测图

由于 TSD-ARJI-GARCH 模型和 ARJI-GARCH 模型对跳跃行为的特征都作出了较为准确的预测，因此仅比较这两个模型对条件跳跃强度和事后发生跳跃概率的预测，很难判断它们预测能力孰优孰劣。下面将分别用这两个模型分析金健米业权益资产收益的总条件方差及其 GARCH 成分和跳跃成分，然后比较哪个模型能更好地描述扩散风险和跳跃风险的变化特征。

根据 ARJI-GARCH 模型估计参数计算的条件总方差、GARCH 成分和跳跃成分如图 4.17 所示，从该图中可以发现，GARCH 成分与条件总方差变化模式完全一样。日收益率出现的非经常性大幅波动的特征几乎全部反映在 GARCH 成分中，而跳跃成分并不十分明

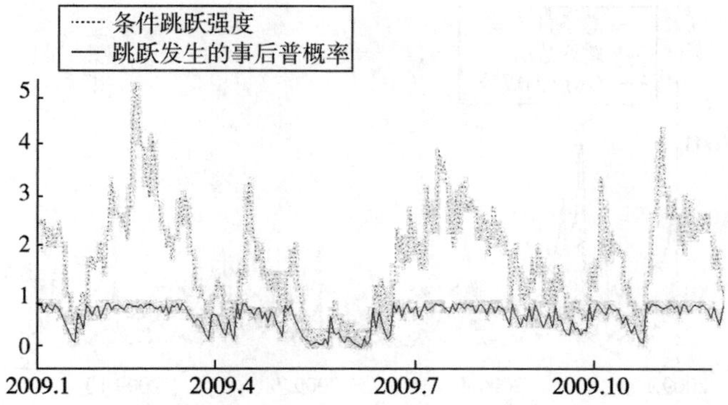

图 4.15 ARJI 模型的预测图

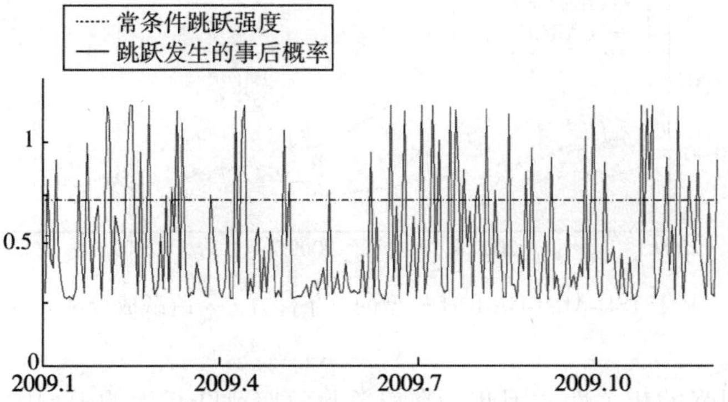

图 4.16 CJI 模型的预测图

显，这显然是该模型将部分跳跃成分错误地识别为 GARCH 成分。

图 4.18 则是根据 TSD-ARJI-GARCH 模型估计参数计算的条件总方差、GARCH 成分和跳跃成分。模型 TSD-ARJI-GARCH 与 ARJI-GARCH 的差异在于，前者考虑了 A 股指数前期波动对跳跃预期的影响。

从金健米业的日收益率与 A 股指数的日波动率对照图 4.19 可以看出，在 A 股指数发生较大波动的时间点及其之后的一段时间内，金健米业日收益率的跳跃强度几乎都出现了变化，两者之间反

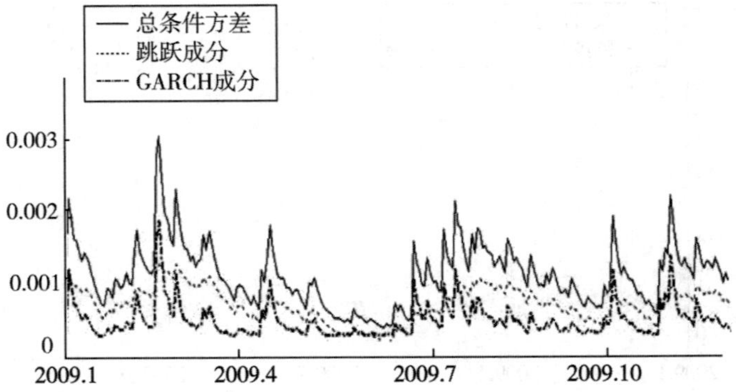

图 4.17　基于 ARJI-GARCH 模型的总条件方差、跳跃成分和 GARCH 成分

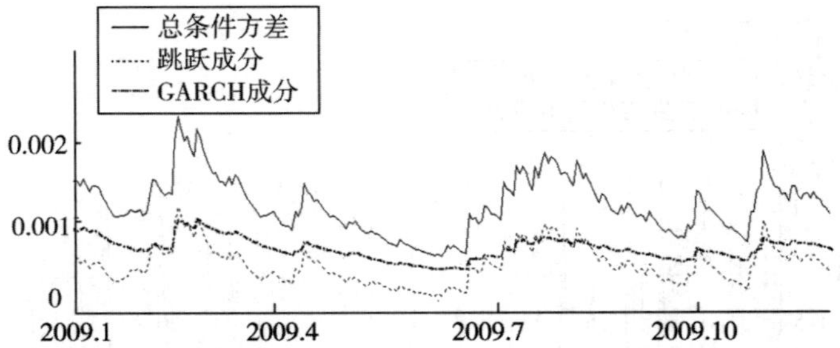

图 4.18　基于 TSD-ARJI-GARCH 模型的总条件方差、跳跃成分和 GARCH 成分

映出很强的相关性。因此，在权益收益率跳跃行为的模型中加入 A 股指数波动会改善模型的解释和预测能力。由于考虑了 A 股指数前期波动对跳跃预期的影响，图 4.18 中的 GARCH 成分较好反映了总体条件方差中经常性、平滑的波动，而跳跃成分则描述了非经常的大幅波动。因此，总方差成分分析表明 TSD-ARJI-GARCH 模型比 ARJI-GARCH 模型有更好的预测能力。

为了更好地比较模型的预测能力，并检验其稳健性，接下来将利用所有样本企业 2009 年的权益资产收益进行预测检验。由于大量的实证文献已经验证了 ARJI-GARCH 模型是对原有两种模型的改进，所以仅需比较 ARJI-GARCH 模型和 TSD-ARJI-GARCH 模型

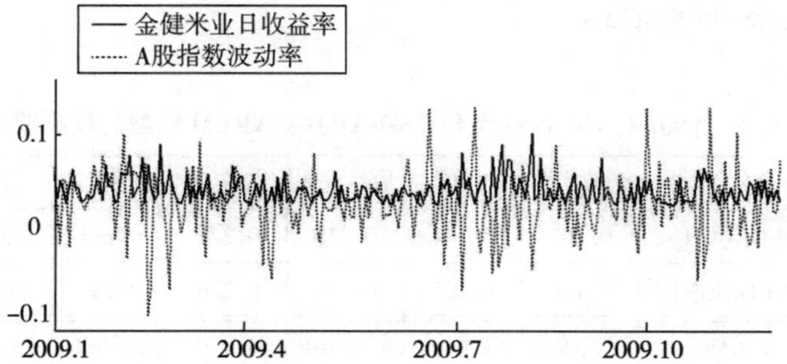

图 4.19　金健米业的日收益率与 A 股指数日波动率对照图

的预测能力。

首先借鉴 Maheu 和 Mccurdy(2004)的方法进行预测能力的评价。Maheu 和 Mccurdy(2004)将预测值对实际变量值进行回归分析，然后利用拟合度 R^2 的大小来度量模型的预测能力。因此，先对权益资产日收益率的波动进行回归分析：

$$RV_t = a + b\mathrm{Var}_{t-1}(r_t)^{\frac{1}{2}} + \varepsilon_t \tag{4.22}$$

其中，$RV_t = \sqrt{\kappa} \cdot \log \dfrac{P_{t,h}}{P_{t,l}}$，为权益资产日收益波动事后标准差，是 t 期已实现波动率的估计量，衡量了权益资产日收益率所蕴含的潜在波动；$P_{t,h}$ 和 $P_{t,l}$ 分别表示权益资产收益单日内的最高价和最低价；$\sqrt{\kappa}$ 为校正系数。$\mathrm{Var}_{t-1}(r_t)$ 是基于 $t-1$ 期全部信息预测的 t 期波动率。回归方程(4.22)的拟合度 R^2 越大，表示模型的预测效果越好。

在进行模型预测时，随着新信息的不断到来，每隔一段时间需要更新参数的估计值，但计算量将会非常庞大(Maheu 和 Mccurdy, 2004)。由于我们的主要目的仅仅是比较 ARJI-GARCH 模型和 TSD-ARJI-GARCH 模型预测效果，而不是进行精度要求较高的预测，所以为了避免大量计算的复杂性，仅根据 2003—2008 年数据估计的参数值来比较两模型在短期内的预测能力，预测样本为 2009 年 1 月—2009 年 6 月。现分别利用两种模型进行参数和总条件方差估计后，依据 Maheu 和 Mccurdy(2004)的方法进行回归分析，得到的拟合度 R^2 见表 4.4。

表 4.4　**ARJI-GARCH 模型和 TSD-ARJI-GARCH 模型的预测能力比较**

企业名称	金健米业	ST 甘化	华新水泥	ST 金顶	恒瑞医药	ST 天方
ARJI-GARCH	0.166	0.104	0.035	0.221	0.134	0.125
TSD-ARJI-GARCH(A)	0.168	0.125	0.190	0.236	0.167	0.142
企业名称	综艺股份	ST 偏转	东方热电	ST 能山	浪潮信息	ST 波导
ARJI-GARCH	0.242	0.353	0.057	0.130	0.051	0.149
TSD-ARJI-GARCH(A)	0.253	0.352	0.058	0.138	0.187	0.183
企业名称	宝钢股份	五矿发展	特变电工	同方股份		
ARJI-GARCH	0.094	0.263	0.126	0.179		
TSD-ARJI-GARCH(A)	0.135	0.275	0.134	0.187		
企业名称	宝信软件	宁波联合	新疆众和	泰豪科技	桐君阁	太极集团①
ARJI-GARCH 模型	0.084	0.169	0.110	0.131	0.196	0.170
TSD-ARJI-GARCH(B)	0.102	0.188	0.090	0.164	0.201	0.178

注：(A)表示状态变量为“A 股指数收益率波动”；(B)表示状态变量为“关联企业权益收益率波动”。

预测检验的结果表明，对大多数企业而言，在强度估计式中加入系统波动或者关联波动等状态变量，对模型有明显的改善作用。TSD-ARJI-GARCH 模型在大多数情况下对已实现波动率拟合度 R^2 更高，预测能力更强。

为了进一步验证该结论的稳健性，再使用近来较为流行的高级预测能力检验法(SPA 检验)来比较两种模型的预测效果。国内一

① 由于模型估计和参数估计都发现“桐君阁的权益资产收益波动”对太极集团的跳跃预期有明显影响，加入该状态变量后模型的极大似然值高于以“A 股指数收益波动”作为状态变量的模型估计似然值，状态变量参数的显著性也明显提高，因此在考察预测能力时选择了“桐君阁的收益波动”作为影响太极集团跳跃预期的状态变量。

些文献都使用了该方法来比较各种模型的预测效果，如魏宇和余怒涛(2007)及方立兵等(2010)。由于这些文献都对该方法作了详尽的介绍，因此，关于该方法的具体检验步骤不再赘述。此处 SPA 检验所采用的主要是以下四种损失函数：

$$L1:\ \mathrm{MSE} = \frac{1}{M}\sum_{t=H+1}^{H+M}(RV_t - \hat{\sigma}_t^2)^2 \tag{4.23}$$

$$L2:\ \mathrm{MAE} = \frac{1}{M}\sum_{t=H+1}^{H+M}\left|RV_t - \hat{\sigma}_t^2\right| \tag{4.24}$$

$$L3:\ \mathrm{HMSE} = \frac{1}{M}\sum_{t=H+1}^{H+M}\left(1 - \frac{\hat{\sigma}_t^2}{RV_t}\right)^2 \tag{4.25}$$

$$L4:\ \mathrm{HMAE} = \frac{1}{M}\sum_{t=H+1}^{H+M}\left|1 - \frac{\hat{\sigma}_t^2}{RV_t}\right| \tag{4.26}$$

其中，H 为样本内天数，M 为样本外预测天数，$\hat{\sigma}_t^2 = \mathrm{Var}_{t-1}(r_t)$ 为基于 t-1 期全部信息预测 t 期的波动率，RV_t 为 t 期已实现波动率。

检验中的基础模型为 TSD-ARJI-GARCH 模型，检验的零假设为“H_0：TSD-ARJI-GARCH 模型预测能力最优”。SPA 检验结果(即 p 值)见表 4.5，p 值越大(越接近 1)，表示 TSD-ARJI-GARCH 模型预测能力越优于 ARJI-GARCH 模型。

SPA 检验结果也表明，在 4 种损失函数情况下，TSD-ARJI-GARCH 模型预测能力基本上都优于 ARJI-GARCH 模型。这进一步验证了在 ARJI-GARCH 模型中加入状态变量的门限效应是很有必要的，将有助于提高模型预测能力。

表 4.5　**基于对已实现波动率 SPA 检验的模型预测效果比较**

企业名称[A]	金健米业	ST 甘化	华新水泥	ST 金顶	恒瑞医药	ST 天方
MSE	0.584	1	0.998	0.766	1	0.718
MAE	0.794	1	0.538	0.780	1	1
HMSE	0.899	0.793	0.787	0.636	0.991	1
HMAE	0.922	0.746	0.537	0.638	0.909	0.955

续表

企业名称(A)	综艺股份	ST 偏转	东方热电	ST 能山	浪潮信息	ST 波导
MSE	0. 415	0. 379	0. 224	0. 035	1	1
MAE	1	0. 385	0. 603	0. 609	1	1
HMSE	1	0. 404	0. 617	0. 628	0. 933	1
HMAE	1	0. 346	0. 669	0. 632	0. 985	1
企业名称(A)	宝钢股份	五矿发展	特变电工	同方股份		
MSE	0. 781	1	1	1		
MAE	0. 768	1	1	1		
HMSE	0. 612	1	0. 95	1		
HMAE	0. 654	0. 067	0. 835	1		
企业名称(B)	宝信软件	宁波联合	新疆众和	泰豪科技	桐君阁	太极集团
MSE	1	1	0. 402	0. 769	0. 875	1
MAE	0. 998	1	0. 000	1	0. 611	1
HMSE	0. 740	1	1	1	0. 623	1
HMAE	0. 732	1	1	1	0. 659	1

注：(A)表示状态变量为“A 股指数收益率波动”，(B)表示状态变量为“关联企业权益资产收益率波动”。

4. 4　本章小结

本章构建了 TSD-ARJI-GARCH 模型来研究企业权益资产收益率变化过程，通过与现有的 CJI 模型、ARJI 模型及 ARJI-GARCH 模型相比，TSD-ARJI-GARCH 模型无论是在拟合优度还是在预测效果方面，都具有更多的优势。利用该模型对单个企业权益资产价格和收益率的跳跃特征、ST 企业和非 ST 企业权益资产收益率跳跃变化的差异以及交叉持股企业之间权益资产收益率大幅波动的传染性进行分析后，得到以下几点结论：

(1)企业权益资产价格和收益率的跳跃变化存在显著时变特征和集聚效应，而且跳跃发生的强度不仅受单个企业特质因素的影响，而且还会随着反映外部状态变量信息的变化而出现调整。TSD-ARJI-GARCH 模型较好地描述了这些特点，改善了 ARJI-GARCH 模型对跳跃点的过度识别。

(2)TSD-ARJI-GARCH 模型中的 GARCH 成分描述了总波动中平滑的、经常性的波动，而跳跃成分则描述了总波动中大幅的、非经常的变化。将 ST 企业和非 ST 企业进行对比分析，发现它们总条件方差的大小及其成分组成有明显不同。在整个样本期间内，非 ST 企业的 GARCH 成分比 ST 企业的 GARCH 成分更为平滑和稳定。同时，2009 年被 ST 的那些企业在 2007—2008 年期间表现出更为频繁的跳跃，跳跃幅度也更大，抗冲击能力更低。这些都说明 ST 企业在被 ST 前有更大且更不稳定的总体风险和跳跃风险。

(3)对于交叉持股企业而言，大幅波动的传染性是单向的。“持股企业权益资产”收益率大幅变动对“被持股企业”的跳跃变化有显著影响，而“被持股企业权益资产”收益率大幅变动对“持股企业”跳跃变化的影响较小。因此，利用 TSD-ARJI-GARCH 模型研究“被持股企业”时，选择“持股企业权益资产”前期大幅变动作为状态变量更优，而在研究“持股企业”时，选择“A 股指数”前期大幅变动作为状态变量更优。

(4) TSD-ARJI-GARCH 模型的预测能力在大多数情况下优于 ARJI-GARCH 模型。在强度估计式中加入状态变量后，模型短期内的预测能力有明显改善，能更好预期权益资产跳跃强度的变化。

总而言之，由于企业权益资产收益率跳跃变化具有时变性、集聚性，且跳跃幅度和强度会在外部信息冲击时发生改变。所以，政策制定者在出台某项政策或实现调控行为时要选择正确的调控时机，这将有助于更好地实现预期效果。而风险管理者和投资者则要重点考虑和评价政策的出台、突发事件的冲击或关联企业大幅波动对相关企业权益资产跳跃强度的影响及跳跃变化可能引发的资产价值变化、资产收益风险和违约风险变化。

◎ 本章参考文献

[1] Bekaert G., Gray S. F.. Target Zones and Exchange Rates: an Empirical Investigation. Journal of International Economics, 1998, 45(1): 1-35.

[2] Bollerslev T.. Generalized Autoregressive Conditional Heteroscedasticity. Journal of Econometrics, 1986, 31(3): 307-327.

[3] Chan W. H., Maheu J. M.. Conditional Jump Dynamics in Stock Market Returns. Journal of Business & Economic Statistics, 2002, 20(3), 377-389.

[4] Daal E., Naka A., Yu J. S.. Volatility Clustering, Leverage Effects and Jump Dynamics in the US and Emerging Asian Equity Markets. Journal of Banking & Finance, 2007, 31(9): 2751-2769.

[5] Das S. R.. The Surprise Element: Jumps in Interest Rate. Journal of Econometrics, 2002, 106(1): 27-65.

[6] Engel R. F.. Autoregressive Conditional Heteroscedasticity with Estimates of the Variance of United Kingdom Inflation. Econometrica, 1982, 50(4): 987-1007.

[7] Johannes M., Kumar R., Polson N. G.. State Dependent Jump Models: How Do U. S. Equity Indices Jump. Graduate School of Business, University of Chicago, 1999, Working Paper.

[8] Maheu J. M., McCurdy T. H.. News Arrival, Jump Dynamics and Volatility Components for Individual Stock Returns. The Journal of Finance, 2004, 59(2): 755-793.

[9] Neely C. J.. Target Zones and Conditional Volatility: the Role of Realignments. Journal of Empirical Finance, 1999, 6(2): 177-192.

[10] 陈浪南，孙坚强．股票市场资产收益的跳跃行为研究．经济研究，2010，45(4)：54-66.

[11] 陈永伟．股市波动的杠杆效应检验：一种新的方法．中国管理

科学，2012，20(5)：31-37.
[12]方立兵，郭炳伸，曾勇．GARCH 族模型的预测能力比较：一种半参数方法．数量经济技术经济研究，2010，(4)：148-161.
[13]谈正达，胡海鸥．短期利率跳跃-扩散模型的非参数门限估计．中国管理科学，2012，5(1)：8-15.
[14]魏宇，余怒涛．中国股票市场的波动率预测模型及其 SPA 检验．金融研究，2007，(7)：138-150.

第二部分　结构分析法和违约风险测度

本书第二部分将开始讨论企业总资产价值的变化过程及其对违约风险的影响，通过分析企业总资产、企业债权与企业权益之间的非线性结构关系，进而构建“企业权益资产价值—企业总资产价值—违约风险测度”的研究框架。在这一研究框架下，分别讨论基于纯扩散过程和多种跳-扩散过程的违约风险度量模型，并将之用于实证研究。

第二部分包括第5~7章。其中，第5章将对信用风险相关概念进行界定，对早期的扩散型信用风险结构模型及KMV模型进行介绍，并指出它们的优缺点及可能的改进方法。第6章则主要在第一部分和第5章研究的基础上，构建能反映跳-扩散波动特征的违约风险结构模型，比较不同条件下跳-扩散模型和纯扩散模型对违约风险测度的差异。第7章主要从理论上考虑如何在Merton模型和首达时模型中引入更复杂的跳跃因子，纳入跳跃强度变化的时变性、集群性及状态依赖性等特点。

第5章　基于纯扩散过程的结构分析法和违约风险测度

关于企业信用管理和违约概率的研究主要分为结构模型和简约模型，前者主要研究企业价值的变化和违约背后的经济原因，后者主要关注违约的强度和信用质量的变化。结构模型的基础是期权定价和企业负债问题，认为企业的违约过程是由企业资产价值决定的。而在简约模型中，企业资产价值和资本结构未被模型化，也不以企业的价值为违约条件，企业价值相关的参数也不需要估计。Jarrow 和 Turnbull(1995)首次建立了简约式信用风险定价模型。该模型以风险中性定价框架为基础，使用随机变化的违约强度描述债务发行者违约的可能性，从而得到企业债务定价公式。根据研究的对象不同，简约模型可进一步分为强度模型和信用迁移模型。强度模型主要研究如何对违约时间和违约概率进行建模，而信用迁移模型则考虑信用级别之间的转移。

1. 强度模型

强度式信用风险定价模型是基于违约发生的强度来估计违约概率的，信用事件则根据某个外生确定的跳跃过程来界定(简约模型也假定违约时的回收率是外生的)。在简约模型中，违约强度刻画了一段时间内违约发生的密集程度。违约强度越大，企业违约的概率就越大。违约强度的确定或者利用市场数据校准模型，或者由历史观察值估计得出，因而违约时间是“外生”而非“内生”的。

遵循强度模型的基本思路，Duffie et al.(1996)，以及 Duffie 和 Singleton(1999)假定违约后债权人能够回收的部分为 $1-q$ 乘以债券违约前一时刻的价格，然后对信用风险进行定价，并且以此为基础解决了一系列问题，包括互换的信用风险、交易双方信用风险的估计等。Lando(2004)则提出了不完全信息条件下强度式信用风险模型。

然而，关于强度式信用风险定价模型的实证研究是相当有限的。Duffee(1999)在运用 Duffie 和 Singleton(1999)的分析框架时，发现这些模型不能很好地解释已观测的不同信用质量的各企业间信用价差的期限结构。特别是当企业有低信用风险时，这些模型很难生成相对平滑的收益价差，而当企业有更高的信用风险时也很难生成陡峭的收益价差。

2. 信用迁移模型

Jarrow et al.(1997)首先使用 Markov 链建立了信用评级迁移模型，该模型的信用评级迁移强度不随时间改变。信用迁移模型中假设企业债务的信用质量按数量和类别分为有限数量的不相交的信用评估类别(或信用等级)。每个信用类别由有限集合中的一个元素表示，记为 κ。正如在实践中观察到的，企业债务的信用质量会随时间发生变化。如果将这种特性表述为信用质量在不同的信用类别之间发生的迁移，通常会用有限状态空间且带有间断或者连续时间参数的马尔科夫链(记为 C)来模型化这种迁移变化。过程 C 称为信用迁移过程，违约级别代表的是马尔科夫链 C 中的吸收态。这种方法的主要目标是在风险中性概率下对迁移过程的转移强度矩阵进行建模。类似的研究还包括 Das 和 Tufano(1996)，Kijimah 和 Komoribayashi(1998)，Lando(1998)，Alexander 和 Marina(2001)等。

简约模型的设定较为灵活，不以企业的价值为违约条件，但它的缺点是无法解释企业违约背后的经济原因，在实证领域内的研究和运用也相当有限，因此也很难为管理企业违约风险提供理论上的支持。与简约信用风险定价模型不同的是，结构模型将企业违约风险同企业资产价值相关联，测度企业违约风险时需要对企业资产价值和它的资本资产结构和负债进行分析，并将违约事件描述为企业资产价值恶化的直接结果。结构模型建模的基础是期权定价，其核心思想是将企业权益价值看做企业资产价值的或有期权。一旦企业总资产价值变化过程和资本资产结构关系已知，便可以利用企业权益市场数据间接测度企业资产价值和违约风险。由于结构模型以企业资本结构为基础，其信息源具有数据广、结构丰富的特点，是简约模型所不能比拟的，因此在实证研究中往往更推崇结构定价模型。

我国在信用风险违约和管理方面的研究还处于初级阶段，多以借鉴国外的经验和模型为主，其中又以借鉴早期的扩散型信用结构模型及以此为基础的各类 KMV 模型为主。因此，本章首先将对信用风险相关概念进行界定。之后，将重点关注早期的扩散型信用风险结构模型及 KMV 模型。而下一章会进一步探讨扩散型信用风险结构模型及 KMV 模型的缺陷及改进方法。

5.1 相关概念的界定

5.1.1 信用和信用风险

1. 信用的定义

信用是一国金融体制、经济发展及社会稳定的基石。“信用”一词最早可以追溯到中国古代的西周和古希腊时期，其范畴有广义和狭义之分。广义的信用涉及更为广泛的心理学范畴以及社会伦理道德准则，是指参与社会和经济活动的当事人之间建立起来的以诚实守信为基础的守约行为，表现为公众对社会规则或人与人之间约定规则的自觉遵守。狭义的信用主要是指参与经济活动的当事人之间建立起来的以诚实守信为基础的履约能力。买卖双方之间无需立即付款或利用财产作为担保，而仅以信用为保证所进行的价值交换及相关制度。刘继忠(1994)认为，信用是指货币借贷和商品交换中的延期付款或交货，它是以偿还为条件的价值运动的特殊形式。吴敬琏(2001)认为，信用是指一种建立在授信人对受信人的偿付承诺信任的基础上，使后者无需付现即可获取商品、服务或货币的能力。由于现代市场经济中的大部分交易都是以信用为中介的交易，因此信用是现代市场交易必具的要素。

现代意义上的信用是指经济活动中的信用关系，因此属于狭义信用范畴。其内容包括商品交换或其他经济活动中，交易双方所实行的以契约或合同为基础的资金借贷、承诺、履约的能力和行为，以及由此产生和形成的信用制度与信用体系。信用制度和信用体系是市场经济发展的客观产物，也是维系市场主体之间经济联系的基础。市场经济体制的本质要求是实现公平与有序竞争，其外在的保障是法律体系，其内在的约束机制则是信用。

在市场经济不断发展和全球经济日趋一体化的今天，信用对一个国家而言，意味着信用制度和信用体系的构建。对企业和个人而言，信用则是获取或给予承诺以保障相关经济活动能够顺利、便捷的实施，比如获取或给予与之有经济往来企业的商品信用、银行的信用配给、投资人购买企业债券、信用卡借款等。信用是现代企业和个人参与社会经济活动的基础，社会经济活动的方方面面也无时无刻不体现着信用的重要性。如果一个国家没有信用制度与信用体系，市场经济就会失去存在的基础；如果企业和个人不加强自身的信用管理，就失去了参与社会经济活动的通行证。

2. 信用和信息不对称

信用产生的根源是信息不对称。按信息不对称发生时间，可以分为事前信息不对称和事后信息不对称。事前信息不对称会产生逆向选择问题，而事后信息不对称则会引发道德风险问题。逆向选择是指在信息不对称条件下，信息优势方可能会故意隐瞒一些重要信息，以求在交易中获取最大收益，而信息劣势方则可能受损。比如我国中小企业融资难题就是信用的逆向选择问题。道德风险则是指合约签订以后由于信息不对称，信息优势方故意促成或放任损害信息劣势方利益的事件发生，比如保险欺诈等问题就属于道德风险。

在存在信息不对称的客观现实下，信用便成为克服这些问题的一个重要工具。它源于对过往信息的积累和综合评价，其作用在于减少交易成本，使原本不能发生的交易变得有利可图，社会经济活动也因此得以更为广泛和快速的发展。

3. 信用风险

信用既然是以过往的信息为基础，便也存在风险，即信用风险。信用风险是金融市场中最古老、最重要的风险形式之一，也是金融机构(特别是银行)和各类企业所面临的主要风险之一。我们可以从狭义和广义两个角度来定义信用风险。从狭义上讲，信用风险一般是指借款人到期不能或不愿履行借款协议、偿还本息而使债权人遭受损失的可能性。从广义上讲，信用风险还包括由于各种不确定因素对企业(包括金融机构)信用的影响，使企业经营实际结果与预期目标发生背离，从而造成潜在损失的可能性。

信用风险既能直接影响现代社会经济生活的各个方面，也能影响到一国宏观经济的健康和发展，甚至还能影响全球经济的稳定与繁荣。20 世纪 80 年代初的债务危机给各国银行业和宏观经济带来了巨大的损失，自此以后，银行业普遍认识到防范和管理信用风险的重要性，开始注重对信用风险的计量和管理。正是这种原因，巴塞尔委员会不断提出信用风险度量和管理办法以加强国际银行业信用风险管理和监管，并于 1988 年出台了以规范信用风险为主的《巴塞尔协议》。该协议通过对不同类型的资产规定不同的权数来量化风险，逐渐成为世界各大银行信用风险资本充足性的通用标准。但是，1997 年亚洲金融危机和俄罗斯金融危机的发生，暴露了巴塞尔协议存在的信用风险权数、级距区分过于粗略等问题；加之资本套利的盛行以及近几年大型银行规模及复杂度的增加，巴塞尔协议的不足更加凸显。因此，经过多次修改后，巴塞尔委员会于 2001 年 1 月公布新巴塞尔资本协定草案，修正了之前的信用风险评估标准，并将信用风险、市场风险和操作风险三大风险都纳入银行资本计提考量，以期规范国际型银行风险承担能力。

尽管有《新巴塞尔协议》的国际规范，但是政府监管的不到位、市场体制的不完善、法律法规的漏洞、金融机构为了追求更大的利润而置规范和法规于不顾、金融衍生工具的推陈出新、复杂程度不断加深，等等，使得信用风险始终困扰着许多国家金融行业和经济的健康和稳步发展，威胁着企业和金融机构的资金安全。21 世纪初期发生的安然事件、世界通信企业财务造假案等一系列财务丑闻，使许多与其有融资关系的银行受到牵连。2007 年美国开始经历次贷风波，而后演变为严重的信用危机，进入 2008 年以后美国银行业倒闭危机频现，如著名投行雷曼兄弟宣布破产，银行破产倒闭频率刷新了历史纪录。美国次贷危机引致的又一轮金融风暴在整个银行体系内扩散，实体经济也遭受重创，危机随之向全球蔓延，最终形成了全球性金融危机，世界经济随之进入萧条期。

目前，信用风险仍是银行等金融机构和企业面临的主要风险之一，它直接影响资产组合的信用管理、风险定价、套利交易、组合集中和分散、抵押管理及其他战略决策过程。1997 年亚洲金融危机爆发以后，世界金融业的风险出现了新的特点。如 1998 年美国著名的长期资本管理企业(LTMC)走到濒临破产的边缘，其损失不再是由单一风险造成的，而是由信用风险和市场风险等联合造成的。由于受到国际油价突然大幅下跌的影响以及受到俄罗斯政府宣布卢布贬值、停止国债交易、冻结国外投资者贷款偿还期 90 天等突发事件的冲击，诸多含有信用风险债券的价值瞬间大幅下降。再如金融衍生工具的迅猛发展和高度复杂性，也带来了更大和更复杂的信用风险。2008 年全球金融危机发生的根源就是对复杂衍生工具的信用风险和资产定价之间出现了偏离。次级贷款的信用质量没有得到正确评估，突发事件、宏观政策等因素又进一步加大了信用事件发生的频率和概率。

历经数次金融风波和危机后，各国市场和金融机构开始更加重视信用风险和市场风险综合模型的定价和估值，求助于更为先进和完善的信用模型来管理信用风险。近年来，已经有越来越多的国际大银行构建内部信用风险模型，并将其作为风险管理体系的重要组成部分。由国际清算银行制定，同时得到世界各主要经济体的中央银行参与制定并同意实施的全球金融监管标准《巴塞尔协议Ⅲ》也于 2010 年应运而生。作为第三版的巴塞尔协议，着眼于应对由 2008 年全球金融危机暴露出的金融体系监管不到位和对金融资产信用风险评估不足等问题。信用风险的度量和管理研究俨然已经成为今后若干年内最具有挑战性的课题之一。

5.1.2 违约风险和信用风险的关系

从相关研究文献的界定来看，信用风险与违约风险是有一定区别的。Bielecki 和 Rutkowski(2002)提到违约风险是指金融合同中的一方可能不履行他在合约中承诺的合约义务的可能性。如果这种情况真的发生了，就称这一方违约或者违约事件发生了。而信用风险则是指与任何形式的信用事件有关的风险，包括信用等级的变化、信用利差的变化和违约事件的发生。因而，信用等级转移风险或利差风险等是信用风险的另一重要组成部分。

此外，涉及复杂的信用合约时，还要进一步区分第三方信用和交易对手方信用之间的差别。第三方信用风险是指合同双方没有信用风险，但由于合同的某些特性，会使某个第三方的信用状况在合同的履约过程中起非常重要的作用，比如信用互换，允许市场的参与方规避或交易第三方的信用风险。因此，对于这些复杂的金融工具而言，第三方信用也是信用风险的一个重要组成部分。

由此可见，信用风险是一个比违约风险更为广泛的概念，它包含了违约风险，而违约风险只是狭义的信用风险，因此在研究当中应该对这两个概念加以区别。不过，由于本书主要研究企业违约风险的度量问题，并不考虑信用评级转移和信用风险的交易或第三方信用等情况。因此，在本书的研究和分析中，“信用风险”和“违约风险”这两个概念将会交换使用，彼此等同。

5.1.3 违约的定义、违约距离和违约概率

1. 违约的经济学定义

“违约风险”的度量依赖于对“违约”的准确的定义。出于实证研究的需要，不同文献，如 Bielecki 和 Rutkowski(2002)，Dunham 和 Friesen(2007)，李晓庆(2007)等，对“违约”的定义也有所不同。而本书采纳的是“违约”在经济学上的定义，即将“违约”定义为：在约定的时间点或时间段内，企业资产的市场价值降低到事先

约定的应偿还债务以下时的状态。在信用结构模型的分析框架下，企业总资产的市场价值由权益(股票)市场价值和债务市场价值构成，随市场信息的变化而变动。当资产的市场价值降低至事先约定的应偿债务以下时，意味着权益所有人无法偿还全部债务(本金和利息)或部分债务(部分本金或部分利息)，因而会发生违约。现有文献中用来测度违约风险的两个重要变量是“违约概率”和“违约距离”。

2. 违约概率

所谓违约概率，是指在约定的时点或时段内，企业的市场价值低于约定债务账面价值的可能性。本书遵循的是规范的数学分析方法，首先假设企业市场价值 A_t 符合某种随机过程，并由此推导出 $\ln\frac{A_T}{A_t}$ 的概率分布 $\left(\ln\frac{A_T}{A_t}\sim Q(\cdot)\right)$，再度量其违约概率。

对于约定时点的违约，是指在约定时刻 T，企业资产市场价值 A_T 低于违约门限值 D 时，企业发生违约。其违约概率为 $P(A_T<D)=P\left(\ln\frac{A_T}{A_t}<\ln\frac{D}{A_t}\right)$。利用 $\ln\frac{A_T}{A_t}$ 的概率分布 $Q(\cdot)$ 和 $\ln\frac{D}{A_t}$ 值，即可求出企业的违约概率。

对于时间段内的违约概率，是指所考察的时段内，只要资产价值触碰违约门限值 D，违约即发生。违约的概率和违约发生的时间点由资产市场价值的概率分布 $Q(\cdot)$ 和 $\ln\frac{D}{A_t}$ 值确定。

3. 违约距离

违约距离(Default to Distance，简称 DD)源于 KMV 公司用于分析违约风险的 KMV 模型(McQuown，1993)。该模型以 BSM(Black-Scholes-Merton)期权定价和企业资本结构分析为基础，认为有三个因素影响了企业的信用状况：

(1)资产在考察时间点的市场价值。用 A_t 表示。

(2)事先确定的违约门限值。既可以是账面负债总额，也可以是企业为了实现权益收益最大化而确定的某个值，用 D 表示。

(3)资产波动风险。企业的资产价值并非确定的值，而是具有一定的波动性。资产波动风险反映了企业资产价值围绕均值变化的幅度和范围。变化离散度越大，说明资产波动风险越大，用 σ_A 表示单位资产波动风险。

结合这三个因素就形成了违约距离：

$$\mathrm{DD} = \frac{A_t - D}{A_t \cdot \sqrt{\mathrm{Var}(A_t)}} \tag{5.1}$$

还有其他的文献，如 Duffie 和 Singleton(2003)等也对违约距离进行了定义：

$$\mathrm{DD} = \frac{\ln A_t - \ln D}{\sqrt{\mathrm{Var}(A_t)}} \tag{5.2}$$

式(5.1)和式(5.2)对违约风险界定的内在含义是一致的，但由式(5.2)表示的违约距离可以直接估算违约概率，所以本书后续关于违约距离的分析采用了式(5.2)的定义。

违约距离的直观含义就是企业在考察时间点的价值到违约点之间的距离是几个标准单位风险(见图5.1)。它提供了企业可能发生违约的一个粗略描述，为估计企业违约可能性提供一个初步的判断依据。同时，由于它是一个标量，所以可用于比较不同企业的信用状况。该值越大，表明企业到期能偿还债务的可能性越大，发生违约的可能性越小；反之，该值越小，则表明发生违约的可能性越大。

上文曾提到企业“违约距离”的理论基础就是 Black-Scholes-Merton 期权定价和权益定价理论。其中，Black 和 Scholes(1973)最早提出了期权定价的经典公式，而 Merton(1974)将此期权定价公式引入到债券信用风险定价中，奠定了企业权益和债务定价理论的基础。此后围绕 Merton(1974)所开展的实证研究和理论拓展，形成了信用风险研究中的企业违约结构分析方法。这一系列方法在信用风险研究的理论和实证领域，占据非常重要的地位。

由于 Black 和 Scholes(1973)和 Merton(1974)是较早完整阐述企业权益定价理论和信用风险模型的经济学家，在信用风险定价的

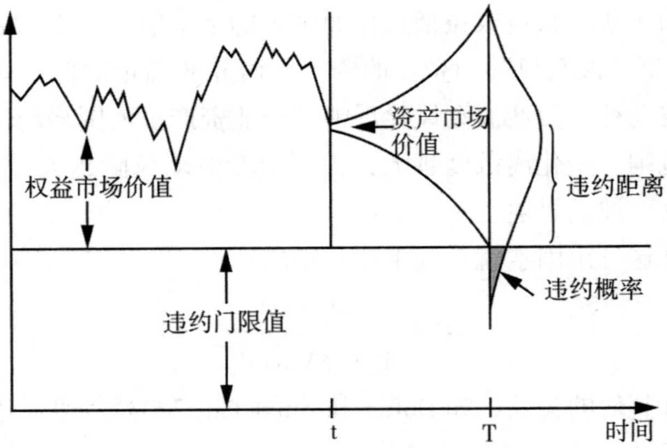

图 5.1　违约距离的含义(参考 Duffie 和 Singleton(2003))

探索和研究中具有里程碑意义。所以，本章将对 B-S 期权定价理论、基于纯扩散过程的 Merton 结构模型及其应用进行简单的回顾和评述，这些将是本书后续研究的基础和出发点。

5.2　Black-Scholes 期权定价方法

为了能根据基础资产价格(如股票)导出期权定价公式，Black 和 Scholes(1973)首先给出了以下假设条件：

(1)在期权有效期内，短期利率 r 是取值为常数的无风险利率；

(2)股票价格遵循纯扩散过程：$\frac{dS_t}{S_t}=\mu_S dt+\sigma_S dB_t$ ①，其中 μ_S 和 σ_S 为常数；

(3)股票在期权有效期内不支付红利；

(4)所考察的期权为欧式期权，即只能在到期日执行，执行价格为 K；

---

①　为了减少后续扩展模型的复杂度和计算的便利，此处及后续模型都未考虑红利的支付。

(5)买卖股票和期权都没有交易成本；

(6)允许对股票进行卖空交易，且所有股票都是完全可分的，交易具有连续性；

(7)投资者可按无风险利率无限制地借贷以进行股票买卖。

(2)和(6)表明标的资产(股票)的变化过程是连续而均匀的，不存在突然的跳跃，其他的假设条件则保证市场为有效市场，不存在无风险套利机会。

在上述假设下，Black 和 Scholes(1973)利用了无套利方法对期权定价公式进行了推导，该方法的要点如下：

首先，令期权价格为标的资产(股票)的函数 $C_t = f(S_t,\ t)$。

其次，构造一个资产组合：持有一份买入期权，并卖出 n 份股票。记该资产组合的价值为 $I_t = C_t - n \cdot S_t$，那么根据定理 2.4 有：

$$
\begin{aligned}
\mathrm{d}I_t &= \mathrm{d}C_t - n \cdot \mathrm{d}S_t \\
&= \mathrm{d}f - n \cdot \mathrm{d}S_t \\
&= \left(\frac{\partial f}{\partial t} + \mu S_t \frac{\partial f}{\partial S_t} + \frac{\sigma^2}{2} S_t^2 \frac{\partial^2 f}{\partial S_t^2} - n\mu \cdot S_t\right)\mathrm{d}t + \sigma S_t \left(\frac{\partial f}{\partial S_t} - n\right)\mathrm{d}B_t
\end{aligned}
\tag{5.3}
$$

当取 $n = \dfrac{\partial f}{\partial S_t}$ 时，就消除了扩散风险，资产组合为一个无风险资产组合。此时，上式变为：

$$
\mathrm{d}I_t = \left(\frac{\partial f}{\partial t} + \frac{\sigma^2}{2} S_t^2 \frac{\partial^2 f}{\partial S_t}\right)\mathrm{d}t \tag{5.4}
$$

然后，对于该无风险资产组合，其瞬间收益率就应该等于无风险利率 r，因此有：

$$
\mathrm{d}I_t = I_t r \mathrm{d}t = r(C_t - n \cdot S_t)\mathrm{d}t = r\left(f(S,t) - \frac{\partial f}{\partial S_t} \cdot S_t\right)\mathrm{d}t \tag{5.5}
$$

最后，由两种方式求得的瞬间收益率应该相等，所以由式(5.4)和式(5.5)得：

$$
\frac{\partial f}{\partial t} + \frac{\sigma^2}{2} S_t^2 \frac{\partial^2 f}{\partial S_t^2} - r \cdot f + r \cdot \frac{\partial f}{\partial S_t} \cdot S_t = 0 \tag{5.6}
$$

因此，在边界条件“$t = T$ 时有 $f = \max(S_T - K, 0)$”下解该偏微分

方程可得 B-S 期权定价公式：

$$C(S_t, t) = S_t \Phi(d_1) - Ke^{-r(T-t)} \Phi(d_2) \tag{5.7}$$

其中：$d_1 = \dfrac{\ln \dfrac{S_t}{K} + \left(r + \dfrac{1}{2}\sigma_S^2\right)(T-t)}{\sigma_S \sqrt{T-t}}$， $d_2 = d_1 - \sigma_S \sqrt{T-t}$ ，$\Phi(\cdot)$ 为标准正态分布。

B-S 期权定价公式给出的价值只与股票的现价、股票波动率、期权执行价格、到期期限及无风险利率有关，而与期望收益率 μ_S 无关，这表明风险的中性。也就是说，期权的合理价格与人们的风险偏好无关。因此，B-S 公式使用起来非常方便，降低了期权定价的难度与不确定性。

在构建了 B-S（Black-Scholes）期权定价公式以后，Black 和 Scholes（1973）也提到企业负债问题可以转换为期权定价问题，不过并未就此问题进行深入的探讨。Merton（1974）则以欧式看涨期权定价理论为基础，对企业权益和债务定价问题进行了较为全面和深入的探讨，构建了违约风险的结构化模型，在若干方面对 Black 和 Scholes（1973）作了重要推广，开创了信用风险理论和实证研究的新思路，使违约风险度量的实证研究有了突破性的进展。

5.3　Merton 信用结构模型

信用结构模型是一类通过对企业资本、资产的市场价值进行结构分析，进而测度企业违约风险的模型。结构模型主要关注的是企业价值的变化和信用风险的建模与定价，依赖于企业资产负债表和相关的破产法规，根据对回收率、无风险利率等变量的假设，内生性地推导出违约概率和信用利差。信用结构模型中最基础的模型就是 Merton（1974）信用结构模型。

Merton（1974）认为，有负债的企业权益实际上可以看成是企业总资产价值的看涨期权，违约风险问题实质上就是企业权益定价问题。Merton 模型隐含的基本思想相对简单：权益所有者（债务人）在债务到期日支付给债权人债务面值；如果到期时企业总资产价值大于债务面值，则债权人可收回债务面值或约定值，剩余部分为权益所有者的收益，即看涨期权的价值；如果到期时企业总资产值低于债务面值，则权益所有者便会对债权人违约，后者不能收回或仅能部分收回债务面值，看涨期权的价值为零。因此，企业总资产价值和负债面值共同决定了企业违约风险，而企业违约风险也和以总资产价值为标的的权益价值有了直接的联系。

为了将 B-S 期权定价理论应用于企业权益定价和违约风险分析，Merton(1974) 在 B-S 期权定价假设条件基础上又增加了新的条件：

(8) t 时刻，企业承诺未来某个时间 T 支付 1 美元的无风险债务的价格为 $P(T)=\exp[-r(T-t)]$，其中 r 为常数，表示无风险利率。企业违约时，债务具有绝对优先权，不存在清算成本。

(9) 企业价值 A_t 的动态变化也可以表述为扩散型的随机过程：

$$\frac{\mathrm{d}A_t}{A_t}=\mu_A\mathrm{d}t+\sigma_A\mathrm{d}B_t \tag{5.8}$$

(10) 企业资本结构由债务和权益组成，而权益则可以看做是以企业总资产市场价值为标的、执行价格 K 为债务面值的欧式看涨期权：$S_t=f(A_t,t)$。T 时刻，若企业资产市场价值 A_T 低于债务面值 K 时，企业就会发生违约。

在附加以上假设后便可直接利用期权定价公式将 S_t 表示为：

$$S_t=A_t\Phi(d_1)-K\mathrm{e}^{-r(T-t)}\Phi(d_2) \tag{5.9}$$

其中，$d_1=\dfrac{\ln\dfrac{A_t}{K}+\left(r+\dfrac{1}{2}\sigma_A^2\right)(T-t)}{\sigma_A\sqrt{T-t}}$，　$d_2=d_1-\sigma_A\sqrt{T-t}$，$\Phi(\cdot)$ 为标准正态分布。

另一方面，由于不存在无风险套利，利用定理 2.4 对 $S_t=f(A_t,t)$ 进行变化，并与 $\dfrac{\mathrm{d}S_t}{S_t}=\mu_S\mathrm{d}t+\sigma_S\mathrm{d}B_t$ 进行对比，可得：

$$\sigma_S=\frac{A_t}{S_t}\cdot\frac{\partial S_t}{\partial A_t}\cdot\sigma_A=\frac{A_t}{S_t}\cdot\Phi(d_1)\cdot\sigma_A \tag{5.10}$$

利用式(5.9)和式(5.10)以及权益市场数据和企业账面信息，

便可求得 A_t 和 σ_A。

另一方面，利用定理 2.5 求解式(5.8)可得：

$$\ln\frac{A_T}{A_t}=\left(\mu_A-\frac{1}{2}\sigma_A^2\right)(T-t)+\sigma_A(B_T-B_t) \tag{5.11}$$

进而可求得 $\ln\frac{A_T}{A_t}$ 的概率分布为：

$$\ln\frac{A_T}{A_t}\sim N\left((\mu_A-\frac{1}{2}\sigma_A^2)(T-t),\ \sigma_A^2(T-t)\right) \tag{5.12}$$

T 时刻，当企业资产价值 A_T 低于违约门限值 K 时，企业就会发生违约，其违约概率为：

$$P(A_T<K)=P(\ln\frac{A_T}{A_t}<\ln\frac{K}{A_t})=\Phi\left(\frac{\ln\frac{K}{A_t}-(\mu_A-\frac{1}{2}\sigma_A^2)(T-t)}{\sigma_A\sqrt{T-t}}\right) \tag{5.13}$$

其中，$\Phi(\cdot)$ 为标准正态分布。

Merton(1974)模型一方面以期权定价理论和财务理论为基础，对企业资本结构进行了十分详细的理论分析，并构建了权益价值及波动与总资产价值及其波动间的非线性函数关系；另一方面，该模型在实证研究方面开创了利用大量市场数据研究信用风险的先例，充分挖掘了权益(股票)①资产数据中蕴含的企业资产价值变化信息，能够对上市企业的信用水平进行实时跟踪，有助于转变对企业信用风险评估的传统定性分析思路，构建市场信息分析、账面信息分析和定性分析相结合的实时违约风险度量模型。能够帮助投资者和相关的风险管理者预先识别信用风险的变化，及时采取相应的措施，调整投资及管理策略。

---

① 由于在讨论公司(企业)资本结构时，其股票资产又称权益资产，故在本书中这两个概念等同使用。

5.4 Merton 模型在实证中的运用——KMV 模型

前文中曾提到违约距离源于 KMV 模型，该模型以 Merton(1974)为理论基础，经 Longstaff 和 Schwarz(1995)、Das(1995)等人的进一步的发展，现已成为著名的信用风险实证模型之一。它在实时监测企业违约风险方面发挥重要作用，并被用来估计美国上市企业的违约概率及信用等级的变化。

在实证研究中，KMV 模型一方面通过计算资产价值距离违约门限的远近(即违约距离)来度量企业违约风险，另一方面又将所有企业的违约距离和历史违约数据相关联，计算每个违约距离中实际违约的企业个数，进而得到与每个违约距离对应的预期违约频率(EDF)，如图 5.2 所示。

$$\text{EDF} = \frac{\text{实际发生违约的公司个数}}{\text{样本内有相同违约距离的公司个数}}$$

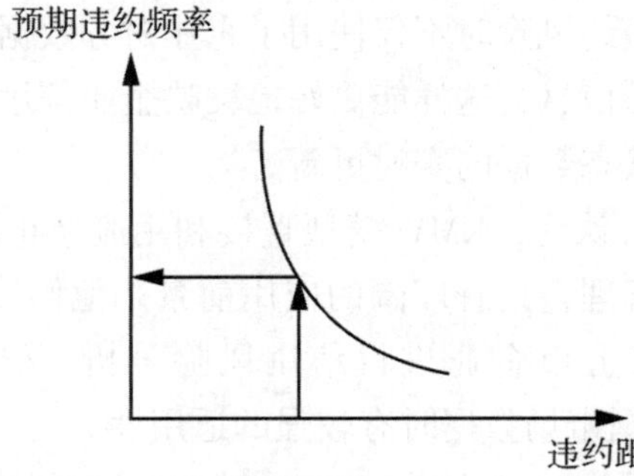

图 5.2　违约距离和预期违约频率之间的映射关系

值得一提的是，虽然 KMV 模型是以 Merton(1974)为理论基础的，但也对其中的一些假设作出了修改，使之更符合实际情况和满足实证需要。其中一个重要的修改就是，KMV 模型认为“企业资产价值低于其总负债时就会发生违约”的假设是不准确的，而假设“企业资产价值低于某个事先约定的违约门限 D 时($D \leqslant K$)才发生违约”①更为恰当，其中，违约门限值 D 的确定与实证研究的具体对象有关。

不少研究对 KMV 模型和结构模型的有效性进行了验证(如：McQuown (1993)、Crosbie 和 Bohn(2003)、Kealhofer(2003)等)，发现它们比传统的信用风险度量模型更为有效。近年来，KMV 模型在中国企业违约风险分析的研究中应用的也较为广泛，这是主要因为我国目前存在着企业会计信息失真，以及现行的企业信息披露制度决定了基于历史财务指标的财务危机预警模型难以体现细微快速的市场变化等问题。McQuown(1993)曾指出，财务报告蕴含了企业财务状况和运转情况的相关信息，而市场价格则反映了企业发展的未来趋势。最科学的信用风险度量方法应同时使用这两类数据资源。信用结构模型及 KMV 模型正是充分利用企业权益资产价格变化中所蕴含的大量信息，并结合财务数据计算相应的违约距离和测度企业违约概率，从而对企业的违约可能性做出预测。程鹏和吴冲锋(2002)利用 KMV 模型对中国 A 股上市的三类(绩优类、绩差类和高科技类)企业信用水平进行了分析。他们认为，使用 KMV 模型度量企业的违约风险时不仅使用了企业财务数据，而且还结合了公开的市场交易信息，这样能更好地反映企业信用状况，同时还能保证企业信用状态数据的实时更新。

鲁炜等(2003)认为，KMV 模型直接利用股票市场的数据进行信息和违约风险管理，具有广阔的应用前景。他们以上证 30 为基础，选取了 26 家上市企业进行信用风险分析，研究结果表明，KMV 模型用于中国市场数据时有较强的适用性。

杨星和张义强(2004) 认为，KMV 模型和结构模型作为一种动态的量化模型，比统计判别或回归等方法具有更强的说服力和预测力。他们对中国上市企业的违约频率进行实证分析，发现由 KMV 模型和结构模型所估计的企业预期违约频率与企业的信用资质变化有较高的吻合度。而违约频率的变化也载有企业未来前景的情报性信号。张玲等(2004)认为，权益资产价格信息除了反映企业历史

---

① 本书在测度企业违约风险时也使用了违约门限 $D(D \leqslant K)$ 的假定。

状况，还包含了市场对企业未来发展前景的预期。因此，将权益资产价格数据纳入到信用评估中有利于动态评价企业信用风险。他们以 1999—2002 年 30 家 ST 企业和 30 家配对非 ST 企业为研究样本，运用 KMV 模型评价了这些企业的信用风险，并检验 KMV 模型识别上市企业信用风险的能力。研究结果表明 KMV 模型能够提前 2 年识别上市企业个体的信用风险差异，提前 4 年识别上市企业整体的信用风险变化趋势。

张智梅和章仁俊(2006)也通过对沪市样本上市企业的信用风险评估的检验，证实了 KMV 模型能及时准确地识别出我国上市企业的信用质量变化趋势。马若微(2006)将 KMV 模型运用到财务困境预警中，并引入功率曲线进行对照分析。经过大量的实证研究后认为，KMV 模型运用到中国上市企业财务困境预警中是完全可行的，而且相对基于大量历史数据得到的 Logistic、Fisher 等模型，其优势更明显。陈晓红等(2008)也认为，由于企业股票价格的波动蕴含着大量信息，包括宏观经济状况信息、行业信息以及企业信用风险信息等，因此，以此为基础的 KMV 模型是一种动态的具有前瞻性的方法。他们以 79 家中小上市企业 2004—2006 年的数据作为研究样本，利用 KMV 模型对它们的信用风险进行评估，发现 KMV 模型对中小上市企业信用风险的识别和预测能力很强，得到了 ST 企业违约的可能性要比非 ST 企业和绩优股大得多的结论。

KMV 模型通过计算相应的违约距离和预期违约频率来分析企业违约风险，从而对上市企业违约可能性做出预测。虽然一些学者认为 KMV 信用监测模型的预测效果比较理想，但该模型仍存在一些缺陷。比如，KMV 模型沿用了 Merton(1974)的一个重要假设，即企业权益资产和总资产价值变化满足扩散型的随机过程，没有考虑资产价值会因突发的新信息而发生跳跃。忽略了这种跳跃在短期内会加大企业违约的可能性，具有一定的局限性。再如，该模型的一些假设条件与现实数据存在偏差，且依赖于大量企业违约或破产的历史数据才能将违约距离转换为违约频率，如果没有庞大的历史数据库，这种转换就不可行。

为解决 Merton(1974)信用风险定价模型和 KMV 模型存在的问

题，许多学者对该模型的假设条件进行了修改，包括引入跳跃因素反映突发事件和大幅波动，去掉违约只在债务到期时才发生的不现实假设，引入破产边界，将 KMV 模型和其他计量模型(如 Logistic 模型)相结合，等等。对这些扩展性研究感兴趣的读者可以参考 Kim et al(1993)，Leland 和 Toft(1996)，Frey 和 McNeil(2002)，Tudela 和 Young(2005)，Denzler 等(2006)，Huang 和 He(2010)，Gordy 和 Marrone(2012)，Kauko(2012)，等等。

在这些研究文献中，Tudela 和 Young(2005)曾提到，如果在 KMV 方法中将结构模型和简约模型的特点结合起来，在结构模型中引入跳跃因子，将会得到更为精确的分析结果，这也是本书关注的重点内容。因此，本书第二部分将集中探讨如何将各种不同特征的跳跃因子引入到不同的类型的结构模型中，并尝试将它们用于实证研究，以分析跳跃因素对不同类型企业违约风险的影响。

5.5　本章小结

本章介绍了 Black 和 Scholes(1973)的期权定价公式以及由 Merton(1974)在此基础上发展的早期信用风险结构模型。然后，对以 Merton(1974)为理论依据的 KMV 信用监测实证模型进行了探讨。国内外许多研究都表明，与其他传统信用风险相比，KMV 模型具有多个优点。比如，KMV 模型可以充分挖掘市场数据所包含的历史及未来趋势的信息，它将市场数据与财务数据相结合对企业信用风险进行综合评判。再如，KMV 模型分析方法特别适用于实证研究和实务操作，分析结论可以根据市场数据的变化进行动态更新，等等。国内的不少研究也发现 KMV 模型也同样适用于分析中国企业的信用状况。

然而，随着对信用风险各类研究的不断深入以及相关经济背景的变化，Merton 模型(Merton，1974)和 KMV 模型在多个方面的缺陷逐渐显露出来，模型的多个假设条件过于苛刻和理想化。其中，本书重点关注的是“企业权益资产和总资产价值变化满足纯扩散型随机过程”这一假设条件所带来的问题及放松该假设条件的方法。

由于 Merton 模型和 KMV 模型没有考虑资产价值会因突发的新信息而发生跳跃，因而也忽略了这种跳跃在短期内会加大企业违约的可能性。下一章将就该缺陷进行深入的分析，并从基于跳跃-扩散过程的期权定价、期权定价到权益定价的转换、权益价值与总资产价值的非线性关系、总资产价值变化过程、总资产收益率的概率分布以及参数估计方法等方面入手，来构建含有跳跃因子的结构模型。然后，再从实证的角度探讨含有跳跃因子结构模型的具体应用，分析跳跃因素对违约风险度量的影响。

◎ 本章参考文献

[1] Alexander K., Marina S.. Regularization Algorithms for Transition Matrices. Algo Research, 2001, 4(1): 23-40.

[2] Bielecki T. R., Rutkowski M.. Credit Risk: Modeling, Valuation and Hedging. Springer-Verlag Berlin Heidelberg, New York, US, 2002.

[3] Black F., Cox J. C.. Valuing Corporate Securities: Some Effects of Bond Indenture Provisions. The Journal of Finance, 1976, 31(2): 351-367.

[4] Black F., Scholes M.. The Pricing of Options and Corporate Liabilities. Journal of Political Economy, 1973, 81(3): 81-98.

[5] Crosbie P., Bohn J. R., Modeling Default Risk, White Paper, 2003.

[6] Das S. R.. Credit Risk Derivatives. Journal of Derivatives, 1995, 2(3): 7-23.

[7] Das, S. and Tufano, P. Pricing Credit Sensitive Debt When Interest Rates, Credit Ratings and Credit Spreads Are Stochastic. Journal of Financial Engineering, 1996, 5(2): 161-198.

[8] Denzler S. M., Dacorogna M. M., Muller U. A., McNeil A. J. From Default Probabilities to Credit Spreads: Credit Risk Models Do Explain Market Prices. Finance Research Letters, 2006, 3(2):

79-95.

[9] Duffee G. R.. Estimating the Price of Default Risk. Review of Financial Studies, 1999, 12(1): 197-226.

[10] Duffie D., Schroder M., Skiadas C.. Recursive Valuation of Defaultable Securities and the Timing of Resolution of Uncertainty. Annals of Applied Probability, 1996, 6(4): 1075-1090.

[11] Duffie D., Singleton K.. Modeling Term Structures of Defaultable Bonds. Review of Financial Studies, 1999, 12(4): 687-720.

[12] Duffie D., Singleton K.. Credit Risk Pricing, Measurement, and Management. New Jersey, USA, Princeton University Press, 2003: 53-55.

[13] Dunham L. M., Friesen G. C.. An Empirical Examination of Jump Risk in U. S. Equity and Bond Markets. North American Actuarial Journal, 2007, 11(4): 76-91.

[14] Frey R., Alexander J. M.. Var and Expected Shortfall in Portfolios of Dependent Credit Risks: Conceptual and Practical Insights. Journal of Banking & Finance, 2002, 26(7): 1317-1334.

[15] Gordy M., Marrone J.. Granularity Adjustment for Mark-to-market Credit Risk Models. Journal of Banking & Finance, 2012, 36(7): 1896-1910.

[16] Huang F. X., He Y.. Enactment of Default Point in KMV Model on CMBC, SPDB, CMB, Huaxia Bank and SDB. International Journal of Financial Research, 2010, 1(1): 30-36.

[17] Jarrow R. A., Turnbull S. M.. Pricing Derivatives on Financial Securities Subject to Credit Risk. The Journal of Finance, 1995, 50(1): 53-85.

[18] Jarrow R. A., Lando D., Turnbull S. M.. A Markov Model for the Term Structure of Credit Risk Spreads. The Review of Financial Studies, 1997, 10(2): 481-523.

[19] Kauko K.. Can Credit Risk Be Rated Through-the-Cycle?. Frontiers in Finance & Economics, 2012, 9(1): 1-32.

[20] Kealhofer S. Quantifying Credit Risk I: Default Prediction. Financial Analysts Journal, 2003, 59(1): 30-44.

[21] Kealhofer S. Quantifying Credit Risk II: Debt Valuation. Financial Analysts Journal, 2003, 59(3): 78-92.

[22] Kijima M., Komoribayashi K.. A Markov Chain Model for Valuing Credit Risk Derivatives. Journal of Derivatives, 1998, 6(1): 97-108.

[23] Kim I. J., Ramaswamy K., Sundaresan S.. Does Default Risk in Coupons Affect the Valuation of Corporate Bonds? A Contingent Claims Model. Financial Management, 1993, 22(3): 117-131.

[24] Lando D.. On Rating Transition Analysis and Correlation. In: Credit Derivatives Applications for Risk Management, Investment and Portfolio, Optimization, London: Risk Books, Risk Publications, 1998: 147-155.

[25] Lando D.. On Correlation in Intensity Models. In: Perraudin, W. (editors), Structured Credit Products, London: Risk Books, 2004: 69-83.

[26] Leland H. E., Toft K. B.. Optimal Capital Structure, Endogenous Bankruptcy, and the Term Structure of Credit Spreads. The Journal of Finance, 1996, 51(3): 987-1019.

[27] Longstaff F., Schwartz E.. A Simple Approach to Valuing Risky Fixed and Floating Rate Debt. The Journal of Finance, 1995, 50(3): 789-819.

[28] McQuown J. A., A Comment on Market vs. Accounting-based Measures of Default Risk, White Paper, Moody's KMV Corporation, 1993.

[29] Merton R. C.. On the Pricing of Corporate Debt: The Risk Structure of Interest Rates. The Journal of Finance, 1974, 29(2): 449-470.

[30] Tudela M., Young G.. A Merton-Model Approach to Assessing the Default Risk of UK Public Companies. International Journal of

Theoretical and Applied Finance, 2005, 8(6): 737-761.
[31] Zhou C. S.. The Term Structure of Credit Spreads with Jump Risk. Journal of Banking and Finance, 2001, 25(11): 2015-2040.
[32]陈晓红，张泽京，王傅强．基于 KMV 模型的我国中小上市公司信用风险研究．数理统计与管理，2008，27(1)：164-175.
[33]程鹏，吴冲锋．上市公司信用状况分析新方法．系统工程理论方法应用，2002，6：89-93.
[34]李晓庆．违约风险度量及在上市企业中的应用研究．南京：河海大学，2007.
[35]刘继忠．资信评估概论．北京：中国社会科学出版社，1994.
[36]马若微．KMV 模型运用于中国上市公司财务困境预警的实证检验．数理统计与管理，2006，25(5)：593-601.
[37]鲁炜，赵恒晰，刘冀云．KMV 模型关系函数推测及其在中国股市的验证．运筹与管理，2003，3：43-48.
[38]吴敬琏．信用担保与国民信用体系建设．上海中国担保论坛主题演讲，2001.
[39]杨星，张义强．中国上市公司信用风险管理实证研究——EDF 模型在信用评估中的应用．中国软科学，2004，1：43-47.
[40]张玲，杨贞柿，陈收．KMV 模型在上市公司信用风险评价中的应用研究. 系统工程，2004，22(11)：84-89.
[41]张智梅，章仁俊．KMV 模型的改进及对上市公司信用风险的度量. 统计与决策，2006，9：157-160.

第6章　基于跳-扩散过程的结构分析法和违约风险测度

最初的Merton违约结构模型和KMV模型假设企业权益资产和总资产的变动是连续的，不存在突然的跳跃，这与现实是不符的。政治、经济和社会等方面出现的突发事件不断影响着金融市场，使资产价格出现不连续的跳跃式变化。20世纪90年代以来，亚洲金融危机、美国金融危机、欧债危机，以及我国雪灾、地震等突发事件，给中国及其他许多国家带来巨大冲击，进一步加深了各国金融市场的不稳定性，资产收益的正常波动和异常跳跃的双重性越来越凸显。Merton(1976)曾建立标的资产符合跳-扩散过程的期权定价模型。该模型用扩散过程来描述股票价格的连续波动，用齐次泊松跳跃过程表示股票价格的不连续波动，并且假设股票价格发生跳跃时的跳跃幅度服从对数正态分布。Merton还提到引入跳跃因子的期权定价模型同样可以用于企业权益定价和违约问题的研究，不过他并未就此问题进行深入探讨。

因此，本章将延续和扩展Merton(1976)和Zhou(1997，2001)的研究思路，从理论和实证两个方面来研究引入跳跃因子后的企业权益定价和违约问题。但本章在理论模型推导方面，则运用了测度变换和鞅方法来推导基于跳-扩散过程的期权定价公式和构建含跳跃因子的结构模型，比Merton(1976)推导过程更为简洁，便于推广。在实证研究方面，则实现了基于跳跃因子的结构模型在企业违约风险度量的应用。

本章的主要内容安排如下：首先，给出本章及后续章节理论研究将会使用到的有关数学定义和定理；然后，在前几章研究的基础上，构建能反映跳-扩散波动特征的违约风险结构模型；之后，选取符合条件的样本企业进行违约风险测度的实证分析，并比较不同条件下跳-扩散模型和纯扩散模型对违约风险测度的差异。

6.1 相关数学定义和定理

在对资本结构进行分析以及对各种复杂金融工具进行定价时，经常需要进行测度变换，而在测度变换时又常会用到 Girsanov 定理，该定理的主要内容如下①：

定理 6.1 Girsanov 定理　设 $B(t)$（$0 \leqslant t \leqslant T$）为一个 P-标准布朗运动，存在 H_t 使得 $-\int_0^t H_S \mathrm{d}s$ 有定义，且使 $\Lambda = \frac{\mathrm{d}Q}{\mathrm{d}P} = \exp\left(-\int_0^T H_t \mathrm{d}B_t - \frac{1}{2}\int_0^T (H_t)^2 \mathrm{d}t\right)$ 为一个鞅，那么 Q 是 P 的等价概率测度，且过程 $W(t) = B(t) + \int_0^t H_S \mathrm{d}s$ 是一个 Q-标准布朗运动。

本书除了较多利用 Girsanov 定理以外，还将用到以下定理：

定理 6.2 若 $(X, Y) \sim N(\mu, \Sigma)$，其中 $\mu = \begin{pmatrix} \mu_X \\ \mu_Y \end{pmatrix}$，$\sum = \begin{pmatrix} \sigma_X^2 & \rho\sigma_X\sigma_Y \\ \rho\sigma_X\sigma_Y & \sigma_Y^2 \end{pmatrix}$，则有：

$$E(\mathrm{e}^X I_{\{Y \geqslant b\}}) = \mathrm{e}^{\mu_X + \frac{\sigma_X^2}{2}} \cdot \Phi\left(\frac{-b + \mu_Y + \rho\sigma_X\sigma_Y}{\sigma_Y}\right)$$

，其中，$I_{\{Y \geqslant b\}}$ 为示性函数。特别地：

(1) $E(\mathrm{e}^X I_{\{X \geqslant b\}}) = \mathrm{e}^{\mu_X + \frac{\sigma_X^2}{2}} \cdot \Phi\left(\frac{-b + \mu_X + \sigma_X^2}{\sigma_X}\right)$

(2) $E(\mathrm{e}^{kX} I_{\{X \geqslant b\}}) = \mathrm{e}^{k\mu_X + \frac{k^2\sigma_X^2}{2}} \cdot \Phi\left(\frac{-b + \mu_X + k\sigma_X^2}{\sigma_X}\right)$。

其中，$\Phi(\cdot)$ 为标准正态分布函数。

---

① 本章的定义和定理参考了 Harrison(1990)，Revuz 和 Yor(1999)，Klebaner(2005)及 Dudley(2004)。

证明：

$$E(e^X I_{\{Y\geqslant b\}})$$

$$=E(E(e^X I_{\{Y\geqslant b\}}\mid Y\geqslant b)+E(e^X I_{\{Y\geqslant b\}}\mid Y\leqslant b))$$

$$=E(E(e^X I_{\{Y\geqslant b\}}\mid Y\geqslant b))$$

$$=\int_{-\infty}^{+\infty}dx\int_b^{+\infty}e^x\frac{1}{2\pi\sigma_X\sigma_Y\sqrt{1-\rho^2}}e^{-\frac{1}{2(1-\rho^2)}\left[\frac{(x-\mu_X)^2}{\sigma_X^2}-\frac{2\rho(x-\mu_X)(y-\mu_Y)}{\sigma_X\sigma_Y}+\frac{(x-\mu_Y)^2}{\sigma_Y^2}\right]}dy$$

$$=e^{\mu_X+\frac{\sigma_X^2}{2}}\int_{-\infty}^{+\infty}dx\int_b^{+\infty}e^{x-\mu_X-\frac{\sigma_X^2}{2}}\cdot$$

$$\frac{1}{2\pi\sigma_X\sigma_Y\sqrt{1-\rho^2}}e^{-\frac{1}{2(1-\rho^2)}\left[\frac{(x-\mu_X)^2}{\sigma_X^2}-\frac{2\rho(x-\mu_X)(y-\mu_Y)}{\sigma_X\sigma_Y}+\frac{(y-\mu_Y)^2}{\sigma_Y^2}\right]}dy$$

$$=e^{\mu_X+\frac{\sigma_X^2}{2}}\int_{-\infty}^{+\infty}dx\int_b^{+\infty}\frac{1}{2\pi\sigma_X\sigma_Y\sqrt{1-\rho^2}}\cdot$$

$$e^{-\frac{1}{2(1-\rho^2)}\left[\frac{(x-\mu_X-\sigma_X^2)^2}{\sigma_X^2}-\frac{2\rho(x-\mu_X-\sigma_X^2)(y-\mu_Y-\rho\sigma_X\sigma_Y)}{\sigma_X\sigma_Y}+\frac{(y-\mu_Y-\rho\sigma_X\sigma_Y)^2}{\sigma_Y^2}\right]}dy$$

现令 $u=\dfrac{\mu_X+\sigma_X^2-x}{\sigma_X}$，$v=\dfrac{\mu_Y+\rho\sigma_X\sigma_Y-y}{\sigma_Y}$，利用换元法将上式变形为

$$E(e^X I_{\{Y\geqslant b\}})$$

$$=e^{\mu_X+\frac{\sigma_X^2}{2}}\int_{-\infty}^{+\infty}du\int_{-\infty}^{\frac{-b+\mu_Y+\rho\sigma_X\sigma_Y}{\sigma_Y}}\frac{1}{2\pi\sqrt{1-\rho^2}}e^{-\frac{1}{2(1-\rho^2)}[u^2-2\rho uv+v^2]}dv$$

$$=e^{\mu_X+\frac{\sigma_X^2}{2}}\int_{-\infty}^{+\infty}\int_{-\infty}^{\frac{-b+\mu_Y+\rho\sigma_X\sigma_Y}{\sigma_Y}}\frac{1}{\sqrt{2\pi}}\frac{1}{\sqrt{2\pi}\sqrt{1-\rho^2}}e^{-\frac{1}{2(1-\rho^2)}[u-\rho v]^2}e^{-\frac{v^2}{2}}du\,dv$$

$$=e^{\mu_X+\frac{\sigma_X^2}{2}}\int_{-\infty}^{\frac{-b+\mu_Y+\rho\sigma_X\sigma_Y}{\sigma_Y}}\frac{1}{\sqrt{2\pi}}e^{-\frac{v^2}{2}}\left(\int_{-\infty}^{+\infty}\frac{1}{\sqrt{2\pi}\sqrt{1-\rho^2}}e^{-\frac{1}{2(1-\rho^2)}[u-\rho v]^2}du\right)dv$$

$$=e^{\mu_X+\frac{\sigma_X^2}{2}}\int_{-\infty}^{\frac{-b+\mu_Y+\rho\sigma_X\sigma_Y}{\sigma_Y}}\frac{1}{\sqrt{2\pi}}e^{-\frac{v^2}{2}}dv$$

$$=e^{\mu_X+\frac{\sigma_X^2}{2}}\Phi\left(\frac{-b+\mu_Y+\rho\sigma_X\sigma_Y}{\sigma_Y}\right)\tag{6.1}$$

特别地，有：

$$E(e^X I_{\{X\geqslant b\}}) = e^{\mu_X+\frac{\sigma_X^2}{2}} \cdot \Phi\left(\frac{-b+\mu_X+\sigma_X^2}{\sigma_X}\right) \tag{6.2}$$

$$E(e^{kX} I_{\{X\geqslant b\}}) = e^{k\mu_X+\frac{k^2\sigma_X^2}{2}} \cdot \Phi\left(\frac{-b+\mu_X+k\sigma_X^2}{\sigma_X}\right) \tag{6.3}$$

在本章和下一章的理论模型构建中，还将涉及布朗运动 $B(t)$ 在某个区间 $[0,T]$ 上的最大值和最小值，并利用它们来分析企业的违约风险。

定义 6.1　若 $M(T)=\max\limits_{0\leqslant t\leqslant T}B(t)$ 和 $m(T)=\min\limits_{0\leqslant t\leqslant T}B(t)$，则分别称 $M(T)$ 和 $m(T)$ 为布朗运动 $B(t)$ 在区间 $[0,T]$ 上的最大值和最小值。显然有 $\max\limits_{0\leqslant t\leqslant T}(-B(t))=-\min\limits_{0\leqslant t\leqslant T}B(t)$。

定义 6.2　令 $B(0)=0$，若 $T_x=\inf\{t>0,x>0,B(t)=x\}$，则称 T_x 为布朗运动 $B(t)$ 首次到达 x 的时间。显然有 $\{T_x\leqslant T\}=\{M(T)\geqslant x\}$。

复杂期权和金融资产的定价中还经常会用到布朗运动 $B(t)$ 最大值和最小值的概率分布和联合概率分布，与本书研究相关的定理如下：

定理 6.3　令 $B(0)=0$，对任意的 $x>0$ 有 $P(M(t)\geqslant x)=2P(B(t)\geqslant x)=2\left(1-\Phi\left(\frac{x}{\sqrt{t}}\right)\right)$，对任意的 $x<0$ 有 $P(m(t)\leqslant x)=2P(B(t)\geqslant -x)=2\Phi\left(\frac{x}{\sqrt{t}}\right)$，其中 $\Phi(x)$ 为标准正态分布函数。

证明：由 $B(t)$ 最大值 $M(T)$ 和首达时 T_x 的定义可知：

$M(t)=\max\limits_{0\leqslant u\leqslant t}B(u)$　及　$T_x=\inf\{v>0,B(v)=x\}$

因此有：$\{M(t)\geqslant x\}=\{T_x\leqslant t\}$ 及 $B(T_x)=x$

所以：　$P\{M(t)\geqslant x\}=P\{T_x\leqslant t\}$

而另一方面有：$\{B(t)\geqslant x\}\subset\{T_x\leqslant t\}$

因此，

$$\begin{aligned}P(B(t)\geqslant x)&=P(B(t)\geqslant x,T_x\leqslant t)\\&=P(B(t)-B(T_x)\geqslant 0,T_x\leqslant t)\\&=P(B(t)-B(T_x)\geqslant 0\mid T_x\leqslant t)\cdot P\{T_x\leqslant t\}\end{aligned}$$

所以，

$$P\{M(t) \geqslant x\} = P\{T_x \leqslant t\} = \frac{P(B(t) \geqslant x)}{P(B(t) - B(T_x) \geqslant 0 \mid T_x \leqslant t)}$$

根据布朗运动反射性原理①可知：$P(B(t) - B(T_x) \geqslant 0 \mid T_x \leqslant t) = \frac{1}{2}$

因此，对任意的 $x > 0$ 有：

$$\begin{aligned} P\{M(t) \geqslant x\} &= 2P\{B(t) \geqslant x\} = 2(1 - P\{B(t) - B(0) \leqslant x\}) \\ &= 2\left(1 - \Phi\left(\frac{x}{\sqrt{t}}\right)\right) \end{aligned} \tag{6.4}$$

同理可证，对任意的 $x < 0$ 有：

$$P(m(t) \leqslant x) = 2P(B(t) \geqslant -x) = 2\Phi\left(\frac{x}{\sqrt{t}}\right) \tag{6.5}$$

定理 6.4 T_x 服从如下参数为 $\frac{1}{2}$ 和 $\frac{x^2}{2}$ 的逆 Gamma 密度分布：

$$fT_x(t) = \frac{|x|}{\sqrt{2\pi}} t^{-\frac{3}{2}} e^{-\frac{x^2}{2t}}$$

证明：假设 $x \geqslant 0$，因为 $\{M(t) \geqslant x\} = \{T_x \leqslant t\}$，因此由定理 6.3 可知：

$$P\{T_x \leqslant t\} = P\{M(t) \geqslant x\} = 2P\{B(t) \geqslant x\} = 2\int_x^{\infty} \frac{1}{\sqrt{2\pi t}} e^{-\frac{u^2}{2t}} du$$

令 $w = \frac{u}{\sqrt{t}}$，利用换元法将上式变形为：

$$P\{T_x \leqslant t\} = 2\int_{\frac{x}{\sqrt{t}}}^{\infty} \frac{1}{\sqrt{2\pi}} e^{-\frac{w^2}{2}} dw$$

上式两边同时对 t 求导即可得：

$$fT_x(t) = \frac{x}{\sqrt{2\pi}} t^{-\frac{3}{2}} e^{-\frac{x^2}{2t}}$$

当 $x < 0$ 时同理可得：

---

① 布朗运动反射性原理参见 Dudley(2004)。

$$fT_x(t)=\frac{-x}{\sqrt{2\pi}}t^{-\frac{3}{2}}e^{-\frac{x^2}{2t}}$$

因此有：

$$fT_x(t)=\frac{|x|}{\sqrt{2\pi}}t^{-\frac{3}{2}}e^{-\frac{x^2}{2t}} \tag{6.6}$$

定理 6.5　布朗运动 $B(t)$ 与 $m(t)$ 及 $M(t)$ 的联合密度函数。

(1) 当 $y \geqslant 0, x \leqslant y$ 时，布朗运动 $B(t)$ 与 $M(t)$ 的联合概率分布为：

$$f_{B,M(x,y)}=\sqrt{\frac{2}{\pi}}\frac{(2y-x)}{t^{\frac{3}{2}}}e^{\frac{-(2y-x)^2}{2t}}$$

(2) 当 $y \leqslant 0, x \geqslant y$ 时，布朗运动 $B(t)$ 与 $m(t)$ 的联合密度函数为：

$$f_{B,m(x,y)}=-\sqrt{\frac{2}{\pi}}\frac{(2y-x)}{t^{\frac{3}{2}}}e^{\frac{-(2y-x)^2}{2t}}$$

证明：(1) 对于 $y \geqslant 0, x \leqslant y$ 时，令：

$$\hat{B}(t)=\begin{cases}B(t), t \leqslant T_y\\ 2B(T_y)-B(t), t \geqslant T_y\end{cases}$$

根据布朗运动反射性可知 $\hat{B}(t)$ 也是布朗运动，因此有

$$P(B(t) \leqslant x, M(t) \geqslant y)=P(\hat{B}(t) \geqslant 2y-x, T_y \leqslant t)$$

又因为 $x \leqslant y$，所以 $2y-x \geqslant y$，因此有 $\{\hat{B}(t) \geqslant 2y-x\} \subseteq \{T_y \leqslant t\}$

故

$$\begin{aligned}P(B(t) \leqslant x, M(t) \geqslant y)&=P(\hat{B}(t) \geqslant 2y-x, T_y \leqslant t)\\&=P(\hat{B}(t) \geqslant 2y-x)\\&=\Phi\left(\frac{x-2y}{\sqrt{t}}\right)\end{aligned} \tag{6.7}$$

对上式两边求导后可得 $B(t)$ 与 $M(T)$ 的联合密度函数为：

$$f_{B,M(x,y)} = \sqrt{\frac{2}{\pi}}\frac{(2y-x)}{t^{\frac{3}{2}}}e^{\frac{-(2y-x)^2}{2t}} \quad (y \geqslant 0, x \leqslant y, 0 < t < T) \tag{6.8}$$

(2)当 $y \leqslant 0, x \geqslant y$ 时,令:

$$\hat{B}(t) = \begin{cases} B(t), t \leqslant T_y \\ 2B(T_y) - B(t), t \geqslant T_y \end{cases}$$

同样,根据布朗运动反射性可知,$\hat{B}(t)$ 也是布朗运动,因此有

$$P(B(t) \geqslant x, m(t) \leqslant y) = P(\hat{B}(t) \leqslant 2y - x, T_y \leqslant t)$$

又因为 $x \geqslant y$,所以 $2y - x \leqslant y$,因此有 $\{\hat{B}(t) \leqslant 2y - x\} \subseteq \{T_y \leqslant t\}$。

$$\begin{aligned} P(B(t) \geqslant x, m(t) \leqslant y) &= P(\hat{B}(t) \leqslant 2y - x, T_y \leqslant t) \\ &= P(\hat{B}(t) \leqslant 2y - x) \\ &= \Phi\left(\frac{2y - x}{\sqrt{t}}\right) \end{aligned} \tag{6.9}$$

对上式两边求导后,可得 $B(t)$ 与 $m(T)$ 的联合密度函数为:

$$f_{B,m(x,y)} = -\sqrt{\frac{2}{\pi}}\frac{2y-x}{t^{\frac{3}{2}}}e^{\frac{-(2y-x)^2}{2t}} \tag{6.10}$$

6.2 含齐次泊松跳的期权定价方法

假设引起股票跳跃的信息只有一种,且符合泊松过程,从而根据Merton(1976)和Zhou(2001),在原有的扩散模型基础上,可假设股票价格满足如下跳-扩散随机微分方程:

$$\frac{dS_t}{S_t} = (\mu_S - \lambda_S v_S)dt + \sigma_S dB_t + (J_s - 1)dN_t \tag{6.11}$$

其中,μ_S 为股票的期望收益,σ_S 为股票价格没有发生跳跃时的波动率,它们均为常数;B_t 为实际测度 P 下的标准布朗运动;N_t 描述随机跳跃,它服从参数为 λ_S 的泊松过程且 λ_S 为常数,即 $P(N_t = n) =$

$\frac{e^{-\lambda_s t}(\lambda_s t)^n}{n!}(n=0,1,2,\cdots)$；随机变量 $J_S(>0)$ 为权益资产价格发生跳跃时的跳跃幅度，它服从均值为 θ_S、方差为 δ_S^2 的对数正态分布，即 $\ln J_S \sim N(\theta_S,\delta_S^2)$。定义 $v_S:=E(J_S-1)=\exp\left(\theta_S+\frac{\delta_S^2}{2}\right)-1$。上述 B_t，N_t 和 J_S 相互独立。

为了在无套利条件下导出跳-扩散模型的期权定价公式，首先要找到股票价格在风险中性测度 Q 下的随机微分方程形式。

令 $H_u=\frac{\mu_S-r}{\sigma_S}$（$r$ 为无风险利率），在 μ_S 和 σ_S 为常数的情况下，根据布朗运动的特性知道 $\Lambda=\frac{dQ}{dP}=\exp\left(-\int_t^T H_u dB_u-\frac{1}{2}\int_t^T(H_u)^2 du\right)$ 是一个鞅。再根据定理6.1，测度 Q 是实际概率测度 P 的等价鞅测度，且 $dW_t=dB_t+\frac{\mu_S-r}{\sigma_S}dt$ 为风险中性测度测度 Q 下的标准布朗运动。故在测度 Q，式(6.11)变形为：

$$\frac{dS_t}{S_t}=(r-\lambda_S v_S)dt+\sigma_S dW_t+(J_s-1)dN_t \tag{6.12}$$

解上述随机微分方程可得：

$$S_T=S_t\exp\left[\left(r-\frac{1}{2}\sigma_S^2-\lambda_S v_S\right)(T-t)+\sigma_S(W_T-W_t)+\sum_{i=0}^{N_{T-t}}\ln J_S^i\right] \tag{6.13}$$

现假设欧式看涨期权的标的资产是符合上述跳-扩散过程的股票资产，期权到期日为 T，执行价格为 K，且与其标的资产有同类风险。由于在式(6.13)中含有跳跃项，如果利用类似第5章的方法和Ito引理来求含跳跃项的期权定价公式会相当复杂。因此，本章将根据等价鞅测度下的无套利定价原则及可复制策略求该期权的定价公式。由无套利定价原则和可复制策略知，欧式看涨期权在 t 时的价格等于其在 T 时收益期望值的折现值：

$$c(t,S_t)=E^Q[\mathrm{e}^{-r(T-t)}(S_T-K)^+]$$
$$=E^Q[\mathrm{e}^{-r(T-t)}S_TI_{\{S_T\geqslant K\}}]-KE^Q[\mathrm{e}^{-r(T-t)}I_{\{S_T\geqslant K\}}]$$
$$=E^Q[\mathrm{e}^{-r(T-t)}S_TI_{\{S_T\geqslant K\}}]-KE^Q[\mathrm{e}^{-r(T-t)}I_{\{S_T\geqslant K\}}]=A-B$$

一方面有：

$$A=E^Q\left[\mathrm{e}^{-r(T-t)}\cdot S_t\exp\left(\left(r-\frac{1}{2}\sigma_S^2-\lambda_Sv_S\right)(T-t)+\sigma_S(W_T-W_t)+\sum_{i=0}^{N_{T-t}}\ln J_S^i\right)\cdot I_{\left\{S_t\exp\left(\left(r-\frac{1}{2}\sigma_S^2-\lambda_Sv_S\right)(T-t)+\sigma_S(W_T-W_t)+\sum_{i=0}^{N_{T-t}}\ln J_S^i\geqslant K\right\}}\right]$$

令 $X=\sigma_S(W_T-W_t)$，$Y=\sum_{i=0}^{N_{T-t}}\ln J_S^i$ 及 $\tau=(T-t)$，那么当 $N_{T-t}=n$ 时有：$X+Y\sim N(n\theta_S,\sigma_S^2\tau+n\delta_S^2)$。

故：

$$A=S_t\cdot\mathrm{e}^{-\left(\frac{1}{2}\sigma_S^2+\lambda_Sv_S\right)\tau}E^Q[\mathrm{e}^{X+Y}\cdot I_{\left\{X+Y\geqslant\ln\frac{K}{S_t}-\left(r-\frac{1}{2}\sigma_S^2-\lambda_Sv_S\right)\tau\right\}}]$$
$$=S_t\cdot\mathrm{e}^{-\left(\frac{1}{2}\sigma_S^2+\lambda_Sv_S\right)\tau}E(E^Q[\mathrm{e}^{X+Y}\cdot I_{\left\{X+Y\geqslant\ln\frac{K}{S_t}-\left(r-\frac{1}{2}\sigma_S^2-\lambda_Sv_S\right)\tau\right\}}\mid N_{T-t}=n])$$
$$=S_t\cdot\mathrm{e}^{-\left(\frac{1}{2}\sigma_S^2+\lambda_Sv_S\right)\tau}\cdot\sum_{n=0}^{\infty}\frac{\mathrm{e}^{-\lambda_S\tau}(\lambda_S\tau)^n}{n!}\cdot E^Q[\mathrm{e}^{X+Y}\cdot I_{\left\{X+Y\geqslant\ln\frac{K}{S_t}-\left(r-\frac{1}{2}\sigma_S^2-\lambda_Sv_S\right)\tau\right\}}\mid N_{T-t}=n]$$

根据定理 6.2(1)有：

$$A=S_t\cdot\mathrm{e}^{-\left(\frac{1}{2}\sigma_S^2+\lambda_Sv_S\right)\tau}\cdot\sum_{n=0}^{\infty}\frac{\mathrm{e}^{-\lambda_S\tau}(\lambda_S\tau)^n}{n!}\cdot\mathrm{e}^{n\theta_S+\frac{\sigma_S^2\tau+n\delta_S^2}{2}}\Phi(d_1)$$
$$=S_t\cdot\mathrm{e}^{-\left(\frac{\sigma_S^2}{2}+\lambda_Sv_S\right)\tau}\cdot\sum_{n=0}^{\infty}\frac{\mathrm{e}^{-\lambda_S\tau}(\lambda_S\tau)^n}{n!}\cdot\mathrm{e}^{n\left(\theta_S+\frac{\delta_S^2}{2}\right)+\frac{\sigma_S^2\tau}{2}}\cdot\Phi(d_1)$$

其中，$d_1=\dfrac{\left(r-\frac{1}{2}\sigma_S^2-\lambda_Sv_S\right)\tau-\ln\frac{K}{S_t}+n\theta_S+\sigma_S^2\tau+n\delta_S^2}{\sqrt{\sigma_S^2\tau+n\delta_S^2}}$，

$\Phi(\cdot)$ 为标准正态分布。

将 $v_S:=\mathrm{e}^{\theta_S+\frac{\delta_S^2}{2}}-1$ 代入，得：

$$A = S_t \cdot e^{-(\lambda_S v_S)\tau} \cdot \sum_{n=0}^{\infty} \frac{e^{-\lambda_S \tau} (\lambda_S \tau)^n}{n!} \cdot (1 + v_S)^n \cdot \Phi(d_1)$$

$$= S_t \cdot \sum_{n=0}^{\infty} \frac{e^{-\lambda_S(1+v_S)\tau} (\lambda_S(1 + v_S)\tau)^n}{n!} \cdot \Phi(d_1) \qquad (6.14)$$

而

$$d_1 = \frac{(r - \lambda_S v_S)\tau - \ln \frac{K}{S_t} + n\left(\theta_S + \frac{1}{2}\delta_S^2\right) + \frac{1}{2}(\sigma_S^2 \tau + n\delta_S^2)}{\sqrt{\sigma_S^2 \tau + n\delta_S^2}}$$

$$= \frac{\ln \frac{S_t}{K} + \ln e^{n\left(\theta_S + \frac{1}{2}\delta_S^2\right)} + (r - \lambda_S v_S)\tau + \frac{1}{2}(\sigma_S^2 \tau + n\delta_S^2)}{\sqrt{\sigma_S^2 \tau + n\delta_S^2}}$$

$$= \frac{\ln \frac{S_t (1 + v_S)^n}{K} + (r - \lambda_S v_S)\tau + \frac{1}{2}(\sigma_S^2 \tau + n\delta_S^2)}{\sqrt{\sigma_S^2 \tau + n\delta_S^2}}$$

另一方面有：

$$B = K \cdot e^{-r\tau} E(E^Q[I_{\left\{X+Y \geqslant \ln\frac{K}{S_t} - \left(r - \frac{1}{2}\sigma_S^2 - \lambda_S v_S\right)\tau\right\}} \mid N_{T-t} = n]))$$

$$= K \cdot \sum_{n=0}^{\infty} \frac{e^{-\lambda_S \tau} (\lambda_S \tau)^n}{n!} \cdot e^{-r\tau} E^Q[I_{\left\{X+Y \geqslant \ln\frac{K}{S_t} - \left(r - \frac{1}{2}\sigma_S^2 - \lambda_S v_S\right)\tau\right\}} \mid N_{T-t} = n]$$

$$= K e^{-r\tau} \cdot \sum_{n=0}^{\infty} \frac{e^{-\lambda_S \tau} (\lambda_S \tau)^n}{n!} \Phi(d_2) \qquad (6.15)$$

其中，

$$d_2 = \frac{\ln \frac{S_t}{K} + \left(r - \frac{1}{2}\sigma_S^2 - \lambda_S v_S\right)\tau + n\theta_S}{\sqrt{\sigma_S^2 \tau + n\delta_S^2}} = d_1 - \sqrt{\sigma_S^2 \tau + n\delta_S^2}$$

综合式(6.14)和式(6.15)可知，标的资产符合跳-扩散过程、执行价格为 K 、到期日为 T 的欧式看涨期权的定价公式为：

$$c(t, S_t) = S_t \sum_{n=0}^{\infty} \frac{[\lambda_S(1 + v_S)\tau]^n e^{-\lambda_S(1+v_S)\tau}}{n!} \Phi(d_1) - K e^{-r\tau} \cdot$$

$$\sum_{n=0}^{\infty} \frac{[\lambda_S \tau]^n e^{-\lambda_S \tau}}{n!} \Phi(d_2) \qquad (6.16)$$

其中，$d_1 = \dfrac{\ln \dfrac{S_t(1+v_S)^n}{K} + (r - \lambda_S v_S)\tau + \dfrac{1}{2}[\sigma_S^2 \tau + n\delta_S^2]}{\sqrt{\sigma_S^2 \tau + n\delta_S^2}}$，

$d_2 = d_1 - \sqrt{\sigma_S^2 \tau + n\delta_S^2}$，$\Phi(\cdot)$ 为标准正态分布。

6.3 含齐次泊松跳的违约风险结构模型

6.3.1 总资产价值和违约风险测度

假设企业资本结构仅包括负债（K）和权益资产（S），负债和权益资产的市场价值共同构成企业的总资产价值（A）。现假定企业总资产价值 A 符合下述跳-扩散过程①：

$$\frac{\mathrm{d}A_t}{A_t} = (\mu_A - \lambda_A v_A)\mathrm{d}t + \sigma_A \mathrm{d}B_t + (J_A - 1)\mathrm{d}N_t \tag{6.17}$$

解上述随机微分方程可得：

$$\ln \frac{A_T}{A_t} = \left(\mu_A - \frac{1}{2}\sigma_A^2 - \lambda_A v_A\right)(T - t) + \sigma_A(B_T - B_t) + \sum_{i=0}^{N_{T-t}} \ln J_A^i \tag{6.18}$$

进而可求得 $\ln \dfrac{A_T}{A_t}$ 的概率分布为：

$$\begin{aligned}
& P\left(\ln \frac{A_T}{A_t} < x\right) \\
&= P\left(\left(\mu_A - \frac{1}{2}\sigma_A^2 - \lambda_A v_A\right)(T-t) + \sigma_A(B_T - B_t) + \sum_{i=0}^{N_{T-t}} \ln J_A^i < x\right) \\
&= \sum_{n=0}^{\infty} P\left(\left(\mu_A - \frac{1}{2}\sigma_A^2 - \lambda_A v_A\right)(T-t) + \sigma_A(B_T - B_t) + \right. \\
& \left. \sum_{i=0}^{N_{T-t}} \ln J_A^i < x \,\middle|\, N(T-t) = n\right) \cdot P(N(T-t) = n)
\end{aligned}$$

① A_t 表示 t 时刻的资产价值，其他有关符号含义同式(6.11)。

$$= \sum_{n=0}^{\infty} \frac{e^{-\lambda_A(T-t)}\ (\lambda_A(T-t))^n}{n!} \cdot P\left[\left(\mu_A - \frac{1}{2}\sigma_A^2 - \lambda_A v_A\right)(T-t) + \sigma_A(B_T - B_t) + \sum_{i=0}^{N_{T-t}} \ln J_A^i < x\right]$$

其中，$\left(\mu_A - \frac{1}{2}\sigma_A^2 - \lambda_A v_A\right)(T - t)$ 为常数，$(B_T - B_t) \sim N(0, T - t)$，$\ln J_A^i$ 与 $\ln J_A$ 独立同正态分布，即 $\ln J_A^i \sim N(\theta_A, \delta_A^2)$，由于正态分布的线性和仍为正态分布，所以有：

$$\ln \frac{A_T}{A_t} \sim \sum_{n=0}^{\infty} \frac{e^{-\lambda_A\tau}\ (\lambda_A\tau)^n}{n!} N(\alpha\tau + n\theta_A, \sigma_A^2\tau + n\delta_A^2) \qquad (6.19)$$

其中，$\tau = T - t, \alpha = \mu_A - \frac{1}{2}\sigma_A^2 - \lambda_A v_A$。

T 时刻，当企业资产价值 A_T 低于违约门限值 D ($D \leqslant K$)时，企业就会发生违约。因此，企业在 T 时刻发生违约概率为：

$$P(A_T < D) = P\left(\ln \frac{A_T}{A_t} < \ln \frac{D}{A_t}\right)$$

$$= \sum_{n=0}^{\infty} \frac{e^{-\lambda_A\tau}\ (\lambda_A\tau)^n}{n!} \cdot \Phi\left(\frac{\ln \frac{D}{A_t} - \left(\mu_A - \frac{1}{2}\sigma_A^2 - \lambda_A v_A\right)\tau - n\theta_A}{\sqrt{\sigma_A^2\tau + n\delta_A^2}}\right)$$

$$= \sum_{n=0}^{\infty} \frac{e^{-\lambda_A\tau}\ (\lambda_A\tau)^n}{n!} \cdot \Phi\left(\frac{\ln \frac{D}{A_t} - \alpha\tau - n\theta_A}{\sqrt{\sigma_A^2\tau + n\delta_A^2}}\right) \qquad (6.20)$$

其中，$\tau = T - t, \alpha = \mu_A - \frac{1}{2}\sigma_A^2 - \lambda_A v_A$，$\Phi(\cdot)$ 为标准正态分布函数。

利用式(6.20)估计企业违约概率时，还必须先确定 $\ln \frac{A_T}{A_t}$ 概率分布中的未知参数 $\mu_A, \sigma_A^2, \theta_A, \delta_A^2, \lambda_A$。

6.3.2　资本结构分析和参数估计

由于假设企业资本结构仅包括负债(K)和权益资产(S)，负债和权益资产的市场价值共同构成企业的总资产价值(A),因此,可将企业权益视为以企业总资产为标的资产的欧式看涨期权,利用6.2节推导的跳-扩散模型下的期权定价公式,便可得到企业权益和总资产之间的非线性函数关系,进而通过企业权益的市场信息来分析企业总资产价值的变化情况。现将企业权益视为以企业总资产为标的物的欧式看涨期权,则式(6.14)变形为:

$$S_t = A_t \sum_{n=0}^{\infty} \frac{[\lambda_A(1+v_A)\tau]^n \mathrm{e}^{-\lambda_A(1+v_A)\tau}}{n!}\Phi(d_1) - K\mathrm{e}^{-r\tau} \cdot \sum_{n=0}^{\infty} \frac{(\lambda_A\tau)^n \mathrm{e}^{-\lambda_A\tau}}{n!}\Phi(d_2) \tag{6.21}$$

其 中, $d_1 = \dfrac{\ln\dfrac{A_t(1+v_A)^n}{K} + (r-\lambda_A v_A)\tau + \dfrac{1}{2}(\sigma_A^2\tau + n\delta_A^2)}{\sqrt{\sigma_A^2\tau + n\delta_A^2}}$,

$d_2 = d_1 - \sqrt{\sigma_A^2\tau + n\delta_A^2}$, K 为企业总债务面值。

另一方面,由于不存在无风险套利,利用定理3.2对 $S_t = f(A_t, t)$ 进行变换可得:

$$\sigma_S = \frac{A_t}{S_t}\cdot\frac{\partial S_t}{\partial A_t}\cdot\sigma_A = \frac{A_t}{S_t}\cdot\left(\sum_{n=0}^{\infty}\frac{[\lambda_A(1+v_A)\tau]^n \mathrm{e}^{-\lambda_A(1+v_A)\tau}}{n!}\cdot\Phi(d_1)\right)\cdot\sigma_A \tag{6.22}$$

$$v_S = \frac{A_t}{S_t}\cdot\frac{\partial S_t}{\partial A_t}\cdot v_A = \frac{A_t}{S_t}\cdot\left(\sum_{n=0}^{\infty}\frac{[\lambda_A(1+v_A)\tau]^n \mathrm{e}^{-\lambda_A(1+v_A)\tau}}{n!}\cdot\Phi(d_1)\right)\cdot v_A \tag{6.23}$$

式(6.21)、式(6.22)和式(6.23)提供了企业权益和资产价值之间的非线性函数关系,利用这些函数关系可以求得 $\ln\dfrac{A_T}{A_t}$ 概率分布中的未知的参数 $\mu_A, \sigma_A^2, \theta_A, \delta_A^2, \lambda_A$ 。当然,在此之前需先利用权益(股票)市场数据估计 S_t 概率分布中的有关参数 $\mu_S, \sigma_S^2, \theta_S, \delta_S^2, \lambda_S$,具体步骤如下:

首先,确定股票对数收益的概率分布。由于已经假设股票价格变化过程符合一个跳-扩散方程,因此股票的对数收益也满足一个混合泊松正态分布,即:

$$\ln\frac{S_T}{S_t} \sim \sum_{n=0}^{\infty}\frac{e^{-\lambda_S\tau}(\lambda_S\tau)^n}{n!}N(\beta\tau + n\theta_S, \sigma_S^2\tau + n\delta_S^2) \quad (6.24)$$

其中，$\beta = \mu_S - \frac{1}{2}\sigma_S^2 - \lambda_S v_S$，$\tau = T - t$。

然后，利用股票市场数据估计式(6.22)中的未知参数。由于以日收盘价计算的跳跃幅度方差和跳跃风险相对较小①，再加上我国对股票市场日涨跌有10%的涨跌限制，不利于分析跳跃因素对违约风险的影响，而使用周数据可以在一定程度上削弱这一不利因素。但是以周数据为考察对象时，数据量会较小，如果使用最大似然估计，则会带来较大的偏差。同时，为了避免用一般矩估计求股票对数收益混合概率分布的复杂性，本章使用半不变量估计方法，并利用半不变量和中心矩之间的关系来完成有关参数的估计。

根据 Beckers(1981)的分析，在实际估计过程中为了避免半不变量的阶数过高导致 σ_S^2 和 δ_S^2 为负，比较合理的做法是，令 $\theta_S = 0$，并对 λ_S 加以适当的限制。本章对 λ_S 的处理略有不同②，此处将股票对数收益率超过均值($E(\ln\frac{S_T}{S_t})$) ±3 倍标准差以上的变动视为跳跃③。其他参数的估计公式为(其中 $\bar{K}_i$ 为样本半不变量)：

$$\hat{\beta} = \bar{K}_1, \hat{\sigma}_S^2 + \hat{\lambda}_S\hat{\delta}_S^2 = \bar{K}_2, \quad 3\hat{\lambda}_S\hat{\delta}_S^4 = \bar{K}_4 \quad (6.25)$$

令 $m_1 = \frac{1}{n}\sum_{i=1}^{n}x_i$ 为一阶样本矩，$m_j^* = \frac{1}{n}\sum_{i=1}^{n}(x_i - m_1)^j (j \geqslant 2)$ 为 j 阶样本中心矩，其中 $x_i = \ln\frac{S_i}{S_{i-1}}$，$S_i$ 为股票的周收盘价。样本半不

① 本章主要研究目的是观察跳跃因素对违约风险的影响，故使用了周数据。而本书第 9 章在测度中小企业违约风险时则使用了日数据。

② Beckers(1981)令所有股票有相同的违约频率 λ_S，这种限制条件不是十分合理。

③ 这里之所以选择 3 倍标准差，是因为我国存在 10%的涨跌停限制，在实证研究时，通过选择不同的标准差作为区分标准，发现选择周数据时，3 倍标准差可以比较好的选择区分跳跃波动和一般的扩散型波动。否则计算所得的跳幅度方差与扩散波动方差值比较接近，不能起到很好的区分作用。

变量和样本矩及样本中心矩之间的关系为：

$$\bar{K}_1 = m_1, \quad \bar{K}_2 = m_2^*, \quad \bar{K}_3 = m_3^*, \quad \bar{K}_4 = m_4^* - 3(m_2^*)^2 \tag{6.26}$$

因此有：

$$\hat{\beta} = m_1, \hat{\sigma}_S^2 = m_2^* - \frac{\sqrt{3}}{3}\sqrt{\hat{\lambda}_S(m_4^* - 3(m_2^*)^2)}, \hat{\delta}_S^2 = \sqrt{\frac{m_4^* - 3(m_2^*)^2}{3\hat{\lambda}_S}} \tag{6.27}$$

然后利用模型方程(6.21)~(6.23)即可估计 $\ln\frac{A_T}{A_t}$ 概率分布中参数 $A_0, \lambda_A, \sigma_A, J_A$ 和 μ_A。当然由于只有 3 个方程，参数估计值并不唯一。因此，在实证研究中还需增加一些合理的约束条件：

(1)假设权益(股票)和资产面临相同的跳风险，即发生跳跃的时点和频率相同，$\lambda_A = \lambda_S$；

(2)假设权益(股票)收益率的跳跃幅度与资产收益率的跳跃幅度有相同的均值，即 $\theta_A = \theta_S = 0$；

(3)假设资产收益率跳跃幅度的方差大于扩散部分的方差，即 $\sigma_A^2 < \delta_A^2$。

经过上述处理后，利用通用全局优化算法在约束条件为 $\sigma_A^2 < \delta_A^2$ 下解方程组(6.21)~(6.23)得到 σ_A^2，δ_A^2 和 A_t。关于 μ_A 的确定可以借鉴 Leland(2006)的实证研究结果 $\mu_A = \mu_S \times \frac{S_t}{A_t}$ 来计算。

此外，由于泊松分布在 $N_t \geqslant 10$ 时尾部概率充分小可以忽略不计，求和至 $N_t = 10$ 已经可以充分保证估计过程的精度，所以在模型估计过程中凡涉及无限求和计算时，均截尾至第 11 项。

6.4 实证研究

6.4.1 数据描述和统计分析

由于 2007 年美国金融危机，2008 年发生的地震、雪灾及其之后发生的欧债危机等突发事件的冲击，我国各类金融资产价格频繁出现大幅度的跳动，收益风险短期内发生急剧扩大。因此，选取这一时段的数据进行跳跃风险的分析有一定的现实意义，而且更有利于对跳跃特征的分析。在我国上市企业中随机选取符合下述条件的样本企业权益资产作为分析对象，且所有数据均从 1996 年 12 月份以后开始截取①：(1)所选企业均为仅发行 A 股且完成股改的上市企业；(2)为了能分析 ST 企业权益资产及总资产在被 ST 前几年收益率波动的变化，只选择上市发行至 2009 年期间仅被 ST 过一次的企业(即没有多次被 ST 的历史)，且在被 ST 前有至少有 7 年可利用的周收盘数据；(3)选取的非 ST 企业至少有从 2002 年 1 月到 2008 年 12 月可利用的 7 年周收盘价，且没有被 ST 的历史；④只计算可得到的周收盘价格，不考虑停盘影响。如果由于企业自身原因停盘时间较长而出现资产价格的异常跳动，则需对停盘期间的价格进行处理。通过利用同行业同规模的上市企业周对数收益率来补齐，从而剔除长时间停盘所引起的资产价格异常跳动。当企业派发红利后，权益资产价格也会出现突然的大幅变动，故本章所采用的数据全部是经过复权后的周收盘价，并以此为基础计算权益资产的周对数收益率②。

首先，分析 ST 企业权益资产周对数收益率各项统计值的变化情况。在房地产等六大行业中选取 2009 年底以前被 ST 且符合上述条件的 ST 企业，经筛选后共有 20 家 ST 企业符合条件。表 6.1 列出了这些企业在被 ST 前 1~3(或 4)年权益资产周对数收益率部分统计值变化情况。

通过对这些 ST 企业权益资产周收益率数据进行统计分析后可以发现一些比较重要的统计特征：在被特别处理前几年，ST 企业权益资产收益率的波动风险明显增加，其中跳跃风险(跳跃幅度方差)增加幅度大大超过整体风险增加幅度；大多 ST 企业权益资产收益的峰值偏离正态分布的峰值 3，偏态值偏离正态分布的偏态值 0，这与跳-扩散模型所描述的形态基本是一致的；在被特别处理前，几乎所有 ST 企业权益资

---

① 从 1996 年 12 月份以后开始截取数据是因为该时间点以前没有涨跌限制。

② 所有数据均取自 Wind 数据库。

产收益的偏态值从正值变为负值，或者从小的负值变为更大的负值，这说明负收益增加，其波动的幅度也增加。

表 6.1 **20 家 ST 企业在被 ST 前的周对数收益率统计值**

行业	企业名称		峰值	偏态值	波动方差	δ_s^2
房地产	*ST 中房	前 3 年	5.6	0.42	0.0016	0.013
		前 2 年	31.6	−4.01	0.0046	0.111
		前 1 年	27.3	−0.37	0.0048	0.108
	*ST 华控	前 3 年	5.3	0.06	0.0035	0.027
		前 2 年	5.6	−0.09	0.0042	0.030
		前 1 年	4.6	−0.47	0.0056	0.033
	ST 成功	前 3 年	4.9	0.42	0.0026	0.016
		前 2 年	5.2	0.23	0.0027	0.016
		前 1 年	6.5	−0.92	0.0037	0.036
电力	ST 惠天	前 3 年	11.4	−1.20	0.0042	0.045
		前 2 年	24.5	−1.25	0.0610	0.856
		前 1 年	12.4	−0.18	0.0676	0.906
	*ST 能山	前 4 年	5.2	0.51	0.0025	0.019
		前 2 年	8.4	−0.96	0.0071	0.066
		前 1 年	5.9	−0.71	0.0096	0.073
	ST 梅雁	前 4 年	5.5	1.01	0.0028	0.023
		前 2 年	14.8	−0.33	0.0100	0.150
		前 1 年	12.0	−0.52	0.0121	0.169
医药	ST 中源	前 3 年	4.3	0.24	0.0020	0.010
		前 2 年	16.3	−0.09	0.0040	0.076
		前 1 年	12.4	−0.18	0.0053	0.061
	ST 东盛	前 3 年	4.3	0.22	0.0024	0.015
		前 2 年	12.0	−0.03	0.0049	0.066
		前 1 年	7.2	−0.37	0.0074	0.067

续表

行业	企业名称		峰值	偏态值	波动方差	δ_s^2
医药	ST 金花	前 3 年	6.1	−0.25	0.0036	0.033
		前 2 年	7.8	−0.84	0.0076	0.062
		前 1 年	6.0	−0.32	0.0100	0.119
	*ST 雅砻	前 3 年	7.0	−0.40	0.0027	0.029
		前 2 年	7.3	−0.76	0.0053	0.045
		前 1 年	9.1	−1.30	0.0169	0.168
纺织	*ST 欣龙	前 3 年	3.4	0.19	0.0022	0.000
		前 2 年	5.9	−0.53	0.0035	0.038
		前 1 年	4.9	−0.17	0.0077	0.040
	ST 迈亚	前 3 年	3.5	−0.11	0.0017	0.008
		前 2 年	5.0	0.31	0.0020	0.026
		前 1 年	6.0	0.47	0.0041	0.028
食品	ST 南方	前 3 年	5.1	−0.10	0.0036	0.027
		前 2 年	11.7	0.17	0.0092	0.145
		前 1 年	9.0	0.44	0.0100	0.132
	*ST 甘化	前 4 年	4.5	−0.16	0.0035	0.027
		前 2 年	8.2	−0.22	0.0114	0.117
		前 1 年	6.4	−0.24	0.0132	0.127
	*ST 伊利	前 3 年	4.5	−0.10	0.0025	0.021
		前 2 年	5.7	0.31	0.0044	0.038
		前 1 年	5.3	−0.12	0.0058	0.046
电子信息	*ST 华光	前 3 年	7.2	0.11	0.0046	0.043
		前 2 年	15.8	0.67	0.0123	0.177
		前 1 年	19.3	−0.14	0.1849	2.260
	ST 沪科	前 3 年	6.3	0.39	0.0036	0.033
		前 2 年	18.6	−1.92	0.0086	0.178
		前 1 年	10.5	−0.98	0.0169	0.188

续表

行业	企业名称		峰值	偏态值	波动方差	δ_s^2
电子信息	ST 宏盛	前 3 年	4.1	0.09	0.0027	0.019
		前 2 年	4.1	−0.02	0.0032	0.021
		前 1 年	4.2	−0.21	0.0036	0.025
	*ST 海星	前 3 年	4.1	−0.07	0.0025	0.014
		前 2 年	7.4	0.21	0.0049	0.045
		前 1 年	6.0	0.02	0.0074	0.052
	*ST 波导	前 3 年	4.4	−0.22	0.0024	0.015
		前 2 年	5.7	−0.44	0.0035	0.037
		前 1 年	4.5	−4.10	0.0045	0.050

然后，进一步对比 ST 企业和非 ST 企业权益资产收益在跳跃变化方面的差别。现以所有符合条件的 2009 年被 ST 企业为考察对象，并在所属行业任意挑选 2 只符合条件的非 ST 企业为参照对象，比较分析它们权益资产收益数据统计值的差别。表 6.2 列出了 2006—2008 年间这些企业权益资产周对数收益率部分统计值变化情况。

表 6.2　**2009 年被 ST 企业和非 ST 企业的权益资产周对数收益率统计值比较**

行业	企业名称		最大值	最小值	均值	峰值	偏态值	波动方差	δ_s^2
电力	东方热电	2006 年	0.19	−0.18	−0.0036	5.9	0.02	0.0016	0.016
		2007 年	0.27	−0.27	0.0034	6.9	0.34	0.0040	0.032
		2008 年	0.27	−0.29	−0.0016	5.1	−0.16	0.0064	0.034
	凯迪电力	2006 年	0.17	−0.14	0.0001	4.5	0.08	0.0022	0.012
		2007 年	0.21	−0.21	0.0047	4.8	−0.03	0.0031	0.022
		2008 年	0.21	−0.21	−0.0020	3.8	−0.13	0.0044	0.025

续表

行业	企业名称		最大值	最小值	均值	峰值	偏态值	波动方差	δ_s^2
电力	*ST 能山	2006 年	0.18	−0.46	−0.0024	11.0	−1.37	0.0049	0.089
		2007 年	0.28	−0.46	0.0010	8.4	−0.96	0.0071	0.066
		2008 年	0.28	−0.46	−0.0050	5.9	−0.71	0.0096	0.073
农业	隆平高科	2006 年	0.17	−0.14	−0.0022	4.7	0.21	0.0020	0.014
		2007 年	0.17	−0.23	0.0025	5.3	−0.20	0.0028	0.019
		2008 年	0.22	−0.23	0.0055	4.1	0.10	0.0050	0.027
	亚圣集团	2006 年	0.24	−0.30	0.0004	7.2	0.03	0.0040	0.030
		2007 年	0.30	−0.34	0.0077	6.8	−0.24	0.0061	0.048
		2008 年	0.30	−0.34	0.0037	4.8	−0.16	0.0079	0.056
	*ST 香梨	2006 年	0.27	−0.17	−0.0046	6.7	0.70	0.0026	0.026
		2007 年	0.46	−0.20	0.0320	11.0	1.56	0.0050	0.063
		2008 年	0.46	−0.32	0.0019	6.8	0.65	0.0079	0.080
房地产	中国保安	2006 年	0.26	−0.16	−0.0016	5.1	0.26	0.0029	0.038
		2007 年	0.20	−0.16	0.0050	3.6	0.01	0.0037	0.025
		2008 年	0.29	−0.29	0.0005	4.5	−0.06	0.0064	0.035
	浦东金桥	2006 年	0.18	−0.23	0.0025	4.6	−0.07	0.0037	0.024
		2007 年	0.18	−0.23	0.0053	3.7	−0.03	0.0040	0.029
		2008 年	0.22	−0.25	0.0019	3.6	−0.24	0.0060	0.030
	*ST 华控	2006 年	0.23	−0.26	0.0028	5.3	0.06	0.0035	0.027
		2007 年	0.24	−0.26	0.0059	5.6	−0.09	0.0041	0.030
		2008 年	0.24	−0.26	0.0007	4.6	−0.47	0.0058	0.033
食品	安琪酵母	2006 年	0.21	−0.13	0.00188	5.7	0.75	0.0018	0.016
		2007 年	0.21	−0.30	0.0078	7.7	0.20	0.0032	0.031
		2008 年	0.21	−0.30	0.0049	5.7	−0.04	0.0045	0.033
	金健米业	2006 年	0.16	−0.21	−0.0014	4.6	−0.22	0.0029	0.019
		2007 年	0.25	−0.21	0.0048	5.0	0.13	0.0041	0.026
		2008 年	0.25	−0.21	0.0028	3.9	0.06	0.0062	0.037

续表

行业	企业名称		最大值	最小值	均值	峰值	偏态值	波动方差	δ_s^2
食品	*ST伊利	2006年	0.33	−0.21	0.0060	6.8	0.57	0.0037	0.038
		2007年	0.33	−0.21	0.0070	5.7	0.31	0.0044	0.038
		2008年	0.33	−0.27	0.0012	5.3	−0.12	0.0058	0.046
	*ST甘化	2006年	0.56	−0.50	−0.0018	10.3	0.02	0.0098	0.119
		2007年	0.55	−0.50	0.0047	8.2	−0.22	0.0114	0.117
		2008年	0.55	−0.50	0.0010	6.4	−0.24	0.0132	0.127
纺织	中纺投资	2006年	0.17	−0.16	−0.0020	3.8	0.05	0.0031	0.014
		2007年	0.25	−0.34	0.0059	5.6	−0.31	0.0048	0.040
		2008年	0.25	−0.35	0.0017	5.1	−0.76	0.0076	0.050
	金鹰股份	2006年	0.15	−0.19	−0.0017	5.0	−0.47	0.0023	0.015
		2007年	0.18	−0.29	0.0014	6.8	−0.76	0.0030	0.026
		2008年	0.18	−0.29	−0.0014	4.8	−0.55	0.0042	0.036
	*ST欣龙	2006年	0.14	−0.13	−0.0031	3.4	0.19	0.0022	0.000
		2007年	0.16	−0.30	0.0017	5.9	−0.53	0.0035	0.038
		2008年	0.31	−0.30	0.0009	4.9	−0.17	0.0077	0.040
电子信息	亿阳信通	2006年	0.27	−0.16	0.0014	6.9	0.91	0.0027	0.024
		2007年	0.27	−0.16	0.0046	6.1	0.83	0.0035	0.027
		2008年	0.27	−0.36	0.0011	6.2	−0.08	0.0056	0.040
	浪潮信息	2006年	0.25	−0.19	−0.0033	5.9	0.53	0.0030	0.023
		2007年	0.25	−0.27	0.0005	6.5	−0.30	0.0036	0.027
		2008年	0.25	−0.27	−0.0010	5.3	−0.33	0.0045	0.030
	*ST海星	2006年	0.16	−0.17	−0.0040	4.1	−0.07	0.0025	0.014
		2007年	0.33	−0.33	0.0048	7.4	0.21	0.0049	0.045
		2008年	0.35	−0.33	0.0003	6.0	0.02	0.0074	0.052
	*ST波导	2006年	0.17	−0.18	−0.0001	4.4	−0.22	0.0024	0.015
		2007年	0.17	−0.29	0.0020	5.7	−0.44	0.0035	0.037
		2008年	0.17	−0.29	−0.0007	4.5	−0.41	0.0045	0.050

续表

行业	企业名称		最大值	最小值	均值	峰值	偏态值	波动方差	δ_s^2
水泥	华新水泥	2006 年	0. 22	−0. 20	0. 0011	5. 6	0. 24	0. 0025	0. 018
		2007 年	0. 30	−0. 20	0. 0073	6. 3	0. 44	0. 0040	0. 026
		2008 年	0. 30	−0. 23	0. 0040	4. 4	0. 08	0. 0049	0. 036
	狮头股份	2006 年	0. 13	−0. 15	−0. 0035	4. 0	0. 05	0. 0019	0. 018
		2007 年	0. 19	−0. 15	0. 0017	4. 5	0. 36	0. 0031	0. 017
		2008 年	0. 26	−0. 26	−0. 0010	4. 6	0. 11	0. 0049	0. 030
	ST 金顶	2006 年	0. 38	−0. 41	−0. 0036	7. 6	−0. 17	0. 0076	0. 066
		2007 年	0. 39	−0. 41	0. 0050	6. 2	−0. 04	0. 0090	0. 066
		2008 年	0. 40	−0. 41	0. 0036	5. 2	0. 17	0. 0121	0. 081
医药	恒瑞医药	2006 年	0. 19	−0. 19	0. 0054	6. 0	0. 31	0. 0019	0. 016
		2007 年	0. 29	−0. 2	0. 0100	7. 3	0. 51	0. 0029	0. 027
		2008 年	0. 29	−0. 2	0. 0100	6. 3	0. 30	0. 0032	0. 027
	丰原药业	2006 年	0. 16	−0. 21	−0. 0016	5. 3	−0. 16	0. 0025	0. 020
		2007 年	0. 22	−0. 21	0. 0026	4. 9	0. 01	0. 0035	0. 025
		2008 年	0. 22	−0. 21	−0. 0015	3. 8	−0. 14	0. 0048	0. 027
	* ST 天方	2006 年	0. 19	−0. 16	−0. 0020	4. 6	0. 09	0. 0021	0. 017
		2007 年	0. 19	−0. 24	0. 0022	4. 8	−0. 25	0. 0030	0. 026
		2008 年	0. 26	−0. 25	0. 0001	5. 6	−0. 54	0. 0042	0. 031
综合	综艺股份	2006 年	0. 19	−0. 18	0. 0012	3. 6	0. 18	0. 0004	0. 027
		2007 年	0. 24	−0. 19	0. 0059	3. 6	0. 20	0. 0049	0. 035
		2008 年	0. 24	−0. 31	0. 0010	4. 0	−0. 27	0. 0064	0. 065
	东方明珠	2006 年	0. 26	−0. 17	0. 0040	5. 5	0. 80	0. 0042	0. 027
		2007 年	0. 26	−0. 23	0. 0080	5. 1	0. 36	0. 0049	0. 026
		2008 年	0. 23	−0. 23	0. 0040	4. 2	−0. 04	0. 0049	0. 028
	* ST 工新	2006 年	0. 23	−0. 227	−0. 0038	4. 3	0. 11	0. 0048	0. 029
		2007 年	0. 41	−0. 325	0. 0030	6. 6	0. 44	0. 0071	0. 069
		2008 年	0. 41	−0. 325	−0. 0005	5. 0	0. 28	0. 0090	0. 067

续表

行业	企业名称		最大值	最小值	均值	峰值	偏态值	波动方差	δ_s^2
综合	*ST偏转	2006 年	0.34	−0.56	−0.0024	6.9	−0.73	0.0114	0.099
		2007 年	0.34	−0.56	0.0016	6.0	−0.72	0.0128	0.115
		2008 年	0.46	−0.56	−0.0010	4.9	−0.53	0.0190	0.161
有色金属	云铝股份	2006 年	0.20	−0.18	0.0030	6.8	0.80	0.0022	0.015
		2007 年	0.21	−0.19	0.0090	5.2	0.51	0.0036	0.020
		2008 年	0.20	−0.21	0.0035	4.2	0.17	0.0052	0.050
	南山铝业	2006 年	0.31	−0.11	0.0010	11.0	1.64	0.0025	0.034
		2007 年	0.31	−0.16	0.0070	7.2	1.20	0.0035	0.032
		2008 年	0.31	−0.2	0.0017	5.0	0.58	0.0052	0.047
	*ST锌业	2006 年	0.48	−0.22	0.0017	12.4	1.31	0.0046	0.075
		2007 年	0.48	−0.22	0.0084	8.4	0.90	0.0059	0.122
		2008 年	0.48	−0.41	−0.0010	6.3	0.22	0.0096	0.089

从对 33 家企业权益资产收益率统计分析的结果看，大多企业收益率峰值显著偏离正态分布的峰值 3，呈现尖峰和肥尾的特点，这与跳-扩散模型所描述的形态基本是一致的。其中，2009 年被 ST 的大多数企业的权益资产收益率在 2007 年金融危机冲击下和 2008 年雪灾及地震等突发事件发生时出现了明显的大幅跳跃。它们对突发事件的反应更为敏感，因此波动风险更大，违约的可能性也更大。

另一方面，大多数非 ST 企业的权益资产收益率跳跃幅度虽然也有所增加，但是幅度十分有限，也即对突发事件的反映更为平淡。其中，中纺投资是个例外，该企业的权益资产收益率在 2007 年出现了大幅的波动，这是因为该企业传出了重组消息，从而导致其企业股价出现异常波动。

为了更好地分析突发事件、宏观经济状况的变化等系统风险因素对企业权益资产跳跃行为的影响，先观察 2002—2009 年期间上证 A 股指数、上证 180 指数及表 6.2 所列样本企业权益资产周收益率时间序列变化，如图 6.1 所示①。

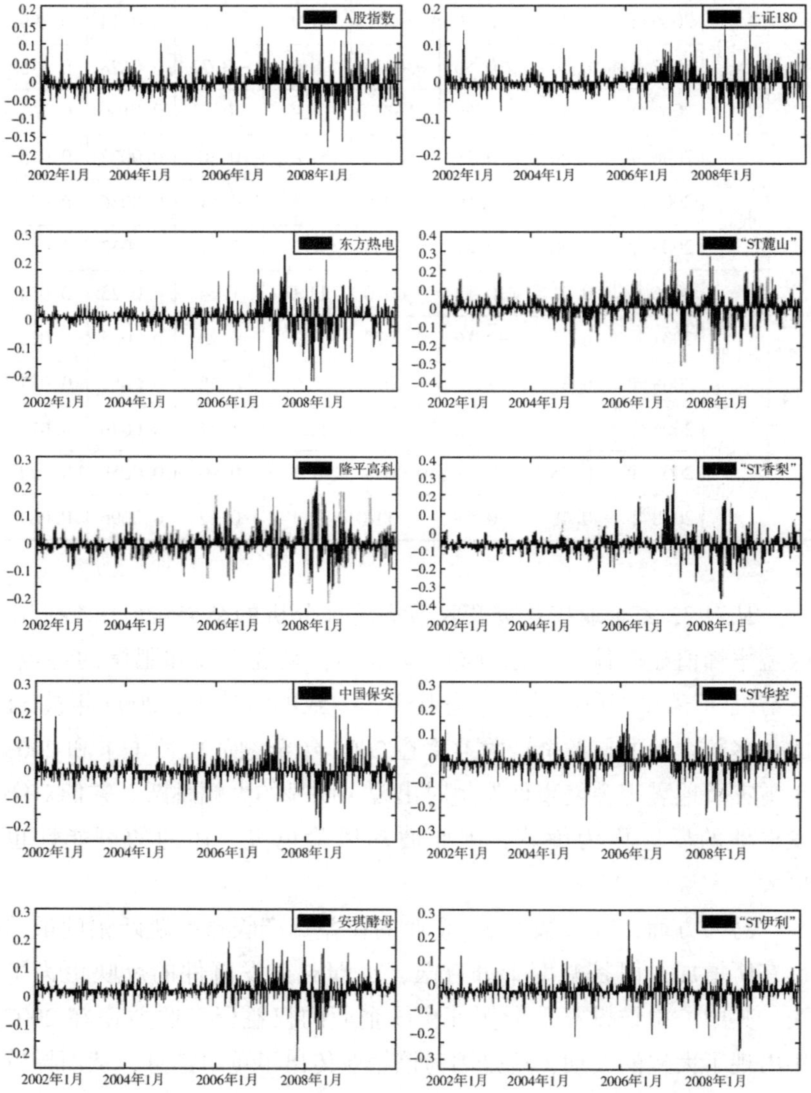

① 由于篇幅限制，图 6.1 仅列举了部分企业的时间序列图。

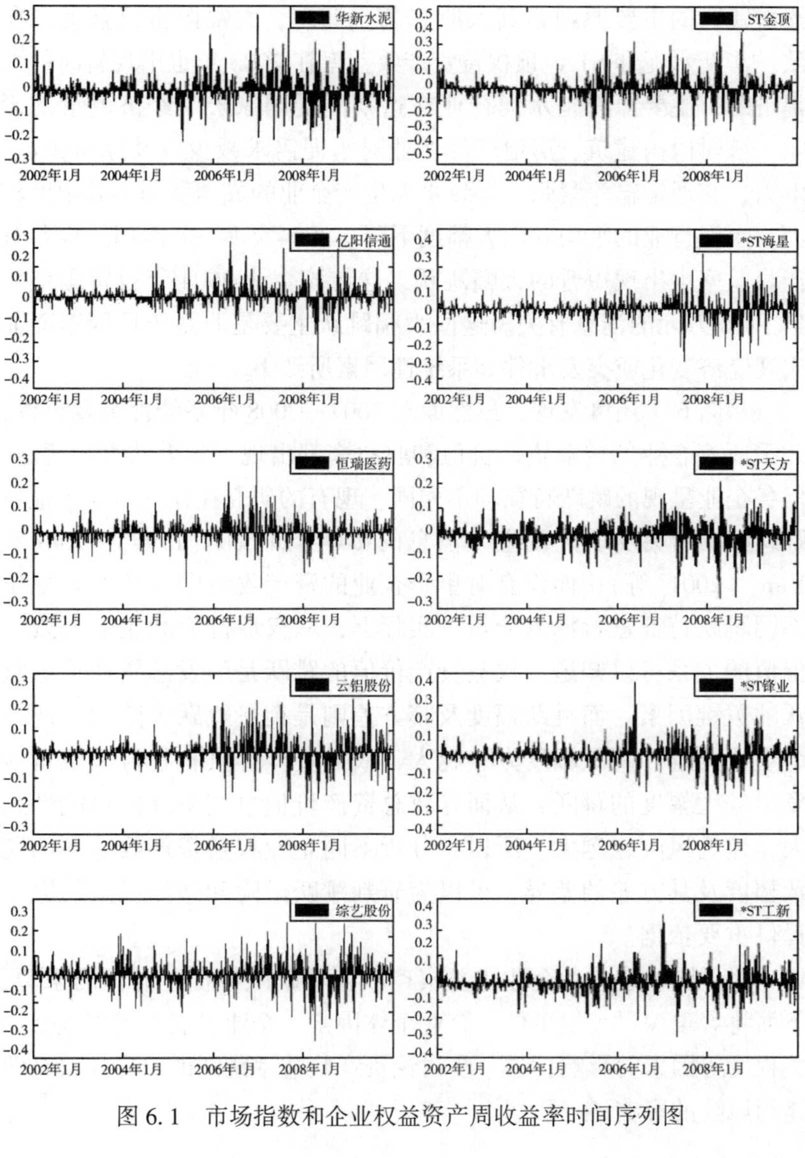

图 6.1 市场指数和企业权益资产周收益率时间序列图

从图 6.1 中可以看到 2007—2008 年期间，几乎所有企业的权益资产收益率都明显发生了不同于其他时段的大幅跳跃。其中，仅有少数企业在其他时段也曾出现过跳跃，但持续时间很短。比如

*ST能山还在 2004 年底发生了大幅跳跃，据媒体披露的资料显示，该次跳跃的主要原因是其大股东急于套现，大幅抛售权益资产所致。华新水泥和 ST 金顶权益资产收益率在 2005 年也出现暂时的大幅跳跃，主要原因是水泥行业在这期间受国家宏观经济政策的影响。该时段内建筑、房地产等产业对水泥需求减少以及原料供应、电力、交通运输等紧张，导致水泥生产企业的成本费用上升幅度较大，水泥行业的平均利润大幅度下降。2004 年底 ST 伊利的权益资产收益率也出现短暂的大幅跳跃，这与该企业 2004 年投资国债亏损 1218 万元的消息有关。这些大幅跳跃主要是非系统性因素而非宏观经济变化或突发事件等系统性因素所致①。

从图 6.1 还可发现，虽然面对 2007—2008 年系统性突发事件，几乎所有企业的权益资产价值和收益率都出现了频繁的大幅跳跃，但各企业呈现的跳跃特征却不相同。现有的研究往往只是简单地将跳跃归结为突发事件或重大消息的影响(如 Lobo(1999)，Kim 和 Mei，(2001)等)，而没有对单个企业的资产收益率为什么表现出不同跳跃特征进行深入分析。实际上，从权益价值和企业总资产价值的关系可以知道，权益资产价值的跳跃是引发总资产价值跳跃的关键因素。而跳跃幅度及其方差则是衡量跳跃风险大小的一个重要标志。跳跃幅度方差越大，权益资产价值和收益率就可能发生较大幅度的跳跃，从而导致总资产价值急剧下降的可能性越大，违约风险也越大。所以，分析不同企业权益资产收益率的跳跃幅度及其方差的差异，可以为研判跳跃风险和违约风险的大小提供重要依据。

为了明确造成各企业权益资产收益率跳跃特征差异性的来源，下面将着重探讨突发事件、企业个体因素、企业发展与宏观经济相关程度等因素的影响；进一步讨论资产收益率跳跃的差异性对企业违约风险的影响。

---

①　本章所关注的主要还是系统性跳跃对资产价值和信用状况的影响，至于个股出现的非系统性跳跃对违约风险的影响将在第 9 章中进一步讨论。

6.4.2 跳跃变化的影响因素分析

1. 突发事件的影响

以表 6.2 中的 33 个企业的权益资产为研究样本，现引入两个时间虚拟变量 *D*07 和 *D*08 反映突发事件(2007 年全球金融危机、2008 年雪灾和地震事件)发生的时间。将企业权益资产收益的跳跃幅度方差 δ_s^2 作为衡量跳跃变化差异的代理变量。现将两个时间虚拟变量对跳跃幅度方差 δ_s^2 作回归分析，回归结果见表 6.3 的第(1)栏。

表 6.3　　**突发事件及个体因素对 δ_s^2 的回归结果**

解释变量	(1)		(2)		(3)加权修正	
	系数	*t* 值	系数	*t* 值	系数	*t* 值
常数项	0.03**	6.3	0.041**	3.9	0.038**	7.5
RATIO			0.021	1.3	0.014**	2.6
SCALE			-0.023**	-3.1	-0.021**	-4.4
ST			0.023**	2.3	0.018**	3.4
D07	0.011*	1.6	0.011*	1.62	0.008**	3.1
D08	0.02**	2.83	0.009	1.18	0.011**	4.7
校正的 R^2	0.08		0.24		0.66	

注：＊＊表示 5%水平上显著，＊表示 10%水平上显著。

从表 6.3 的第(1)栏回归结果看，δ_s^2 与 *D*07 和 *D*08 都具有显著的正相关性，这说明突发事件的确引发了系统性跳跃，从而导致所有样本企业在这一时段都出现了不同于平常的大幅波动。*D*07 的系数在 10%水平上显著，这个时间段恰好是国际金融危机发生的初始阶段，样本企业的跳跃幅度方差平均增加了 0.011 个单位。*D*08 的系数在 5%水平上显著，这个时间段恰好是国际金融危机继续发酵以及雪灾和地震等突发事件发生的时段，样本企业的跳跃幅度方差平均增加了 0.02 个单位。

2. 企业个体因素的影响

由统计分析和时间序列图可以发现，各企业权益资产收益率发生跳跃的幅度并不相同，异质性特点十分明显。所以，有必要分析单个企业个体异质性特征对跳跃幅度的影响。由于样本数的限制，仅从诸多反映企业个体异质性特征的变量中选取 3 个有代表性的解释变量，即“资产负债比”、“企业规模”以及“是否将被 ST”。其中，“资产负债比”的计算由相关年限的总资产和总负债计算所得，用变量 RATIO 表示。

虚拟变量 SCALE 表示“企业规模”，如果企业为大规模企业，SCALE 取值为 1；否则取值为 0。确定企业规模时，以 10 亿元为标准，总资产小于 10 亿元的视为小规模企业，大于 10 亿元的为大规模企业。

虚拟变量 ST 表示企业“是否将被 ST”，如果企业将被 ST，ST 取值为 1；否则取值为 0。同时，将 $D07$ 和 $D08$ 两个虚拟变量作为控制变量。利用这 5 个变量对 δ_s^2 进行回归分析，结果见表 6.3 的第(2)栏。从表 6.3 的第(2)栏回归分析结果来看，校正的 R^2 明显增加，这表明企业个体特征因素对跳跃幅度有明显影响。但由于样本企业间的差异较大，还需进一步对回归中可能存在的截面异方差进行修正，修正后的回归结果见表 6.3 的第(3)栏，此时校正的 R^2 从 0.24 进一步增加到 0.66，所有回归系数都在 5%的水平上显著。

从企业异质性变量的回归结果来看，在控制了系统性因素 $D07$ 和 $D08$ 的影响后，变量 ST 和 δ_s^2 显著正相关。这表明如果企业将被 ST，其跳跃幅度方差会比不会被 ST 的企业平均大 0.018 个单位。变量 RATIO 和 δ_s^2 显著正相关，这表明资产负债比例越高，市值出现大幅波动的可能性也就越大。

变量 SCALE 和 δ_s^2 显著负相关，说明如果该企业为大规模企业时，δ_s^2 平均会减小-0.023 个单位。这应该是因为企业的规模越大，其市值一般也比较大，对突发事件的承受能力较强，对新信息的吸收能力也比较强，从而使其大幅波动的可能性减小。另一方面，我国大型上市企业的治理机制相对比较完善、经营业绩稳定、市场竞争能力较强、信息透明度高，这也使权益资产价值的估值更为合理，抗风险能力较强。

3. 企业发展与宏观经济相关程度的影响

要分析“企业发展与宏观经济相关程度”的影响，首先要确定哪些变量可以用来刻画这种相关程度。现有研究表明，企业的成长能力既能反映企业自身的经营状况，也能体现企业发展与宏观经济增长的相关程度。利用 Dragon 和 Hong(2010)的分析方法，可以从企业的成长能力变量中分离出“与宏观经济相关的”成长能力和“与宏观经济无关的”成长能力。前者可以用来分析“企业发展与宏观经济相关程度”对企业资产价值跳跃风险(幅度) δ_S^2 的影响。

该分析方法需要用到宏观经济增长的数据和企业成长能力数据，因此在后续的分析中，将用中国 GDP 同比名义增长率作为描述宏观经济增长状况的代理变量。而反映企业成长能力的指标较多，其中最主要的三个指标是：主营业务收入增长率、净资产增长率和总资产增长率。以下将通过对比分析找到最适合刻画企业成长能力的指标变量。这三个指标变量和 GDP 的数据来自国家统计局及各上市企业 2002—2008 年的季报、半年报和年报。

在获取每家企业的数据后，先利用三次样条插值法补齐缺失的季度数据，再利用与 Dragon 和 Hong(2010)类似的分析方法进行回归分析，以确定企业“与宏观经济相关的”成长能力和“与宏观经济无关的”成长能力。回归分析具体步骤如下：

首先，考察主营业务收入增长率指标。将每家企业的主营业务收入季度增长率(用 MBIR 表示)对 GDP 季度名义增长率(用 GDPR 表示)作回归分析如下：

$$\text{MBIR}^i = \alpha_M^i + \beta_M^i \times \text{GDPR} + \varepsilon_M^i \qquad (6.28)$$

将 β_M^i 作为第 i 个企业“与宏观经济相关的”主营业务收入增长指标。它代表了宏观经济对主营业务收入增长率的系统性影响。β_M^i 越大表示宏观经济对主营业务收入增长率的系统性影响越大。由于我国 GDP 名义季度增长率在考察时间段内没有出现负值，所以如果 β_M^i 为正值，说明企业成长与宏观经济的增长是正相关的。β_M^i 越大，表明宏观经济的增长越有助于企业的成长。如果 β_M^i 很小甚至为负值，则说明在宏观经济环境呈现向上增长趋势时，企业的主营业务收入增长率却出现下降的趋势，这预示企业可能会陷入经营和成长困境，资产价值可能会出现大幅波动。因此，可将待检验假设 1 表述为：

假设 1：β_M^i 与 δ_S^2 成显著负相关。

将常数部分 α_M^i 作为第 i 个企业"与宏观经济无关的"主营业务收入增长指标。一般而言，α_M^i 越大，表示与宏观经济增长无关的主营业务收入增长能力越强，企业资产价值发生大的变化可能性越小，出现大幅跳动的可能性也越小。因此，可将待检验假设 2 表述为：

假设 2：α_M^i 与 δ_S^2 成显著负相关。

按照上述步骤，可以得到每家企业的 α_M^i 和 β_M^i，然后将这两个变量引入到对 δ_S^2 的回归分析中(回归分析的结果如表 6.4)，并对假设 1 和假设 2 进行检验。

从回归分析结果中可以看出，仅用 α_M^i 和 β_M^i 对 δ_S^2 作回归分析，结果表明它们都与 δ_S^2 成反比，但是两个值在统计上都不是很显著，且校正的 R^2 值也比较小。加入了虚拟变量 $D07$ 和 $D08$ 来控制突发事件效应后，校正后的 R^2 从 0.016 增加到 0.11，解释能力增强，但是 α_M^i 和 β_M^i 的系数仍然不显著。

如果还同时控制其他单个企业特质因素对跳跃幅度的影响，再作回归分析可以发现校正的 R^2 略有增加，但 α_M^i 和 β_M^i 依然不显著，这说明 α_M^i 和 β_M^i 的引入并未增加对 δ_S^2 的解释力度。第(4)栏是对第(3)栏进行横截面加权，以修正横截面的异方差影响。修正后的结果中 α_M^i 和 β_M^i 仍不显著。因此假设 1 和假设 2 不成立。

通过上述回归分析可以发现，以"主营业务收入"为基础分离出的"企业与宏观经济相关的增长能力 β_M^i"及"无关的增长能力 α_M^i"对 δ_S^2 变化的解释能力都不强。

表 6.4 α_M^i 和 β_M^i 对 δ_S^2 的影响

解释变量	(1)		(2)		(3)		(4)加权修正	
	系数	t 值	系数	t 值	系数	t 值	系数	t 值
常数项	0.038**	13.3	0.036**	5.6	0.041**	3.9	0.0387**	8.28
α_M	−0.023	−1.22	−0.025	−1.33	−0.0056	−0.3	−0.006	−0.97
β_M	−0.0037	−1.17	−0.003	−1.1	0.0001	0.03	−0.0005	−0.5
RATIO					0.025*	1.6	0.024**	3.7
SCALE					−0.024**	−3.2	−0.024**	−5.4
ST					0.02**	2.01	0.017**	3.6
*D*07			0.012*	1.7	0.012*	1.9	0.008**	3.5
*D*08			0.02**	3.1	0.013*	1.68	0.012**	5.12
校正的 R^2	0.016		0.11		0.24		0.78	

注：* * 表示 5%水平上显著，* 表示 10%水平上显著。

然后，考察净资产增长率指标。用同样的方法将每家企业的净资产季度增长率(用 NAGR 表示)对 GDP 季度名义增长率(用 GDPR 表示)作回归：

$$\mathrm{NAGR}^i = \alpha_N^i + \beta_N^i \times \mathrm{GDPR} + \varepsilon_N^i \tag{6.29}$$

同样的，将 β_N^i 作为第 i 个企业"与宏观经济相关的"净资产增长指标，而将常数部分 α_N^i 作为第 i 个企业"与宏观经济无关的"净资产增长指标。按照上述步骤，也可以得到每家企业的 α_N^i 和 β_N^i，然后对 δ_S^2 作回归分析，结果如表 6.5 所示。待检验假设可以表述为：

假设 3：β_N^i 与 δ_S^2 成显著负相关。

假设 4：α_N^i 与 δ_S^2 成显著负相关。

当仅用 α_N^i 和 β_N^i 对 δ_S^2 作回归分析时，回归结果表明它们都与 δ_S^2 成反比，且都在 5%的水平上显著，校正的 R^2 值也达到了 0.19。因此，假设 3 和假设 4 均成立。

如果加入控制变量 *D*07 和 *D*08 来控制突发事件效应后，校正

的 R^2 从 0.019 增加到 0.22，但 α_N^i 和 β_N^i 的系数变化不大。如果同时控制其他单个企业特质因素对跳跃幅度的影响，并对 δ_S^2 作加权回归分析修正截面异方差后，α_N^i 和 β_N^i 的系数仍为负值且依然显著，校正的 R^2 从 0.24 增加到 0.84。

进一步对 α_N^i 和 β_N^i 的系数作联合为零的零假设检验，结果也在 1%概率水平上拒绝该假设。这说明以“净资产增长率”为基础分离出的“企业与宏观经济相关的增长能力 β_N^i”及“无关的增长能力 α_N^i”对 δ_S^2 变化的解释能力很强。因此，在原有模型中加入这两个指标是合适的，有利于改善模型的拟合优度。当 α_N^i 和 β_N^i 取正值时，对 δ_S^2 都有减小的作用；反之，当 α_N^i 和 β_N^i 出现较大的负值时，δ_S^2 就会出现显著的增加，单个企业权益资产收益率就可能出现幅度较大的跳跃。

表 6.5　　**α_N^i 和 β_N^i 对 δ_S^2 的影响**

解释变量	(1)		(2)		(3)		(4)加权修正	
	系数	t 值	系数	t 值	系数	t 值	系数	t 值
常数项	0.048**	16.17	0.039**	8.13	0.037**	3.65	0.036**	7.38
α_M	-0.168**	-5.1	-0.158**	-4.74	-0.130**	-3.64	-0.060**	-3.81
β_M	-0.026**	-4.9	-0.025**	-4.73	-0.019**	-3.44	-0.009**	-3.78
RATIO					0.024*	1.6	0.010*	1.91
SCALE					-0.011	-1.5	-0.015**	-3
ST					0.023**	2.4	0.019**	4.47
*D*07			0.012*	1.82	0.010*	1.68	0.010**	5.12
*D*08			0.015**	2.25	0.004	0.5	0.011**	4.88
校正的 R^2	0.19		0.22		0.320		0.820	

注：**表示 5%水平上显著，*表示 10%水平上显著。

最后，考察总资产增长率指标。用同样的方法对总资产增长率进行分析，分离出的“企业与宏观经济相关的增长能力 β_T^i”及“无

关的增长能力 α_T^i ”对 δ_S^2 变化的也有一定的解释能力，但系数仅在10%水平上显著。这可能是因为总资产增长中还包含了总负债的增长，这在一定程度上削弱了其对 δ_S^2 的正向影响。

经过对三个成长指标进行分析，可以确定“净资产增长率”是最适合用于分析“企业与宏观经济相关程度”对“上市企业权益资产收益率跳跃幅度”影响的指标，该指标弥补了其他个体因素对 δ_S^2 解释能力的不足，可以反映宏观经济增长率如何影响上市企业权益资产收益的异常变动和跳跃风险。

尽管面对种种突发事件和新信息的冲击，大多数上市企业的权益资产都呈现了非常明显的跳跃变化，但不同企业表现出了不同的跳跃特征。有的企业虽有跳跃，但跳跃幅度有限，而有的企业则表现十分脆弱，出现大幅波动。这说明面临同样的冲击时，个体抗风险能力并不相同。所以，对引发单个企业资产收益跳跃及影响跳跃的不同因素进行识别和控制是很有必要的。上述统计分析、参数估计、时间序列分析和回归分析的结果表明：一方面，突发事件明显引发所有企业资产价值的跳跃。另一方面，个体的跳跃特征又呈现明显的差异性，企业特质因素对跳跃幅度有明显的放大或缩小的作用。上市企业资产收益的跳跃幅度会随企业规模增长而减小，随资产负债率增加而增加；企业将被 ST 也会明显增加企业资产收益的跳跃幅度；企业与宏观经济“无关的增长能力 α_N^i ”越大，企业资产收益的跳跃幅度也会明显减小。同时，当宏观经济增长率为正值时，企业与宏观经济“相关的增长能力 β_N^i ”越大，企业资产收益跳跃幅度也会越小。

6.4.3 跳跃因子对违约距离和违约概率的影响

前文从理论上讨论了在 Merton(1974)信用风险定价模型中引入跳跃因子后企业权益价值与总资产价值间的非线性期权关系以及违约风险的变化。本节将以该理论模型为基础，进一步从实证的角度探讨引入跳跃因子后，企业总资产价值和违约风险的变化特征。

1. 考虑跳跃因子后企业违约距离的变化

在实证研究中经常用来测度违约风险的两个变量是违约距离和违约概率①。第 5 章 5.1 节曾对“违约距离(DD)”进行了比较详细的描述。违约距离提供了企业可能发生违约的一个粗略描述，为估计企业违约可能性提供一个初步的判断依据。对如何计算违约距离，许多文献都进行了定义。此处借鉴的是 Duffie 和 Singleton (2003)的定义，并进一步考虑了资产价值跳跃变化的影响。因此，t 时刻企业的违约距离为：

$$\mathrm{IDD}_t = \frac{\ln A_t - \ln D_t}{\sqrt{\mathrm{Var}(A_t)}} \tag{6.30}$$

其中，$Var(A_t) = \sigma_A^2 + \lambda_A \cdot (\theta_A^2 + \delta_A^2)$。在实证研究中求违约距离时还需对相关变量进行如下界定：

(1)上市企业的权益总价值估计。由于我国上市企业股权结构中含有流通股和非流通股，因此，在计算股权总价值时，必须对非流通股进行恰当的处理。根据张玲等(2004)、陈晓红等(2007)相关文献的研究结果，可用公式 $Pb = 1.326 + 0.53X$ 来计算非流通股价值，其中 X 为每股净资产。因此，某企业权益资产总市值计算公式为：

$$\begin{aligned}\text{企业权益资产总市值} &= \text{流通股价格}(Pa)\times\text{流通股股数}(A)+\\ &\quad \text{非流通股价格}(Pb)\times\text{非流通股股数}(B)\end{aligned}$$

其中，Pa 为企业权益资产当年年底的平均周收盘价。每股净资产、非流通股股数和流通股数均来自企业年报。此外，账面负债总额 K 也来自于企业年报。

(2)违约门限 D 的确定。延续大多既有研究的做法，令 D = 短期债务 + $\frac{1}{2}$ 长期债务，其中长期和短期债务来自企业年报。

(3)无风险利率的选择。实证研究中选取的无风险利率为考察

① 违约距离和违约概率的定义参见第 5.1 节。

时点处一年期定期存款利率①。

表 6.6　跳-扩散模型和纯扩散模型估计的违约距离对比分析

企业名称	DD1	DD2	企业名称	DD1	DD2
东方热电	3.20	3.21	狮头股份	4.1	4.12
凯迪电力	3.85	3.91	ST 金顶	2.7	2.8
* ST 能山	3.16	3.25	亿阳信通	4.41	4.43
隆平高科	5.60	5.63	浪潮信息	4.00	4.02
亚圣集团	6.01	6.02	* ST 海星	3.47	3.53
* ST 香梨	4.31	4.35	* ST 波导	6.28	6.33
中国保安	4.02	4.10	恒瑞医药	14.11	14.20
浦东金桥	4.31	4.32	丰原药业	4.86	4.90
* ST 华控	4.28	4.41	* ST 天方	3.37	3.43
安琪酵母	5.01	5.04	云铝股份	4.30	4.33
金健米业	5.10	5.13	南山铝业	4.32	4.34
* ST 伊利	4.69	4.73	* ST 锌业	2.27	2.34
* ST 甘化	3.28	3.13	综艺股份	8.48	8.47
中纺投资	5.47	5.51	东方明珠	9.23	9.73
金鹰股份	3.55	3.61	* ST 工新	4.28	4.31
* ST 欣龙	3.70	3.83	* ST 偏转	1.97	2.04
华新水泥	3.20	3.21			
非 ST 企业平均值	5.35	5.41			
ST 企业平均值	3.65	3.71			

本节仍以表 6.2 所述 33 家企业为考察对象，分别利用跳-扩散结构模型和纯扩散结构模型估计出同一企业于 2008 年年底的违约

① 无风险利率的选择对模型计算值影响很小，所以此处也可以选择其他无风险利率，如国债利率。

距离，估计结果如表 6.6 所示。其中，DD1 表示由跳-扩散模型求出的违约距离，DD2 表示由纯扩散(KMV)模型求出的违约距离。

对表 6.6 的估计结果进行分析可以得到以下初步结论：总体而言，不管采用哪种模型进行计算，ST 企业的违约距离普遍都低于同行业的非 ST 企业。ST 企业的平均违约距离要比非 ST 企业的平均违约距离小 50%，进一步验证了 ST 企业违约风险相对要大一些的结论。

另一方面，对同一企业而言，利用跳-扩散模型得到的违约距离比纯扩散模型违约距离要短。尤其是当企业资产价值存在较大和较频繁的跳跃波动时，两种模型求得的违约距离差会进一步扩大。这说明当突发事件出现并导致企业资产价值出现大幅波动时，纯扩散模型由于忽略跳跃波动的影响，会低估企业资产价值的波动风险，进而低估企业的违约风险。但是，表 6.6 也表明两种模型求出的违约距离相差并不大。这应该是因为中国股市有涨跌停的限制，使得跳跃幅度控制在较小的范围内，而不能完全依据市场信息进行变化。此外，违约距离中所使用的时间区间是 1 年，而跳跃波动通常在较短的时间内(比如 1 个月)更为明显，在长时间内会被逐渐分散，这也是两种模型求出的违约距离相差并不大的另一个原因。

为了进一步明确“预测时间区间的长短”对“违约距离”的影响，任选一只 ST 股，分析“预测时间区间”变化时，企业资产价值及违约距离的变化。由于方程组中的时间参数发生变化，所以必须重新计算该企业在不同预测时间区间的资产价值、波动方差和跳跃幅度方差等参数，以确定对应的违约距离。现以 ST 南方为例来进行分析，以其被 ST 的前一年为观测时点，其“违约距离”和“预测时间长短”间的关系如图 6.2 所示。图 6.2 中纵轴为违约距离，横轴为预测违约风险的时间区间。从该图不难看出：一方面，当“预测时间区间”从“短”逐渐变“长”时，两个模型的计算结果都表明该企业的违约距离在逐渐减小，即违约可能性逐渐增大。这说明 ST 南方目前的资产价值较低，波动较大，尽管短时间内距离违约门限还有一定距离，但是预测时间变长时，该企业违约可能性非常大。另一方面，短时间内，跳扩散模型估计的违约距离明显比纯扩散模型估

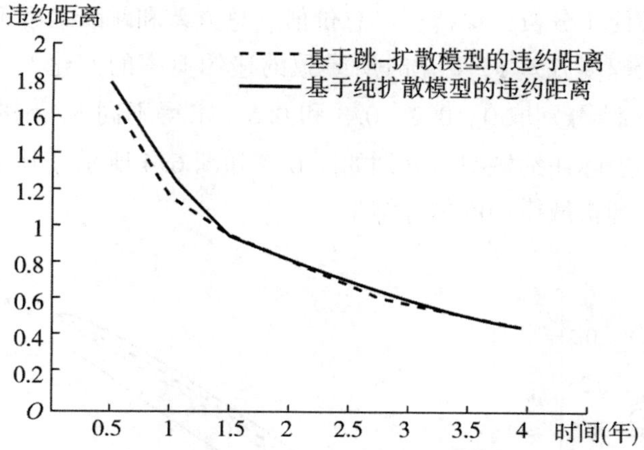

图 6.2 基于不同模型的 ST 南方违约风险预测

计的违约距离要小，即前者在短时间内预示着更大的违约可能性。但随着预测时间区间变大，两者之间差距逐渐缩小。这说明资产突然的跳跃主要是在短时间内增加违约的风险，而在较长时间内违约风险主要是资产的连续波动造成的。

2. 考虑跳跃因子后违约概率的变化

违约距离只能为甄别企业信用风险提供一个初步的依据，它只是一个粗略的结论。要更清楚地分析企业的信用状况和违约可能性，还必须考察企业的违约概率。因此，下文将仍以 ST 南方为例，进一步探讨跳跃因素的引入对违约概率估计的影响。

(1)跳跃幅度方差的 δ_A^2 变化对违约概率影响。ST 南方资产被 ST 前一年的总资产价值 $A_t=1050$(百万元)，违约门限 $D=435$(百万元)，经计算可得总资产价值周收益率波动方差 $\mathrm{Var}(A_t)=\sigma_A^2+\lambda_A\times\delta_A^2=0.006$，跳跃强度 $\lambda_A=0.01$①，跳跃幅度均值 $\theta_A=0$ 及平

① 为了更清楚地观测跳跃幅度方差及时间对违约概率的影响，使较大的跳跃幅度可以出现，对 ST 南方的跳跃频率进行略微改动，其原始值为 0.0168。

均周收益率 $\alpha = -0.003$。

为了便于分析，保持资产总价值、总方差和跳跃强度不变，仅考察跳跃幅度方差 δ_A^2 变化时所导致的违约概率的变化①。令跳跃幅度方差 δ_A^2 分别取 0、0.2、0.3 和 0.5，求得不同 δ_A^2 下的累积违约概率和边际违约概率，分别如图 6.3 和图 6.4 所示。其中 $\delta_A^2 = 0$ 对应的是纯扩散模型的估计结果。

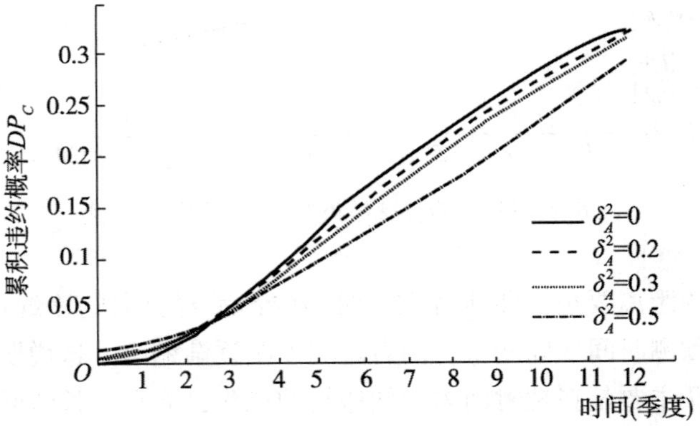

图 6.3　累积违约概率 DP_C 与 δ_A^2 的关系图

图 6.3 为 δ_A^2 取不同值时，ST 南方的累积违约概率 DP_C 的变化图。图中的纵轴表示累积违约概率 DP_C，横轴表示预测违约风险的时间区间。不难看出，随着预测时间区间变长，无论是纯扩散模型还是跳-扩散模型，都认为 ST 南方的违约概率将明显增加。但是，两类模型预测的短期和长期内违约风险变化特征有一定的差异。在保持总方差不变的前提下，跳-扩散模型（即 $\delta_A^2 > 0$）预测的短期内违约概率较大，且 δ_A^2 越大，对应的短期内违约概率越大。而其预测的长期内违约概率则小于纯扩散模型（即 $\delta_A^2 = 0$ 时）的违约

① 此处及本节后续采用的时间单位均为“季度”，是因为跳跃风险往往在较短的时间内更为明显，这样能更清楚地观测时间变化时两种模型违约概率的差别。同时，还考虑到我国上市企业报告披露的最短时间间隔也是“季度”。

概率。这一结论和 Zhou(2001)利用蒙特卡洛模拟分析的违约率趋势基本是一致的。但本章研究和 Zhou(2001)的最大不同在于，Zhou(2001)所假设的数据很难在实证中直接观测到，而本章研究则是利用市场数据估计出企业总资产价值，并以此为依据来分析企业的累积违约概率。

这一结论对企业债券或负债资产的违约风险的实证分析同样具有重要的理论意义。在实证中，可以利用企业公开发行的股票市场信息推导出其总资产价值变动信息，并依此对企业进行分类。尽管不同企业总资产价值的波动风险($\mathrm{Var}(A_t)$)可能一样，但总资产价值跳动幅度较大(即 δ_A^2 较大)的企业所发行的短期债券或短期负债资产违约风险将更大，因此应赋予其更低的信用级别。而对那些总资产价值跳动幅度较小(即 δ_A^2 较小)的企业所发行的短期债券或短期负债资产则应给予更高的信用级别；长期内对违约风险的评价则恰好相反。

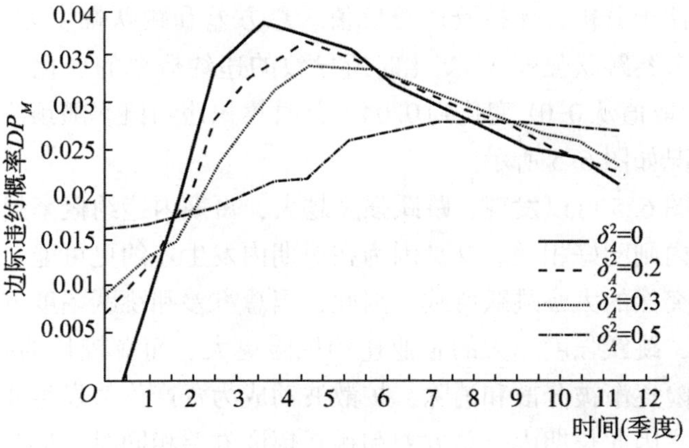

图 6.4 边际违约概率与 δ_A^2 的关系图

类似的，图 6.4 反映了 δ_A^2 取不同值时边际违约概率 DP_M 的变化情况。图中的纵轴表示边际违约概率 DP_M，横轴表示预测违约风险的时间区间。从图 6.4 可以看出，随着预测时间区间逐渐变长，纯扩散模型预测的 DP_M 从零开始逐渐增加，并在 4 季度处达到最大值，此后逐渐下降。而跳-扩散模型预测的 DP_M 在短期内全部大于零，然后逐渐增加至某个高点后逐渐下降。值得注意的是 δ_A^2 越大时，短期内 DP_M 越大，对应的 DP_M 变化图也越平缓，其中与 $\delta_A^2=0.5$ 对应的 DP_M 变化图基本上是水平的。

现有的一些实证研究也表明，短期债券的违约概率往往比零大，如 Fons(1994)认为只有等级很高的债券才有近似于零的初始违约概率，且边际违约率期限结构有向上的斜率。级别低的债券往往有非零的初始违约率，在特定的条件下其边际违约率期限结构甚至可以是水平的。而图 6.4 中纯扩散模型预测的边际违约率变化图只能反映信用等级较高的债券违约期限结构，而不能解释级别较低债券的违约期限结构。跳-扩散模型预测的边际违约率变化则会根据跳跃幅度方差 δ_A^2 的不同呈现出不同的形状。当然，纯扩散模型也可视为 $\delta_A^2=0$ 的跳-扩散模型特例。因此，跳-扩散模型可以更为广泛地解释各种等级债券的期限结构。

(2)跳跃强度 λ_A 变化对违约概率影响。仍以 ST 南方为例，同样为了便于分析，保持资产总价值、总方差和跳跃幅度方差 δ_A^2 不变，仅考察跳跃强度 λ_A 变化时所导致的违约概率的变化。令跳跃强度 λ_A 取值从 0.01 变化到 0.04，此时累积违约概率随预测时间的变化情况如图 6.5 所示。

从图 6.5 可以发现，跳跃强度越大，短期内违约概率越大，而在长期内则刚好相反。这是因为在短期内发生违约更可能是资产价值发生突然的大幅跳跃所致。因此，当总方差和跳跃幅度方差保持不变时，跳跃强度越大的企业违约风险更大。而在较长的时间内，跳跃风险逐渐被分散和消除，扩散波动成为资产价值发生变化的主导因素。因此长期内，总方差和跳跃幅度方差相同时，那些有较大跳跃强度的企业其扩散型风险反而较小，因此倾向于有较小的违约概率。

当然，在实证中应综合考虑跳跃幅度和跳跃强度对违约概率的影响。如果企业资产价值跳跃幅度很大，但是跳跃强度很小，违约风险也不会因此而大幅增加。同样的，如果跳跃强度较大，仅仅意味着跳跃次数可能较多，但如果每次跳跃的幅度很小，也不足以引

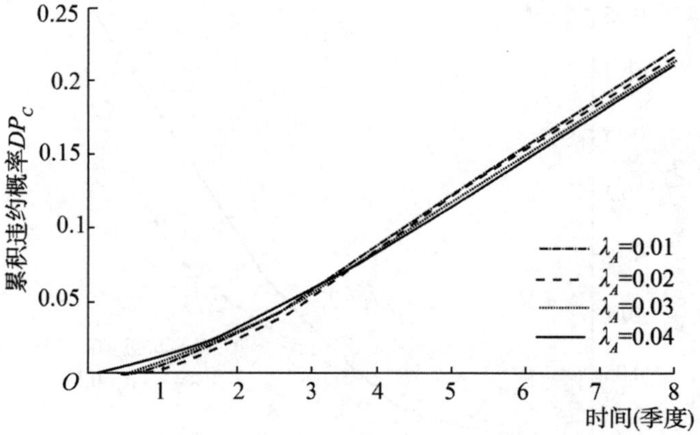

图 6.5 累积违约概率 DP_C 和 λ_A 的关系图

发资产价值的大幅下跌，从而改变企业的违约风险。

(3)不同资产价值负债比条件下累积违约概率变化的比较。利用公开交易的市场数据为基础，在不同资产价值负债条件下，分别利用跳-扩散模型和纯扩散模型分析企业资产累计违约概率的变化，有助于进一步了解跳跃因素在不同资产价值负债条件下对违约概率预测的影响，从而更好地反映企业信用状况的变化。

仍以 ST 南方为例，令资产价值负债比为 $R = K/A_t$，其中 A_t 表示总资产市场价值。现假设 R 从 0.1 变化到 0.7，时间区间为 1 年，其他参数取值保持不变。此时，该企业累计违约概率 DP_C 和资产价值负债比 $R = K/A_t$ 之间的关系如图 6.6 所示。

图 6.6 中的实线表示的是根据纯扩散模型得到的累积违约概率 DP_C 和企业资产价值负债比 R 之间的关系图，虚线则是根据跳-纯扩散模型得到 DP_C 与 R 的关系图，其中跳跃幅度方差设定为 $\delta_A^2 = 0.5$。从该图可以发现，资产价值负债比 R 增加时，两类模型预测的违约概率都逐渐增加，这是因为资产价值距离违约门限越来越近，违约风险必然会越来越大。但跳-扩散模型和纯扩散模型预测的违约风险变化有一定差异。

当资产价值负债 R 较小时，跳-扩散模型预测的违约风险比纯

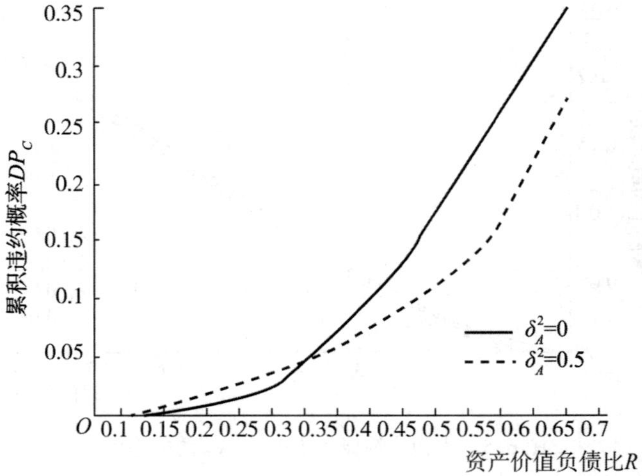

图 6.6　累积违约概率 DP_C 和资产价值负债比 R 的关系图

扩散模型预测的要大。这是因为前者考虑了资产价值可能出现大幅跳跃，从而加大企业发生违约的可能性。如果将总资产价值的波动区分为跳跃波动和扩散波动，那跳跃波动就是短期内资产价值出现大幅变化从而引发违约风险的来源。而扩散波动则是资产价值逐渐变化从而引发违约风险的来源。因此，当资产价值负债比较小时，虽然资产价值距离违约门限相对较远，但由于资产价值变化存在跳跃的可能性，尤其是当跳跃幅度相当大时，短期违约的风险就会大大增加，此时采用纯扩散模型就会低估资产价值跳跃引发违约的可能性。这一结论对违约风险实证分析的指导意义在于，当这类低资产价值负债比企业发行债券或负债资产时，如果其资产价值波动中包含比较明显的跳跃变化时，则对其违约风险的定价应当高于未考虑跳跃时的违约风险定价。

而当资产价值负债比例变大时，资产价值与违约门限的距离越来越近，由资产价值的扩散运动导致的违约可能性也越来越大。但是，当总波动风险以跳跃风险为主时，扩散波动就相对较小。而且，尽管跳跃幅度方差很大，但跳跃是偶有发生而并非经常性地出现。此时如果利用纯扩散模型来估计违约率，就相当于把跳跃变化完全看成是经常发生的扩散波动，从而高估违约的可能性。在这种情况下，若该企业负有债务，其违约风险应当低于未考虑跳跃影响时的违约风险。

6.5 本章小结

本章结合跳-扩散模型和期权定价的思想，对带有跳跃风险的违约结构模型进行了详细推导，求出企业总资产价值的概率分布，利用半不变量统计方法和全局最优算法估计出分布中的相关参数，并推导了企业违约概率。从而实现在资产价值变动本身不可观测的情况下，利用股票市场数据所蕴含的信息来间接度量含有跳跃因子的资产价值变化及违约风险，弥补了现有研究的不足。实证结果表明：

(1) 通过对中国上市企业相关数据进行实证分析后发现，2007—2008 年全球金融危机、我国雪灾和地震突发事件明显引发了所有样本企业的异常跳跃式变动，上市企业的违约风险大幅增加。

(2) 跳跃风险不仅广泛存在，有很强的系统性，同时也在很大程度上受到不同上市企业异质性的影响，不同类型的企业(如是否将被 ST、规模大小、资产负债率高低等)其资产收益率呈现出的跳跃特征也不尽相同。企业资产收益率的跳跃幅度会随企业规模增长而减小，随资产负债率增加而增加；企业将被 ST 也会明显增加企业资产收益率的跳跃幅度；企业与宏观经济“无关的增长能力”越大，企业资产收益率的跳跃幅度也会明显减小。同时，当宏观经济增长率为正值时，企业与宏观经济“相关的增长能力”越大，企业资产收益跳跃幅度也会越小。

(3) 考虑了跳跃因素后，企业的违约风险会进一步区分为跳跃式违约风险和连续变动式违约风险。在短时间内或者是资产价值负债率比较小的情况下，跳跃波动导致的风险占主导，它的存在使得企业的实际违约概率会高于纯扩散模型估计的违约概率；而在长时间内或资产价值负债率比较高的情况下，资产价值的扩散波动导致的风险占主导，它使得企业的实际违约概率会低于纯扩散模型所估算的违约概率。

本章利用跳-扩散模型描述市场信息和企业价值变化，为企业违约分析提供了一个新的研究思路，使得相关研究可以更加全面地考虑突发事件、政策变化等因素的影响。但是，本章研究的限制条件比较严格，比如假定违约仅在某个违约时点发生，假设企业总债务为定值及对参数施加了一些严格的限制条件等。这些限制条件与现实世界的具体情况仍存在一定的差距，因此下一章的研究将考虑放松这些约束条件，进一步构造能更好反映企业资产价值收益变化和违约风险的跳跃-扩散模型。比如，考虑违约不仅在约定时点发生，而是在约定时点以前任意时刻都可以发生的跳-扩散模型；又如，考虑违约门限可变的跳-扩散模型；再如，跳跃强度可以随时间发生变化的跳-扩散模型。这些模型将与企业资产价值变化的实际情况更为接近，因此也能更好地测度企业的违约风险。

◎ 本章参考文献

[1] Beckers S. . A Note on Estimating the Parameters of the Diffusion-Jump Model of Stock Returns. The Journal of Financial and Quantitative Analysis, 1981, 16(1): 127-140.

[2] Dragon Y. T. , Hong Y. . Market Conditions. Default Risk and Credit Spreads. Journal of Banking and Finance, 2010, 34(4): 743-753.

[3] Dudley R. M. . Real Analysis and Probability. The Press Syndicate Of The University Of Cambridge, Cambridge, United Kingdom, 2004.

[4] Duffie D. , Singleton K. . Credit Risk Pricing, Measurement, and Management. New Jersey, USA, Princeton University Press, 2003: 53-55.

[5] Fons J. S.. Using Default Rates to Model the Term Structure of Credit Risk. Financial Analysts Journal, 1994, 50(5): 25-32.

[6] Klebaner F. C.. Introduction to Stochastic Calculus with Applications. Second Edition. Imperial College Press, London, UK, 2005.

[7] Kim H. Y., Mei J. P.. What Makes the Stock Market Jump? An Analysis of Political Risk on Hong Kong Stock Returns. Journal of International Money and Finance, 2001, 20(7): 1003-1016.

[8] Leland H. E.. Predictions of Default Probabilities in Structural Models of Debt. The Credit Market Handbook: Advanced Modeling Issues. New Jersey, USA, John Wiley & Sons, 2006: 39-63.

[9] Lobo B. J.. Jump Risk in the U. S. Stock Market: Evidence Using Political Information. Review of Financial Economics, 1999, 8(2): 149-163.

[10] Merton R. C.. On the Pricing of Corporate Debt: the Risk Structure of Interest Rates. The Journal of Finance, 1974, 29(2): 449-470.

[11] Merton R. C.. Option Pricing When Underlying Stock Return Are Discontinuous. Journal of Financial Economics, 1976, 3(1-2): 125-144.

[12] Harrison M.. Brownian Motion and Stochastic Flow Systems. Krieger Publishing Company, Florida, US, 1990.

[13] Revuz D., Yor M.. Continuous Martingales and Brownian Motion. Third Edition. Springer-Verlag Berlin Heidelberg, New York, US, 1999.

[14] Zhou C. S.. A Jump Diffusion Approach to Modeling Credit Risk and Valuing Defautable Securities. Washington, USA, Federal Reserve Board, 1997, Working Paper.

[15] Zhou C. S.. The Term Structure of Credit Spreads with Jump Risk. Journal of Banking and Finance, 2001, 25(11): 2015-2040.

[16] 张玲，杨贞柿，陈收. KMV 模型在上市公司信用风险评价中的

应用研究，系统工程，2004，22(11)：84-89.
[17]陈晓红，张泽京，王傅强．基于 KMV 模型的我国中小上市公司信用风险研究．数理统计与管理，2008，27(1)：164-175.

第7章 违约风险结构模型的理论拓展

资产收益的大幅跳跃会使得企业资产价值瞬间偏离原有的扩散运动轨迹，违约风险在短时间内迅速变化。虽然随着资产收益的新一轮平滑运动，违约风险会逐渐回归到某一均值水平，但耗时较长，且违约风险的均值水平也将发生明显改变。第6章的研究表明，当企业资产价值变化过程中存在跳跃现象时，采用纯扩散模型短期内会低估企业的违约风险。因此，违约风险度量模型还应对跳跃变化予以关注，明确跳跃因素对企业违约风险及整体风险的影响。

放松资产价值变化符合纯扩散过程的假定，在纯扩散型违约风险度量模型中引入跳跃因素，将有助于提高风险度量的准确性、降低预测偏误。Das(2002)认为，跳跃过程能够捕捉到GAUSS扩散模型无法刻画的金融资产价格变化特征，他通过研究发现将跳跃过程引入到GAUSS扩散模型中会显著改善模型的拟合能力。Kiesel和Scherer(2007)认为，和纯扩散模型相比，考虑了资产收益跳跃变化的信用风险模型能对贷款、债券、信用互换等金融工具的信用利差作出更合理的解释。Cremers等(2008a，2008b)在研究企业债券违约利差时发现，现有的扩散型信用结构模型基本上只能解释20%~30%的实测信用利差，通过引入跳跃风险溢酬，能够使预测的信用利差更加接近实际的利差水平，而且跳跃因素的引入有也助于改善对信用利差波动和股票收益率波动的拟合度。Tang和Yan(2010)也认为跳跃因素在违约分析中十分重要，考虑了跳跃因素后的信用模型能更好地解释信用利差的变化。许友传和陈可桢(2013)的研究则表明，分析资产价值变化时，若不嵌入跳跃过程，则可能严重低估信用风险。

尽管近年来还有不少其他研究，如乌画等(2010)，张洪祥和毛志忠(2011)，柳卫静等(2011)，也关注了跳跃风险对企业违约率的影响，但总的来看，这些研究仍存在以下不足：基于 Merton 模型的扩展研究，显然没有考虑企业在约定时点前也可能违约的特性；基于首达时模型扩展的研究虽然考虑了企业在约定时点前可能违约的特性，也分析了跳跃因素对违约风险的影响，但模型相当复杂，甚至需要借助拉普拉斯变换或特殊算法才能求出模型的近似解。更重要的是，这些模型隐含的假设前提是“企业总资产价值可以直接观测和度量”。模型过于复杂以及企业总资产价值无法被直接观测的事实，使得这些理论模型很难在实证中得以运用。

鉴于此，第 6 章将跳跃因素引入到纯扩散模型中时，构建了一个从“权益资产价值跳跃变化”到“总资产价值跳跃变化”再到“违约风险测度”的分析框架。但是，该框架的限制条件比较严格，比如假定违约仅在某个违约时点发生，假设企业总债务为定值等，因此不能很好地反映企业资产价值收益变化和违约风险的实际情况。本章将进一步探讨分别放松这些约束条件的模型和研究方法，比如，考虑违约不仅在约定时点发生，而是在约定时点以前任意时刻都可以发生的首达时跳-扩散模型；再如，违约门限可变的跳-扩散模型。这些模型将与企业资产价值变化的实际情况更为接近，因此也能更好地测度企业违约风险。

本章将首先详细分析和阐述首达时模型的理论框架、模型特点及存在的缺陷。然后，尝试在该模型中引入跳跃因子来反映资产收益率的异常变化，分析违约门限为常数以及违约门限可变情况下，跳跃因子引入对首达时模型下的违约概率和有关参数估计的影响。最后，在 Merton 模型中和首达时模型中，考虑引入更为复杂的非齐次泊松跳跃因子，纳入跳跃强度变化的时变性、集群性及状态依赖性等特点。

7.1　首达时结构模型

结构模型将企业违约风险同企业总资产价值相关联，并对企业总资产价值及资产负债结构进行分析，把违约过程描述为企业总资产价值恶化的直接结果。结构模型建模的一个重要基础是期权定价理论，即把企业权益价值视为其总资产价值的或有期权，从而利用企业权益市场数据间接测度企业总资产价值和违约风险。结构模型从经济机制上探讨了企业发生违约的逻辑过程，其信息源具有数据广，结构丰富的特点，这是简约模型所不能比拟的。目前，基于结构模型的违约率研究主要是对 Merton 系列模型的应用与拓展，其中又以对首达时模型的运用和再扩展最为广泛。

在 Merton 模型中，企业权益价值被视为企业资产价值的欧式看涨期权，如果企业资产的市场价值在约定时点降至违约门限(D , $D \leqslant K$)之下时，企业对债务人发生违约，债务人仅能获得企业市场价值的债务偿付。本书前两章已经讨论了基于扩散过程的 Merton 模型和含有简单泊松跳跃因子的 Merton 模型。这两类 Merton 模型及其他扩展的 Merton 系列模型默认的一种情况是：即使企业资产价值在约定时点以前已低于应偿债务(甚至变为零)，只要它在约定时点处高于应偿债务，都不被认为违约。而实际上，有些企业在债务到期前就可能已陷入债务危机甚至发生破产，所以“给定时点违约”的假定过于严格了。Black 和 Cox(1976)认为，违约不一定在给定的时间点才发生。从当前开始到约定时点，企业价值随时可能降至违约门限(D , $D \leqslant K$)以下而引发违约。因此，应该在企业违约问题中引入一个安全契约，以保证企业价值一旦降至某个事先约定的水平，企业资产便全部移交给债权人。这就是著名的首达时模型，它是对 Merton 模型的扩展。

首达时模型考虑了违约既可能在约定时点发生，也可能在此之前发生的特性。正式地，它将违约事件同某个确定的变量过程联系起来，将企业价值视为一个随机过程，当该过程首次通过某个预先确定界限时，违约即被触发。因此，与 Merton 模型相比，首达时模型在对信用事件进行建模时有更大的灵活性，更加接近现实世界中的债务合约和其他含信用风险的金融工具的实际情况。

首达时模型的理论依据是将“企业权益”视为“企业总资产价值”的障碍期权(向下敲出的欧式看涨期权)。它包含了两层含义：

(1)在约定时间点，若企业资产价值降至总债务面值(K)以下时，该期权价值为零。此时若企业资产价值比约定违约门限(D , $D \leqslant K$)还要低，企业发生违约，债务人仅能获得企业市场价值的债务偿付。(2)在约定时间点以前，只要企业资产价值降至约定的违约门限(D , $D \leqslant K$)以下时，企业便发生违约，债务人获得的债务偿付等于违约时的企业市场价值。此时，该期权价值也为零。需要指出的是，该模型的相关分析也是建立在企业价值符合纯扩散过程的假设上的。虽然 Black 和 Cox(1976)也曾强调，如果企业价值遵循一个跳跃过程，就必须对权益和债务价值进行调整，不过并未就此问题进行深入探讨。本章 7.2 将继续就该问题进行深入讨论。

7.1.1　向下敲出的欧式看涨期权定价公式

向下敲出的欧式看涨期权是欧式障碍期权的一种。障碍期权是指在其执行期内受到一定限制的期权，其收益依赖于标的资产的价值在执行期内是否达到了一个特定的水平。障碍期权分为两大类：敲出期权和敲入期权。

敲出期权是指当标的资产价格在执行期内达到约定的障碍水平 D 时，期权作废。敲入期权是指当标的资产价格在执行期内达到约定的障碍水平 D 时，期权生效。而根据障碍水平 D 与执行价格 K 的大小关系又可以进一步将敲出或敲入期权分为向上、向下两种：当 $D \leqslant K$ 时，称为向下；当 $D \geqslant K$ 时，称为向上。首达时模型的理论基础就是向下敲出的欧式看涨期权。该期权在 T 时的价值可以表示为：$(S_T - K)^+ \cdot I_{(\tau_D > T)}$ ，其中障碍水平 $D \leqslant K$, S_T 表示标的资产在 T 时的价格，τ_D 表示标的资产价格 S_u 首次到达 D 的时间，因此有 $\tau_D = \inf\{u > t,\ S_u = D\}$ 。

本节仍采用 Black 和 Scholes(1973)和 Merton(1974)的假设条件来分析向下敲出欧式看涨期权定价公式。根据 BSM 模型的分析，标的资产符合下式所示的随机微分方程：

$$\frac{\mathrm{d}S_t}{S_t} = \mu_S \mathrm{d}t + \sigma_S \mathrm{d}B_t \tag{7.1}$$

为了在无套利条件下导出向下敲出的欧式看涨期权定价公式，

需要先找到一个与实际概率测度 P 等价的鞅测度 Q（风险中性测度）。

利用与 6.3 节类似的方法，令：$Y=\frac{\mu_S-r}{\sigma_S}$，（$r$ 为无风险利率），作鞅测度变换：

$$\Lambda=\frac{\mathrm{d}Q}{\mathrm{d}P}=\exp\left(-\int_t^T Y\mathrm{d}B_u-\frac{1}{2}\int_t^T(Y)^2\mathrm{d}u\right)$$

根据定理 6.1 知，Q 是实际概率测度 P 的等价鞅测度（风险中性测度），且 $dW_t=\mathrm{d}B_t+\frac{\mu_S-r}{\sigma_S}\mathrm{d}t$ 为鞅测度 Q 下的标准布朗运动。故在 Q 测度下，式(7.1)变形为：

$$\frac{\mathrm{d}S_t}{S_t}=r\mathrm{d}t+\sigma_S\mathrm{d}W_t \tag{7.2}$$

由此得：

$$S_T=S_t\exp\left[\left(r-\frac{1}{2}\sigma_S^2\right)(T-t)+\sigma_S(W_T-W_t)\right] \tag{7.3}$$

为了分析的便利，再作测度变换，以简化 S_T 的表达式，令 $H=\frac{r-\frac{1}{2}\sigma_S^2}{\sigma_S}$，作测度变换：

$$\Lambda^*=\frac{\mathrm{d}Q^*}{\mathrm{d}Q}=\exp\left(-\int_t^T H\mathrm{d}B_u-\frac{1}{2}\int_t^T(H)^2\mathrm{d}u\right)$$

仍由定理 6.1 知，$\mathrm{d}W_t^*=\mathrm{d}W_t+\frac{r-\frac{1}{2}\sigma_S^2}{\sigma_S}\mathrm{d}t$ 为测度 Q^* 下的标准布朗运动，故在测度 Q^* 下，式(7.3)变形为：$\frac{\mathrm{d}S_t}{S_t}=\frac{1}{2}\sigma_S^2\mathrm{d}t+\sigma_S\mathrm{d}W_t^*$。由于布朗运动具有马尔科夫性，为了简化计算，令：$t=0$，$S_t=S_0$，$W_t^*=W_0^*=0$。

由此得：

$$S_T=S_0\exp(\sigma_S W_T^*) \tag{7.4}$$

由 Radon-Nikodym 定理可知：

$$E^{Q}(\mathrm{e}^{-rT}(S_T-K)^{+}\cdot I_{(\tau_D>T)})=E^{Q^*}\left[\mathrm{e}^{-rT}\frac{(S_T-K)^{+}}{\Lambda^*}\cdot I_{(\tau_D>T)}\right] \tag{7.5}$$

令 $m^*(T)=\min\limits_{0\leqslant u\leqslant T}W^*(u)$，由定义 6.2 可知，$S_0\exp[\sigma_S m^*(T)]>D\Leftrightarrow\tau_D>T$。再利用定理 6.5 即可得：

$$\begin{aligned}
&E^{Q}[\mathrm{e}^{-rT}(S_T-K)^{+}\cdot I_{(\tau_D>T)}]\\
&=E^{Q^*}\left[\mathrm{e}^{-rT}\frac{(S_T-K)^{+}}{\Lambda^*}\cdot I_{(\tau_D>T)}\right]\\
&=E^{Q^*}\left[\mathrm{e}^{-rT}\cdot\mathrm{e}^{HW_T^*-\frac{1}{2}H^2T}(S_T-K)^{+}\cdot I_{(\tau_D>T)}\right]\left(\text{其中 }H=\frac{r-\frac{1}{2}\sigma_S^2}{\sigma_S}\right)\\
&=\mathrm{e}^{-rT-\frac{1}{2}H^2T}E^{Q^*}[\mathrm{e}^{HW_T^*}(S_0\mathrm{e}^{\sigma_S W_T^*}-K)^{+}\cdot I_{(\tau_D>T)}]\\
&=\mathrm{e}^{-rT-\frac{1}{2}H^2T}E^{Q^*}\left[\mathrm{e}^{HW_T^*}(S_0\mathrm{e}^{\sigma_S W_T^*}-K):W_T^*>a,m^*(T)>b\right]\\
&\qquad\left(\text{其中 }a=\frac{\ln\frac{K}{S_0}}{\sigma_S},b=\frac{\ln\frac{D}{S_0}}{\sigma_S}\right)\\
&=\mathrm{e}^{-rT-\frac{1}{2}H^2T}\int_a^{+\infty}\int_b^0(S_0\mathrm{e}^{(\sigma_S+H)x}-K\mathrm{e}^{Hx})\cdot\sqrt{\frac{2}{\pi}}\cdot\frac{x-2y}{T^{3/2}}\cdot\mathrm{e}^{-\frac{(x-2y)^2}{2T}}\mathrm{d}x\mathrm{d}y
\end{aligned}$$

（令 $x=W_T^*,y=m^*(T)$）

$$\begin{aligned}
&=\mathrm{e}^{-rT-\frac{1}{2}H^2T}\int_a^{+\infty}(S_0\mathrm{e}^{(\sigma_S+H)x}-K\mathrm{e}^{Hx})\mathrm{d}x\int_b^0\sqrt{\frac{2}{\pi}}\cdot\frac{x-2y}{T^{3/2}}\cdot\mathrm{e}^{-\frac{(x-2y)^2}{2T}}\mathrm{d}y\\
&=\mathrm{e}^{-rT-\frac{1}{2}H^2T}\int_a^{+\infty}(S_0\mathrm{e}^{(\sigma_S+H)x}-K\mathrm{e}^{Hx})\left(-\frac{1}{\sqrt{2\pi T}}\right)\cdot\left(\mathrm{e}^{-\frac{(x-2b)^2}{2T}}-\mathrm{e}^{-\frac{x^2}{2T}}\right)\mathrm{d}x
\end{aligned}$$

再利用定理 6.2(2)可知上式等于：

$$\begin{aligned}
&E^{Q}[\mathrm{e}^{-rT}(S_T-K)^{+}\cdot I_{(\tau_D>T)}]\\
&=K\mathrm{e}^{-rT-\frac{1}{2}H^2T}\cdot\left[\mathrm{e}^{\frac{1}{2}H^2T+2Hb}\Phi\left(\frac{2b+HT-a}{\sqrt{T}}\right)-\mathrm{e}^{\frac{1}{2}H^2T}\Phi\left(\frac{HT-a}{\sqrt{T}}\right)\right]-
\end{aligned}$$

$$S_0 e^{-rT-\frac{1}{2}H^2T} \cdot \left[e^{\frac{1}{2}(H+\sigma_s)^2T+2(H+\sigma_s)b}\Phi\left(\frac{2b+(H+\sigma_s)T-a}{\sqrt{T}}\right) - \right.$$

$$\left. e^{\frac{1}{2}(H+\sigma_s)^2T}\Phi\left(\frac{(H+\sigma_s)T-a}{\sqrt{T}}\right) \right]$$

$$= K\left[e^{-rT+2Hb}\Phi\left(\frac{2b+HT-a}{\sqrt{T}}\right) - e^{-rT}\Phi\left(\frac{HT-a}{\sqrt{T}}\right) \right] -$$

$$S_0\left[e^{-rT+(H\sigma_s+\frac{1}{2}\sigma_S^2)T+2(H+\sigma_S)b}\Phi\left(\frac{2b+(H+\sigma_S)T-a}{\sqrt{T}}\right) - \right.$$

$$\left. e^{-rT+(H\sigma_s+\frac{1}{2}\sigma_S^2)T}\Phi\left(\frac{(H+\sigma_S)T-a}{\sqrt{T}}\right) \right] \quad (7.6)$$

其中, $\Phi(\cdot)$ 为标准正态分布。

7.1.2 首达时模型下的违约概率

假设企业资产价值也符合纯扩散模型:

$$\frac{dA_t}{A_t} = \mu_A dt + \sigma_A dB_t$$

可得:

$$A_T = A_t \exp\left[\left(\mu_A - \frac{1}{2}\sigma_A^2\right)(T-t) + \sigma_A(B_T - B_t)\right] \quad (7.7)$$

由于布朗运动具有马尔科夫性,为了简化计算,令 $t=0, A_t = A_0$, $B_t = B_0 = 0$。式(7.7)简化为:

$$A_T = A_0 \exp\left[\left(\mu_A - \frac{1}{2}\sigma_A^2\right)T + \sigma_A B_T\right] \quad (7.8)$$

令 $\tau_D^A = \inf\{u > t, A_u = D\}$ 为企业资产价值首次到达违约门限 D ($D \leqslant A_0$ 且 $D \leqslant K$, K 为总债务面值) 的时间。再令 $m^A(T) = \min\limits_{0\leqslant u\leqslant T}\left[\left(\mu_A - \frac{1}{2}\sigma_A^2\right)u + \sigma_A B_u\right]$,显然有: $A_0\exp(m^A(T)) > D \Leftrightarrow \tau_D^A > T$。所以,企业未发生违约的概率为:

$$\begin{aligned} P(\tau_D^A > T) &= P(A_0 \exp(m^A(T)) > D) \\ &= P\left(\min_{0\leqslant u\leqslant T}\left[\left(\mu_A - \frac{1}{2}\sigma_A^2\right)u + \sigma_A B_u\right] > \ln\frac{D}{A_0}\right) \quad (7.9) \end{aligned}$$

根据定理 6. 4 和 Harrison(1990)中推论 1. 8 知式(7. 9)等于:

$$P(\tau_D^A > T) = \Phi\left(\frac{-\ln\frac{D}{A_0}+\left(\mu_A-\frac{1}{2}\sigma_A^2\right)T}{\sigma_A\sqrt{T}}\right) - e^{\frac{2\left(\mu_A-\frac{1}{2}\sigma_A^2\right)}{\sigma_A^2}\ln\frac{D}{A_0}} \cdot$$

$$\Phi\left(\frac{\ln\frac{D}{A_0}+\left(\mu_A-\frac{1}{2}\sigma_A^2\right)T}{\sigma_A\sqrt{T}}\right)$$

$$= \Phi\left(\frac{-\ln\frac{D}{A_0}+\left(\mu_A-\frac{1}{2}\sigma_A^2\right)T}{\sigma_A\sqrt{T}}\right) - \left(\frac{D}{A_0}\right)^{\frac{2\left(\mu_A-\frac{1}{2}\sigma_A^2\right)}{\sigma_A^2}} \cdot$$

$$\Phi\left(\frac{\ln\frac{D}{A_0}+\left(\mu_A-\frac{1}{2}\sigma_A^2\right)T}{\sigma_A\sqrt{T}}\right) \tag{7. 10}$$

因此企业发生违约的概率为:

$$P(\tau_D^A \leqslant T) = 1 - P(\tau_D^A > T)$$

$$= 1 - \Phi\left(\frac{-\ln\frac{D}{A_0}+\left(\mu_A-\frac{1}{2}\sigma_A^2\right)T}{\sigma_A\sqrt{T}}\right) + \left(\frac{D}{A_0}\right)^{\frac{2\left(\mu_A-\frac{1}{2}\sigma_A^2\right)}{\sigma_A^2}} \cdot$$

$$\Phi\left(\frac{\ln\frac{D}{A_0}+\left(\mu_A-\frac{1}{2}\sigma_A^2\right)T}{\sigma_A\sqrt{T}}\right)$$

$$= \Phi\left(\frac{\ln\frac{D}{A_0}-\left(\mu_A-\frac{1}{2}\sigma_A^2\right)T}{\sigma_A\sqrt{T}}\right) + \left(\frac{D}{A_0}\right)^{\frac{2\left(\mu_A-\frac{1}{2}\sigma_A^2\right)}{\sigma_A^2}} \cdot$$

$$\Phi\left(\frac{\ln\frac{D}{A_0}+\left(\mu_A-\frac{1}{2}\sigma_A^2\right)T}{\sigma_A\sqrt{T}}\right) \tag{7.11}$$

但是正如第6章所分析的，企业资产价值本身不可观测，因此无法利用实测数据直接对相关参数进行估计。但是，如能建立企业资产价值和权益价值之间的非线性函数关系，便可通过对权益价值数据的观察，来间接度量企业资产价值变化，并对违约概率中相关参数进行估计。

7.1.3 资本结构分析和参数估计

假设企业资本结构仅包括负债(K)和权益资产(S)，负债和权益资产的市场价值共同构成企业的总资产价值(A)。根据 Black 和 Cox(1976)可以将企业权益视为企业总资产价值的向下敲出的欧式看涨期权，则式(7.6)变形为：

$$\begin{aligned} S_0 &= f(A_0,\ t) \\ &= K\left[\mathrm{e}^{-rT+2Hb}\Phi\left(\frac{2b+HT-a}{\sqrt{T}}\right)-\mathrm{e}^{-rT}\Phi\left(\frac{HT-a}{\sqrt{T}}\right)\right]- \\ &\quad A_0\left[\mathrm{e}^{-rT+(H\sigma_A+\frac{1}{2}\sigma_A^2)T+2(H+\sigma_A)b}\Phi\left(\frac{2b+(H+\sigma_A)T-a}{\sqrt{T}}\right)-\right. \\ &\quad \left.\mathrm{e}^{-rT+(H\sigma_A+\frac{1}{2}\sigma_S^2)T}\Phi\left(\frac{(H+\sigma_A)T-a}{\sqrt{T}}\right)\right] \end{aligned} \tag{7.12}$$

其中，$H=\dfrac{r-\frac{1}{2}\sigma_A^2}{\sigma_A}$，$a=\dfrac{\ln\frac{K}{A_0}}{\sigma_A}$ 及 $b=\dfrac{\ln\frac{D}{A_0}}{\sigma_A}$，$A_0$ 为0时的总资产价值，K 为企业总债务面值(期权执行价格)。

另一方面，由于不存在无风险套利，利用定理3.2，对 $S_0=f(A_0,\ t)$ 进行变换可得：

$$\begin{aligned} \sigma_S &= \frac{A_t}{S_t}\cdot\frac{\partial S_t}{\partial A_t}\cdot\sigma_A \\ &= \frac{A_0}{S_0}\cdot\left[\mathrm{e}^{-rT+\left(H\sigma_A+\frac{1}{2}\sigma_A^2\right)T+2(H+\sigma_A)b}\Phi\left(\frac{2b+(H+\sigma_A)T-a}{\sqrt{T}}\right)-\right. \end{aligned}$$

$$e^{-rT+\left(H\sigma_A+\frac{1}{2}\sigma_A^2\right)T}\Phi\left(\frac{(H+\sigma_A)T-a}{\sqrt{T}}\right)\Bigg]\cdot\sigma_A \qquad (7.13)$$

现在便可利用企业权益市场数据信息，由式(7.12)和式(7.13)求得 A_0 和 σ_A，再结合 Leland(2006)的实证研究结果 $\mu_A = \mu_S \times \frac{S_0}{A_0}$，便可求出违约概率。

7.2　含泊松跳的首达时结构模型

首达时模型的分析，以及以该模型为基础所进行的一些扩展性研究，如 Zhou(2001a)、Fouque 等(2008)、冯谦和杨朝军(2006)及任学敏和边保军(2010)，仍假定资产价值变化符合纯扩散过程。为了考虑跳跃因素对企业违约风险的影响，本节将在上节首达时模型的研究框架和假设条件下，仅考虑将跳跃因素引入后模型和研究方法的改进。

关于该方法的讨论将按如下顺序展开：首先，从理论上对企业资产价值负向跳跃所引发的违约率变化进行测度；随后，分析跳跃因素引入后企业资本结构变化，并导出企业权益价值和总资产价值的非线性关系；然后，利用企业权益市场的数据信息来间接估计企业总资产价值和违约率相关参数。最后，放松违约门限为常数的假定，分析违约门限可变时企业资产价值的跳跃变化对违约率的影响。

7.2.1　基于含泊松跳跃风险首达时模型的违约率

1. 企业资产价值的泊松跳-扩散过程

假设企业资本结构仅包括负债(K)和权益资产(S)，负债和权益资产的市场价值共同构成企业的总资产价值(A)。假定总资产价值 A 符合下述跳-扩散过程：

$$\frac{dA_t}{A_t} = [\mu_A - \lambda_A(J_A - 1)]dt + \sigma_A dB_t + (J_A - 1)dN_t \quad (7.14)$$

其中，μ_A 为总资产的期望收益率，σ_A 为总资产价值未发生跳跃时的波动率，它们均为常数；B_t 为真实概率测度 P 下的标准布朗运动；N_t 服从参数为 λ_A 的泊松过程，用以描述资产价值的随机跳跃，其中 λ_A 为常数，即 $P(N_t=n)=\frac{e^{-\lambda_A t}(\lambda_A t)^n}{n!}(n=0,1,2,\cdots)$；$J_A-1(0<J_A<1)$ 为总资产价格发生跳跃时的变化率①；B_t 和 N_t 相互独立。

现将式(7.13)简写为：

$$\frac{dA_t}{A_t}=dX_t \tag{7.15}$$

其中，$dX_t=[\mu_A-\lambda_A(J_A-1)]dt+\sigma_A dB_t+(J_A-1)dN_t$。

根据定理3.3，可知式(7.15)存在唯一的闭式解：

$$\frac{A_T}{A_t}=e^{[X(T)-X(t)-\frac{1}{2}[X,X](T-t)]}\prod_{t\leqslant u\leqslant T}[1+\Delta X(u)]e^{-\Delta X(u)+\frac{1}{2}(\Delta X(u))^2} \tag{7.16}$$

其中，

$$X(T)-X(t)=[\mu_A-\lambda_A(J_A-1)]dt+\sigma_A(B_T-B_t)+\int_t^T(J_A-1)dN_t$$

$$[X,X](T-t)=\sigma_A^2(T-t)+\int_t^T(J_A-1)^2dN_t$$

$$\begin{aligned}\Delta X(u)&=dX(u)-dX^c(u)\\&=(J_A-1)[dN(u)-dN^c(u)]\\&=(J_A-1)\Delta N(u)\end{aligned}$$

$$[\Delta X(u)]^2=(J_A-1)^2[\Delta N(u)]^2=(J_A-1)^2\Delta N(u)$$

由于：

$$\begin{aligned}&e^{X(T)-X(t)-\frac{1}{2}[X,X](T-t)}\\&=\exp\left[\left(\mu_A-\frac{1}{2}\sigma_A^2-\lambda_A(J_A-1)\right)dt+\sigma_A(B_T-B_t)+\right.\\&\qquad\left.\int_t^T(J_A-1)dN_t-\frac{1}{2}\int_t^T(J_A-1)^2dN_t\right]\\&=\exp\left[\left(\mu_A-\frac{1}{2}\sigma_A^2-\lambda_A(J_A-1)\right)dt+\sigma_A(B_T-B_t)+\right.\end{aligned}$$

① 为了简化分析，此处假定 J_A 为常数。

$$(J_A - 1)N_{T-t} - \frac{1}{2}(J_A - 1)^2 N_{T-t}\Bigg]$$

且有：

$$\prod_{t\leqslant u\leqslant T}[1 + \Delta X(u)]e^{-\Delta X(u)+\frac{1}{2}(\Delta X(u))^2}$$

$$= \exp\left[(\ln J_A)N_{T-t} - (J_A - 1)N_{T-t} + \frac{1}{2}(J_A - 1)^2 N_{T-t}\right]$$

因此,综上可得式(7.14)的唯一闭式解为:

$$A_T = A_t\ (J_A)^{N_{T-t}}\exp\left[\left(\mu_A - \frac{1}{2}\sigma_A^2 - \lambda_A(J_A - 1)\right)\cdot\right.$$

$$\left.(T - t) + \sigma_A(B_T - B_t)\right] \tag{7.17}$$

由于布朗运动具有马尔科夫性,为了简化计算可令 $t = 0, A_t = A_0, B_t = B_0 = 0$。因此,式(7.17)简化为:

$$A_T = A_0\ (J_A)^{N_T}\exp\left[\left(\mu_A - \frac{1}{2}\sigma_A^2 - \lambda_A(J_A - 1)\right)T + \sigma_A B_T\right] \tag{7.18}$$

2. 首达时模型框架下含跳跃风险的违约概率

在首达时模型框架下,假定在约定时间段 $(0,T)$ 内或在约定时点 T 上,只要企业资产价值降至约定的违约门限(D , $D \leqslant K$)以下时,企业便发生违约。

现令 $\tau_D^A = \inf\{u > t, A_u = D\}$ 为企业资产价值首次到达违约门限 D 的时间($D < A_0$ 且 $D < K$, K 为贷款总额),因此 $\tau_D^A > T$ 表示在所考察时间区间内企业"未违约"。

再令 $m^A(T) = \min\limits_{0\leqslant u\leqslant T}\left[\left(\mu_A - \frac{1}{2}\sigma_A^2 - \lambda_A(J_A - 1)\right)u + \sigma_A B_u\right]$,显然有

$$A_0\ (J_A)^{N_T}\exp(m^A(T)) > D \Leftrightarrow \tau_D^A > T \tag{7.19}$$

所以,企业未发生违约的概率为:

$$P(\tau_D^A > T) = P(A_0\ (J_A)^{N_T}\exp(m^A(T)) > D)$$

$$= \sum_{n=0}^{+\infty} P(N_T = n)\cdot P(A_0\ (J_A)^{N_T}\exp(m^A(T)) > D \mid N_T = n)$$

$$= \sum_{n=0}^{+\infty} P(N_T = n) \cdot P\left(\min_{0\leqslant u\leqslant T}\left(\left(\mu_A - \frac{1}{2}\sigma_A^2 - \lambda_A(J_A - 1)\right)u + \sigma_A B_u\right) > \ln\frac{D}{A_0} - n\ln J_A\right)$$

$$= \sum_{n=0}^{+\infty} P(N_T = n) \cdot \Phi\left(\frac{-\ln\frac{D}{A_0} + n\ln J_A + \left(\mu_A - \frac{1}{2}\sigma_A^2 - \lambda_A(J_A - 1)\right)T}{\sigma_A\sqrt{T}}\right)$$

$$- \sum_{n=0}^{+\infty} P(N_T = n) \cdot e^{\frac{2(\mu_A - \frac{1}{2}\sigma_A^2 - \lambda_A(J_A - 1))}{\sigma_A^2}(\ln\frac{D}{A_0} - n\ln J_A)} \cdot$$

$$\Phi\left(\frac{\ln\frac{D}{A_0} - n\ln J_A + \left(\mu_A - \frac{1}{2}\sigma_A^2 - \lambda_A(J_A - 1)\right)T}{\sigma_A\sqrt{T}}\right)$$

$$= \sum_{n=0}^{+\infty} P(N_T = n) \cdot \Phi\left(\frac{-\ln\frac{D}{A_0 J_A{}^n} + \left(\mu_A - \frac{1}{2}\sigma_A^2 - \lambda_A(J_A - 1)\right)T}{\sigma_A\sqrt{T}}\right) -$$

$$\sum_{n=0}^{+\infty} P(N_T = n) \cdot \left(\frac{D}{A_0 J_A{}^n}\right)^{\frac{2[\mu_A - \frac{1}{2}\sigma_A^2 - \lambda_A(J_A - 1)]}{\sigma_A^2}} \cdot$$

$$\Phi\left(\frac{\ln\frac{D}{A_0 J_A{}^n} + \left[\mu_A - \frac{1}{2}\sigma_A^2 - \lambda_A(J_A - 1)\right]T}{\sigma_A\sqrt{T}}\right) \tag{7.20}$$

因此,企业发生“违约”的概率为:

$$P(\tau_D^A \leqslant T) = 1 - P(\tau_D^A > T)$$

$$= 1 - \sum_{n=0}^{+\infty} P(N_T = n) \cdot$$

$$\Phi\left(\frac{-\ln\frac{D}{A_0\,(J_A)^n} + \left[\mu_A - \frac{1}{2}\sigma_A^2 - \lambda_A(J_A - 1)\right]T}{\sigma_A\sqrt{T}}\right) +$$

$$\sum_{n=0}^{+\infty} P(N_T = n) \cdot \left[\frac{D}{A_0\,(J_A)^n}\right]^{\frac{2(\mu_A - \frac{1}{2}\sigma_A^2 - \lambda_A(J_A-1))}{\sigma_A^2}} \cdot$$

$$\Phi\left(\frac{\ln \dfrac{D}{A_0\,(J_A)^n} + \left[\mu_A - \dfrac{1}{2}\sigma_A^2 - \lambda_A(J_A - 1)\right]T}{\sigma_A\sqrt{T}}\right) \tag{7.21}$$

7.2.2　资本结构分析和参数估计

由于企业资产价值本身不可观测，估计企业违约概率中的相关参数 A_0、λ_A、σ_A、J_A 和 μ_A 时，还需找到间接度量企业资产价值的方法。首达时模型的另一个重要内容就是将企业权益视为企业总资产价值的障碍期权（向下敲出的欧式看涨期权），利用这一非线性关系便可间接估量不可观测的资产价值变化。为了在无套利条件下导出该期权关系，需要先找到实际概率测度 P 的等价鞅测度 Q（风险中性测度），并求出企业资产在等价鞅测度 Q 下的随机微分方程形式。

现令 $Y = \dfrac{\mu_A - r}{\sigma_A}$（$r$ 为无风险利率），在 μ_A 和 σ_A 为常数的情况下，根据布朗运动的特性知道 $\Lambda = \dfrac{\mathrm{d}Q}{\mathrm{d}P} = \exp\left(-\int_t^T Y\mathrm{d}B_u - \dfrac{1}{2}\int_t^T Y^2\mathrm{d}u\right)$ 是一个鞅。再根据定理 6.1 可知，测度 Q 是实际概率测度 P 的等价鞅测度，且 $\mathrm{d}W_t = \mathrm{d}B_t + \dfrac{\mu_A - r}{\sigma_A}\mathrm{d}t$ 为测度 Q 下的标准布朗运动。故作等价鞅测度变换，在 Q 测度下，式(7.14)变形为：

$$\frac{\mathrm{d}A_t}{A_t} = [r - \lambda_A(J_A - 1)]\mathrm{d}t + \sigma_A\mathrm{d}W_t + (J_A - 1)\mathrm{d}N_t \tag{7.22}$$

为了后续推导便利，再作测度变换以简化 A_T 表达式。令 $H = \dfrac{r - \lambda_A(J_A - 1) - \dfrac{1}{2}\sigma_A^2}{\sigma_A}$，作测度变换：$\Lambda^* = \dfrac{\mathrm{d}Q^*}{\mathrm{d}Q} =$

$\exp\left(-\int_t^T H\mathrm{d}B_u - \frac{1}{2}\int_t^T H^2\mathrm{d}u\right)$。仍由定理 6.1 知，$\mathrm{d}W_t^* = \mathrm{d}W_t + \dfrac{r - \lambda_A(J_A - 1) - \frac{1}{2}\sigma_A^2}{\sigma_A}\mathrm{d}t$ 为测度 Q^* 下的标准布朗运动，故在测度 Q^* 下，式(7.22)变形为：

$$\frac{\mathrm{d}A_t}{A_t} = \frac{1}{2}\sigma_A^2\mathrm{d}t + \sigma_A\mathrm{d}W_t^* + (J_A - 1)\mathrm{d}N_t \tag{7.23}$$

解上述随机微分方程得：

$$A_T = A_t\exp[\sigma_A(W_T^* - W_t^*) + N_{T-t}\cdot\ln J_A] \tag{7.24}$$

由于布朗运动具有马尔科夫性，为了简化计算仍令 $t = 0, A_t = A_0, W_t^* = W_0^* = 0$，则式(7.24)简化为：

$$A_T = A_t\exp(\sigma_A W_T^* + N_{T-t}\cdot\ln J_A) = A_0\,(J_A)^{N_T}\exp(\sigma_A W_T^*) \tag{7.25}$$

现将“企业权益价值”视为“企业总资产价值”的“含跳跃的向下敲出的欧式看涨期权”，总贷款额 K 则视为该期权执行价格。若在约定时点 T，企业资产价值小于总贷款额 K，或在 $(0,T)$ 内，企业资产价值降至违约门限 D 以下，该期权价值都将为零。因此有：

$$\begin{aligned}
S_0 &= f(A_0, t)\\
&= E^Q[\mathrm{e}^{-rT}\,(A_T - K)^+\cdot I_{(\tau_D > T)}]\\
&= E^{Q^*}\left[\mathrm{e}^{-rT}\,\frac{(A_T - K)^+}{\Lambda^*}\cdot I_{(\tau_D > T)}\right]\\
&= E^{Q^*}[\mathrm{e}^{-rT}\cdot\mathrm{e}^{HW_T^* - \frac{1}{2}H^2T}\,(A_T - K)^+\cdot I_{(\tau_D > T)}]\\
&\qquad\left(H = \frac{r - \lambda_A(J_A - 1) - \frac{1}{2}\sigma_A^2}{\sigma_A}\right)\\
&= \mathrm{e}^{-rT - \frac{1}{2}H^2T}E^{Q^*}[\mathrm{e}^{HW_T^*}\,(A_0\,(J_A)^{N_T}\mathrm{e}^{\sigma_A W_T^*} - K)^+\cdot I_{(\tau_D > T)}]\\
&= \mathrm{e}^{-rT - \frac{1}{2}H^2T}E[E^{Q^*}(\mathrm{e}^{HW_T^*}\,(A_0\,(J_A)^n\mathrm{e}^{\sigma_A W_T^*} - K)^+\cdot I_{(\tau_D > T)}\,|\,N_T = n)]
\end{aligned} \tag{7.26}$$

令 $m^*(T)=\min\limits_{0\leqslant u\leqslant T}W_u^*$，则 $A_0(J_A)^{N_T}\exp(\sigma_A m^*(T))>D\Leftrightarrow\tau_D>T$。再令 $a=\dfrac{\ln\dfrac{K}{A_0}-n\ln J}{\sigma_A}$，$b=\dfrac{\ln\dfrac{D}{A_0}-n\ln J}{\sigma_A}$，则式(7.26)变形为：

$$
\begin{aligned}
S_0&=f(A_0,t)=E^Q[\mathrm{e}^{-rT}(A_T-K)^+\cdot I_{(\tau_D>T)}]\\
&=\mathrm{e}^{-rT-\frac{1}{2}H^2T}E[E^{Q^*}(\mathrm{e}^{HW_T^*}(A_0(J_A)^n\mathrm{e}^{\sigma_A W_T^*}-K):W_T^*>a,\\
&\quad m^*(T)>b\,|\,N_T=n)]
\end{aligned}
\tag{7.27}
$$

令 $x=W_T^*$ 和 $y=m^*(T)$，再利用定理 6.5，可将式(7.27)变形为：

$$
\begin{aligned}
S_0&=\sum_{n=0}^{+\infty}\frac{\mathrm{e}^{-\lambda_A T}(\lambda_A T)^n}{n!}\left[\mathrm{e}^{-rT-\frac{1}{2}H^2T}\int_a^{+\infty}\int_b^0(A_0J_A{}^n\mathrm{e}^{(\sigma_A+H)x}-K\mathrm{e}^{Hx})\cdot\right.\\
&\quad\left.\sqrt{\frac{2}{\pi}}\cdot\frac{x-2y}{T^{\frac{3}{2}}}\cdot\mathrm{e}^{-\frac{(x-2y)^2}{2T}}\mathrm{d}x\mathrm{d}y\right]\\
&=K\cdot\sum_{n=0}^{+\infty}\frac{\mathrm{e}^{-\lambda_A T}(\lambda_A T)^n}{n!}(\mathrm{I}_1-\mathrm{II}_1)-A_0\cdot\\
&\quad\sum_{n=0}^{+\infty}\frac{\mathrm{e}^{-\lambda_A T}(\lambda_A T)^n}{n!}J_A{}^n(\mathrm{III}_1-\mathrm{IV}_1)
\end{aligned}
\tag{7.28}
$$

其中，$\mathrm{I}_1=\mathrm{e}^{-rT+2Hb}\Phi\left(\dfrac{2b+HT-a}{\sqrt{T}}\right)$

$$\mathrm{II}_1=\mathrm{e}^{-rT}\Phi\left(\frac{HT-a}{\sqrt{T}}\right)$$

$$\mathrm{III}_1=\mathrm{e}^{-rT+(H\sigma_A+\frac{1}{2}\sigma_A^2)T+2(H+\sigma_A)b}\Phi\left(\frac{2b+(H+\sigma_A)T-a}{\sqrt{T}}\right)$$

$$\mathrm{IV}_1=\mathrm{e}^{-rT+(H\sigma_A+\frac{1}{2}\sigma_A^2)T}\Phi\left(\frac{(H+\sigma_A)T-a}{\sqrt{T}}\right)$$

式中，$\Phi(\cdot)$ 为标准正态分布。

另一方面，由于不存在无风险套利，利用定理3.2对 $S_0=f(A_0,t)$ 进行变换可得：①

① 方程中的 S_0、σ_S、v_S、及 μ_S 的定义参见本书第 6 章，这些参数均可利用权益(股票)市场数据进行估计。

$$\sigma_S = \frac{A_t}{S_t} \cdot \frac{\partial S_t}{\partial A_t} \cdot \sigma_A = \frac{A_0}{S_0} \cdot \sigma_A \cdot \sum_{n=0}^{+\infty} \frac{e^{-\lambda_A T}(\lambda_A T)^n}{n!} J_A^n(\text{Ⅲ}_1 - \text{Ⅳ}_1) \tag{7.29}$$

$$v_S = \frac{A_t}{S_t} \cdot \frac{\partial S_t}{\partial A_t} \cdot v_A = \frac{A_0}{S_0} \cdot v_A \cdot \sum_{n=0}^{+\infty} \frac{e^{-\lambda_A T}(\lambda_A T)^n}{n!} J_A^n(\text{Ⅲ}_1 - \text{Ⅳ}_1) \tag{7.30}$$

此外，根据 Leland(2006)实证研究有 $\mu_A = \mu_S \times \frac{S_0}{A_0}$。

然后，通过企业权益价值和总资产价值之间的多个非线性关系方程就可以推导资产价值变化的相关参数 A_0、λ_A、σ_A、J_A 和 μ_A。当然，在只有四个方程的情况下 A_0、λ_A、σ_A、J_A 和 μ_A 的估计值并不唯一。因此，在实证研究中可以采取 Vassalou 和 Xing(2004)推荐的程序迭代法从这几个方程中求出相关参数估计值；或采取类似于6.3节的处理方法，增加一些约束条件，如假设企业资产价值的跳跃变化和权益资产价值的跳跃变化具有类似的跳跃频率：$\lambda_S = \lambda_A$；企业资产价值的跳跃幅度和权益资产价值的跳跃幅度之间的关系和它们的价值大小成反比：$\frac{J_A}{J_S} = \frac{S_0}{A_0}$，等等。

7.2.3 含跳跃风险且违约门限可变时的违约率测度

前述分析的一个重要假设前提是，企业资产的市场价值从现期至指定时间点内，只要降低到“固定的违约门限”以下时，企业即对债务人发生违约。但“固定的违约门限”往往不能反映企业经济状况和负债结构随时间、利率政策、税收政策等变化所发生的调整。现考虑放松该假设条件，允许违约门限 D_t 随时间发生变化。

根据现有文献的研究成果，假定违约门限的变化方式有两种：一种是根据 Zhou(2001b)的相关研究，将违约门限的变化过程设定为指数模型；另一种是借鉴 Leland 和 Toft(1996)的研究，既考虑违约边界的内生变化，也兼顾利息、税率、无风险利率等因素对违约边界的外部影响。

1. 符合指数变化的违约门限

根据 Zhou(2001b)的研究，预期需偿还债务通常符合含时间 t 的指数模型，所以可以用这种模型来描述违约门限 D_T 的变化。假设 $D_T = e^{\phi(T-t)} D_t$ (D_t 为 t 时的违约门限且 $D_t \leqslant K$, K 为债务总面值)，其中 ϕ 为变化率，它决定了违约门限与时间的关系。当 ϕ 取负值时，考察时间区间 $T-t$ 越长，事前约定的违约门限越小。当 ϕ 取正值时，考察时间区间 $T-t$ 越长，事前约定的违约门限越大。但是 ϕ 的取值必须满足 $D_T \leqslant K$ ，即：$\phi \leqslant \dfrac{\ln K - \ln D_t}{T-t}$ 。

因此，当违约门限 D_T 可以随时间发生指数变化时，企业违约的概率为：

$$
\begin{aligned}
& P(\tau_{D_T} \leqslant T) = 1 - P(\tau_{D_T} > T) \\
= & 1 - \sum_{n=0}^{+\infty} P(N_u = n) \cdot \\
& \Phi\left(\frac{-\ln \dfrac{e^{\phi T} D_0}{A_0 J_A^{\ n}} + [\mu_A - \dfrac{1}{2}\sigma_A^2 - \lambda_A (J_A - 1)]T}{\sigma_A \sqrt{T}}\right) + \\
& \sum_{n=0}^{+\infty} P(N_u = n) \cdot \left(\frac{e^{\phi T} D_0}{A_0 J_A^{\ n}}\right)^{\frac{2[\mu_A - \frac{1}{2}\sigma_A^2 - \lambda_A (J_A - 1)]}{\sigma_A^2}} \cdot \\
& \Phi\left(\frac{\ln \dfrac{e^{\phi T} D_0}{A_0 J_A^{\ n}} + [\mu_A - \dfrac{1}{2}\sigma_A^2 - \lambda_A (J_A - 1)]T}{\sigma_A \sqrt{T}}\right) \\
= & 1 - \sum_{n=0}^{+\infty} P(N_u = n) \cdot \\
& \Phi\left(\frac{-\ln \dfrac{D_0}{A_0 J_A^{\ n}} + [\mu_A + \phi - \dfrac{1}{2}\sigma_A^2 - \lambda_A (J_A - 1)]T}{\sigma_A \sqrt{T}}\right) +
\end{aligned}
$$

$$\sum_{n=0}^{+\infty}P(N_u=n)\cdot\left(\frac{e^{\phi T}D_0}{A_0(J_A)^n}\right)^{\frac{2[\mu_A-\frac{1}{2}\sigma_A^2-\lambda_A(J_A-1)]}{\sigma_A^2}}\cdot$$

$$\Phi\left(\frac{\ln\frac{D_0}{A_0J_A{}^n}+[\mu_A+\phi-\frac{1}{2}\sigma_A^2-\lambda_A(J_A-1)]T}{\sigma_A\sqrt{T}}\right) \tag{7.31}$$

另一方面,企业权益和企业资产价值之间的非线性期权关系变为(A_0 仍为 0 时的资产价值,K 仍表示企业总债务面值):

$$S_0=f(A_0,t)$$

$$=K\cdot\sum_{n=0}^{+\infty}\frac{e^{-\lambda_AT}(\lambda_AT)^n}{n!}(\mathrm{I}_2-\mathrm{II}_2)-A_0\cdot$$

$$\sum_{n=0}^{+\infty}\frac{e^{-\lambda_AT}(\lambda_AT)^n}{n!}J_A{}^n(\mathrm{III}_2-\mathrm{IV}_2) \tag{7.32}$$

$$\mathrm{I}_2=e^{-rT+\frac{2H\phi}{\sigma_A}T+2Hb}\Phi\left(\frac{2b+(H-\frac{\phi}{\sigma_A})T-a}{\sqrt{T}}\right)$$

$$\mathrm{II}_2=e^{-rT}\Phi\left(\frac{HT-a}{\sqrt{T}}\right)$$

$$\mathrm{III}_2=e^{-rT+(H\sigma_A+\frac{1}{2}\sigma_A^2)T+2(H+\sigma_A)(b+\frac{\phi}{\sigma_A}T)}\Phi\left(\frac{2b+(H+\sigma_A-\frac{\phi}{\sigma_A})T-a}{\sqrt{T}}\right)$$

$$\mathrm{IV}_2=e^{-rT+(H\sigma_A+\frac{1}{2}\sigma_A^2)T}\Phi\left(\frac{(H+\sigma_A)T-a}{\sqrt{T}}\right)$$

其中,$H=\dfrac{r-\lambda_A(J_A-1)-\frac{1}{2}\sigma_A^2}{\sigma_A}$,$a=\dfrac{\ln\frac{K}{A_0}-n\ln J}{\sigma_A}$ 及

$b=\dfrac{\ln\frac{D}{A_0}-n\ln J}{\sigma_A}$。

而利用定理 3.2 可知,企业权益价值波动率和企业资产价值波动率之间关系变为:

$$\sigma_S = \frac{A_t}{S_t} \cdot \frac{\partial S_t}{\partial A_t} \cdot \sigma_A = \frac{A_0}{S_0} \cdot \sigma_A \cdot \sum_{n=0}^{+\infty} \frac{e^{-\lambda_A T}(\lambda_A T)^n}{n!}(J_A)^n(\text{Ⅲ}_2 - \text{Ⅳ}_2) \tag{7.33}$$

$$v_S = \frac{A_t}{S_t} \cdot \frac{\partial S_t}{\partial A_t} \cdot v_A = \frac{A_0}{S_0} \cdot v_A \cdot \sum_{n=0}^{+\infty} \frac{e^{-\lambda_A T}(\lambda_A T)^n}{n!}(J_A)^n(\text{Ⅲ}_2 - \text{Ⅳ}_2) \tag{7.34}$$

2. 内生违约门限

根据 Leland 和 Toft(1996)的研究,违约门限的变化既可能是内生的,也可能受到利息、税率及无风险利率的外部影响,因此,还可以假设违约门限的变化符合以下变化方式:

$$D_{L-T} = \frac{\left(\frac{C}{r}\right)\left(\frac{A}{rT} - B\right) - \frac{A \cdot K}{rT} - \frac{\omega Cx}{r}}{1 + \alpha x - (1-\alpha)B} \tag{7.35}$$

其中, C 表示利息, ω 表示税率, r 表示无风险利率, K 为总债务面值。

$$A = 2ae^{-rT}\Phi(a\sigma_A\sqrt{T}) - 2z\Phi(z\sigma_A\sqrt{T}) - \frac{2}{\sigma_A\sqrt{T}}\varphi(z\sigma_A\sqrt{T}) + \frac{2e^{-rT}}{\sigma_A\sqrt{T}}\varphi(a\sigma_A\sqrt{T}) + (z-a)$$

$$B = -\left(2z + \frac{2}{z\sigma_A^2\sqrt{T}}\right)\Phi(z\sigma_A\sqrt{T}) - \frac{2}{\sigma_A\sqrt{T}}\varphi(z\sigma_A\sqrt{T}) + \frac{1}{z\sigma_A^2 T} + (z-a)$$

式中, $a = \frac{\left(r - \frac{\sigma_A^2}{2}\right)}{\sigma_A^2}$, $z = \frac{[(a\sigma_A^2)^2 + 2r\sigma_A^2]^{\frac{1}{2}}}{\sigma_A^2}$, $x = a + z$。

$\Phi(\cdot)$ 为标准正态分布函数, $\varphi(\cdot)$ 为标准正态概率密度函数。

在此违约边界假设下,企业发生违约的概率为:

$$\begin{aligned} & P(\tau_D \leqslant T) \\ = & 1 - P(\tau_D > T) \end{aligned}$$

$$= 1 - \sum_{n=0}^{+\infty} P(N_u = n) \cdot$$

$$\Phi\left(\frac{-\ln \frac{D_{L-T}}{A_0 J_A{}^n} + \left[\mu_A - \frac{1}{2}\sigma_A^2 - \lambda_A(J_A - 1)\right]T}{\sigma_A \sqrt{T}}\right) +$$

$$\sum_{n=0}^{+\infty} P(N_u = n) \cdot \left(\frac{D_{L-T}}{A_0 (J_A)^n}\right)^{\frac{2[\mu_A - \frac{1}{2}\sigma_A^2 - \lambda_A(J_A - 1)]}{\sigma_A^2}} \cdot$$

$$\Phi\left(\frac{\ln \frac{D_{L-T}}{A_0 J_A{}^n} + \left[\mu_A - \frac{1}{2}\sigma_A^2 - \lambda_A(J_A - 1)\right]T}{\sigma_A \sqrt{T}}\right) \tag{7.36}$$

本节在首达时模型的基础上，对企业资产价值负向跳跃所引发的违约率变化进行了测度，并重点分析了跳跃因素引入后企业资产结构变化，导出了企业权益价值和资产价值的非线性关系，使得企业资产价值和企业违约概率可通过企业权益市场的数据信息来间接度量和确定。

该模型考虑到无论何时，企业的价值只要低于违约门限，便可能发生违约的特性，既纳入了跳跃风险对企业违约概率的影响，也克服了现有模型过于复杂，难以应用于实证的缺点。同时，本节还考虑了企业负债结构会随时间发生变化的情况，进一步分析了违约门限可变时企业资产价值的跳跃变化对违约概率的影响。但本节的研究仅考虑了企业资产收益发生简单跳跃的情况，无法刻画复杂的跳跃特性，比如，本书第 4 章曾探讨的跳跃强度的时变性、集群性以及状态依赖性等特征。因此 7.3 节和 7.4 节将在 Merton 模型和首达时模型中，引入更为复杂的跳跃过程，以期更好地反映企业资产价值和收益的跳跃特征。

7.3　含非齐次泊松跳的 Merton 结构模型

由于在首达时模型中引入非齐次泊松跳跃后的数学表达相当复

杂，为了使相关扩展更为简单明了，本节将首先从理论上对第6章中含齐次泊松跳跃的Merton模型进行扩展，放松常跳跃强度的假设，使得跳跃强度可以随时间发生变化。然后，结合本节和7.2节的分析过程，进一步将非齐次泊松跳跃过程引入到首达时模型中。

7.3.1　基于含非齐次泊松跳跃风险Merton模型的违约率

1. 企业资产价值的非齐次泊松跳-扩散过程

假设企业资本结构仅包括负债（K）和权益资产（S），负债和权益资产的市场价值共同构成企业的总资产价值（A）。现假定总资产价值A符合下述非齐次泊松跳-扩散过程：

$$\frac{\mathrm{d}A_t}{A_t}=[\mu_A-\lambda_A(t)\cdot v_A]\mathrm{d}t+\sigma_A\mathrm{d}B_t+(J_A-1)\mathrm{d}N_t \quad (7.37)$$

其中，μ_A为总资产的期望收益率，σ_A为总资产价值没有发生跳跃时的波动率，它们均为常数；B_t为真实概率测度P下的标准布朗运动；N_t服从参数为$\lambda_A(t)$的非齐次泊松过程，用以描述异常消息引发的随机跳跃，$\lambda_A(t)$表示$(t-1,\ t)$期发生跳跃的条件强度，是基于$t-1$期的全部信息对$(t-1,\ t)$发生跳跃次数的事前预期，即$\lambda_A(t)=E(N_t|\Omega_{t-1})$（$\Omega_{t-1}$为$t-1$时的信息集）。$\lambda_A(t)$随时间发生变化，但其变化过程已知且在$(t-1,\ t)$上为常数。$\lambda_A(t)$变化过程可以是一个自回归函数（参见本书第4章）也可以是一个均值回归函数（参见Duffie和Singleton，2003）。

随机变量$J_A(>0)$为权益资产价格发生跳跃时的跳跃幅度（J_A-1即为发生跳跃时资产价格的变化率），它服从均值为θ_A、方差为δ_A^2的对数正态分布，即$\ln J_A\sim N(\theta_A,\ \delta_A^2)$。定义$v_A:=E(J_A-1)=\exp(\theta_A+\frac{\delta_A^2}{2})-1$，$\theta_A$和$\delta_A$均为常数。上述$B_t$，$N_t$和$J_A$相互独立。

现将式(7.37)简写为：

$$\frac{dA_t}{A_t} = dX_t \tag{7.38}$$

其中，$dX_t = [\mu_A - \lambda_A(t) \cdot v_A]dt + \sigma_A dB_t + (J_A - 1)dN_t$。

根据定理3.3知式(7.38)存在唯一的闭式解：

$$\frac{A_T}{A_t} = e^{X(T)-X(t)-\frac{1}{2}[X,\ X](T-t)} \prod_{t \leqslant u \leqslant T} (1 + \Delta X(u)) e^{-\Delta X(u) + \frac{1}{2}(\Delta X(u))^2} \tag{7.39}$$

其中，

$$X(T) - X(t) = \mu_A(T - t) - v_A \int_t^T \lambda_A(u)du + \sigma_A(B_T - B_t) + \int_t^T (J_A - 1)dN_t$$

$$[X,\ X](T - t) = \sigma_A^2(T - t) + \int_t^T (J_A - 1)^2 dN_t$$

$$\begin{aligned}\Delta X(u) &= dX(u) - dX^c(u) \\ &= (J_A - 1)(dN(u) - dN^c(u)) \\ &= (J_A - 1)\Delta N(u)\end{aligned}$$

$$(\Delta X(u))^2 = (J_A - 1)^2 (\Delta N(u))^2 = (J_A - 1)^2 \Delta N(u)$$

由于：

$$\begin{aligned}& e^{X(T)-X(t)-\frac{1}{2}[X,\ X](T-t)} \\ = &\exp\left[(\mu_A - \frac{1}{2}\sigma_A^2)(T - t) - v_A \int_t^T \lambda_A(u)du + \sigma_A(B_T - B_t) + \int_t^T (J_A - 1)dN_t - \frac{1}{2}\int_t^T (J_A - 1)^2 dN_t\right] \\ = &\exp\left[(\mu_A - \frac{1}{2}\sigma_A^2)(T - t) - v_A \int_t^T \lambda_A(u)du + \sigma_A(B_T - B_t) + \sum_{i=0}^{N_{T-t}} (J_A^i - 1) - \frac{1}{2}\sum_{i=0}^{N_{T-t}} (J_A^i - 1)^2\right]\end{aligned}$$

且有：

$$\begin{aligned}& \prod_{t \leqslant u \leqslant T} (1 + \Delta X(u)) e^{-\Delta X(u) + \frac{1}{2}(\Delta X(u))^2} \\ = &\exp\left(\sum_{i=0}^{N_{T-t}} \ln J_A^i - \sum_{i=0}^{N_{T-t}} (J_A^i - 1) + \frac{1}{2}\sum_{i=0}^{N_{T-t}} (J_A^i - 1)^2\right)\end{aligned}$$

因此，综上可得式(7.37)的闭式解为：

$$A_T = A_t \exp\left[(\mu_A - \frac{1}{2}\sigma_A^2)(T-t) - v_A \int_t^T \lambda_A(u)\,du + \sigma_A(B_T - B_t) + \sum_{i=0}^{N_{T-t}} \ln J_A^i \right] \tag{7.40}$$

其中，$J_A^i(>0)$ 为时间间隔 $T-t$ 中股票收益率发生第 i 次跳跃时的跳跃幅度，它们与 J_A 相互独立、同对数正态分布。

对式(7.40)两边取对数可得：

$$\ln\frac{A_T}{A_t} = (\mu_A - \frac{1}{2}\sigma_A^2)(T-t) - v_A \int_t^T \lambda_A(u)\,du + \sigma_A(B_T - B_t) + \sum_{i=0}^{N_{T-t}} \ln J_A^i \tag{7.41}$$

进而可求得 $\ln\frac{A_T}{A_t}$ 的概率分布为：

$$\ln\frac{A_T}{A_t} \sim \sum_{n=0}^{\infty} \frac{e^{-\int_t^T \lambda_A(u)du} \left(\int_t^T \lambda_A(u)\,du\right)^n}{n!} N(\alpha\tau - v_A \int_t^T \lambda_A(u)\,du + n\theta_A,\ \sigma_A^2\tau + n\delta_A^2) \tag{7.42}$$

其中，$\tau = T - t$，$\alpha = \mu_A - \frac{1}{2}\sigma_A^2$。

2. Merton 模型框架下含非齐次跳跃风险的违约概率

T 时刻，当企业资产价值 A_T 低于负债门限值 D（$D \leqslant K$）时，企业就会发生违约，其发生违约概率为：

$$P(A_T < D) = P(\ln\frac{A_T}{A_t} < \ln\frac{D}{A_t})$$

$$= \sum_{n=0}^{\infty} \frac{e^{-\int_t^T \lambda_A(u)du} \left(\int_t^T \lambda_A(u)\,du\right)^n}{n!} \cdot$$

$$\Phi\left(\frac{\ln\frac{D}{A_t}-\alpha\tau+v_A\int_t^T\lambda_A(u)\,\mathrm{d}u-n\theta_A}{\sqrt{\sigma_A^2\tau+n\delta_A^2}}\right) \tag{7.43}$$

其中, $\Phi(\cdot)$ 为标准正态分布函数。

7.3.2 资本结构分析和参数估计

由于企业总资产价值本身不可观测, 估计企业违约概率中的相关参数时, 仍需利用"企业权益价值"和"企业总资产价值"之间的非线性期权关系。

为了在无套利条件下导出该非线性期权关系, 需要先找到实际概率测度 P 的等价鞅测度 Q (风险中性测度), 并求出企业资产在等价鞅测度 Q 下的随机微分方程形式。

现令 $Y=\frac{\mu_A-r}{\sigma_A}$ (r 为无风险利率), 在 μ_A 和 σ_A 为常数的情况下, 根据布朗运动的特性知道 $\Lambda=\frac{\mathrm{d}Q}{\mathrm{d}P}=\exp\left[-\int_t^T Y\mathrm{d}B_u-\frac{1}{2}\int_t^T(Y)^2\mathrm{d}u\right]$ 是一个鞅。再根据定理 6.1 可知, 测度 Q 是实际概率测度 P 的等价鞅测度, 且 $\mathrm{d}W_t=\mathrm{d}B_t+\frac{\mu_A-r}{\sigma_A}\mathrm{d}t$ 为测度 Q 下的标准布朗运动。故作等价鞅测度变换, 在 Q 测度下, 式(7.37)变形为:

$$\frac{\mathrm{d}A_t}{A_t}=(r-\lambda_A(t)v_A)\mathrm{d}t+\sigma_A\mathrm{d}B_t+(J_A-1)\mathrm{d}N_t \tag{7.44}$$

同理, 根据定理 3.3 可得式(7.44)的随机指数解:

$$A_T=A_t\exp\left[(r-\frac{1}{2}\sigma_A^2)(T-t)-v_A\int_t^T\lambda_A(u)\mathrm{d}u+\sigma_A(W_T-W_t)+\sum_{i=0}^{N_{T-t}}\ln J_A^i\right] \tag{7.45}$$

其中, $J_A^i(>0)$ 为时间间隔 $T-t$ 中资产收益发生第 i 次跳跃时的跳跃幅度, J_A^i 与 J_A 独立同对数正态分布。

将“企业权益价值 S_t ”视为“企业总资产价值 A_t ”的“含非齐次跳跃的欧式看涨期权”，且该期权与其标的资产有同类的风险。总负债额 K 则视为该期权执行价格。若在约定时点 T ，企业资产价值小于总负债额 K ，则该期权价值将为零。因此，S_t 和 A_t 之间的非线性期权关系为：

$$S_t = f(A_t,\ t) = E^Q[\mathrm{e}^{-r(T-t)}\ (A_T - K)^+]$$
$$= E^Q[\mathrm{e}^{-r(T-t)} A_T \mathrm{I}_{\{S_T \geqslant K\}}] - KE^Q[\mathrm{e}^{-r(T-t)} \mathrm{I}_{\{A_T \geqslant K\}}]$$
$$= \mathrm{I} - \mathrm{II}$$

利用定理 6.2 及 6.2 节类似的证明方法可知：

$$\mathrm{I} = A_t \cdot \mathrm{e}^{-(v_A \int_t^T \lambda_A(u)\mathrm{d}u)} \cdot \sum_{n=0}^{\infty} \frac{\mathrm{e}^{-\int_t^T \lambda_A(u)\mathrm{d}u} \left(\int_t^T \lambda_A(u)\mathrm{d}u\right)^n}{n!} \cdot (1+v_A)^n \cdot \Phi(d_1)$$
$$= A_t \cdot \sum_{n=0}^{\infty} \frac{\mathrm{e}^{-(1+v_A)\int_t^T \lambda_A(u)\mathrm{d}u} \left((1+v_A)\int_t^T \lambda_A(u)\mathrm{d}u\right)^n}{n!} \cdot \Phi(d_1)$$

其中，$v_A:\ = \mathrm{e}^{\theta_A + \frac{\delta_A^2}{2}} - 1$；

$$d_1 = \frac{\ln \dfrac{A_t(1+v_A)^n}{K} + (r + \dfrac{1}{2}\sigma_A^2)(T-t) - v_A \int_t^T \lambda_A(u)\mathrm{d}u + n\delta_A^2}{\sqrt{\sigma_A^2(T-t) + n\delta_A^2}};$$

$\Phi(\cdot)$ 为标准正态分布函数。

$$\text{而}\quad \mathrm{II} = K\mathrm{e}^{-r(T-t)} \cdot \sum_{n=0}^{\infty} \frac{\mathrm{e}^{-\int_t^T \lambda_A(u)\mathrm{d}u} \left(\int_t^T \lambda_A(u)\mathrm{d}u\right)^n}{n!} \Phi(d_2)$$

其中，
$$d_2 = \frac{\ln \dfrac{A_t}{K} + (r - \dfrac{1}{2}\sigma_A^2)(T-t) - v_A \int_t^T \lambda_A(u)\mathrm{d}u + n\theta_A}{\sqrt{\sigma_A^2(T-t) + n\delta_A^2}}$$
$$= d_1 - \sqrt{\sigma_A^2(T-t) + n\delta_A^2}$$

因此：

$$S_t = f(A_t,\ t) = E^Q[\mathrm{e}^{-r(T-t)}\ (A_T - K)^+]$$

$$
= A_t \cdot \sum_{n=0}^{\infty} \frac{e^{-(1+v_A)\int_t^T \lambda_A(u)\mathrm{d}u}\left((1+v_A)\int_t^T \lambda_A(u)\mathrm{d}u\right)^n}{n!} \cdot \Phi(d_1)
$$

$$
- K e^{-r(T-t)} \cdot \sum_{n=0}^{\infty} \frac{e^{-\int_t^T \lambda_A(u)\mathrm{d}u}\left(\int_t^T \lambda_A(u)\mathrm{d}u\right)^n}{n!} \cdot \Phi(d_2) \tag{7.46}
$$

其中，

$$
d_1 = \frac{\ln \dfrac{A_t(1+v_A)^n}{K} + (r + \dfrac{1}{2}\sigma_A^2)(T-t) - v_A \int_t^T \lambda_A(u)\mathrm{d}u + n\delta_A^2}{\sqrt{\sigma_A^2(T-t) + n\delta_A^2}};
$$

$$
d_2 = d_1 - \sqrt{\sigma_A^2(T-t) + n\delta_A^2};
$$

K 为企业总债务面值。

另一方面，由于不存在无风险套利，同样可以利用定理 3.2 对 $S_0 = f(A_0, t)$ 进行变换，可得企业权益价值波动率和企业资产价值波动率之间的关系为：

$$
\sigma_S = \frac{A_t}{S_t} \cdot \frac{\partial S_t}{\partial A_t} \cdot \sigma_A = \frac{A_t}{S_t} \cdot \sigma_A \cdot
$$

$$
\sum_{n=0}^{\infty} \frac{e^{-(1+v_A)\int_t^T \lambda_A(u)\mathrm{d}u}\left((1+v_A)\int_t^T \lambda_A(u)\mathrm{d}u\right)^n}{n!} \cdot \Phi(d_1) \tag{7.47}
$$

$$
v_S = \frac{A_t}{S_t} \cdot \frac{\partial S_t}{\partial A_t} \cdot v_A
$$

$$
= \frac{A_t}{S_t} \cdot v_A \cdot \left(\sum_{n=0}^{\infty} \frac{e^{-(1+v_A)\int_t^T \lambda_A(u)\mathrm{d}u}\left((1+v_A)\int_t^T \lambda_A(u)\mathrm{d}u\right)^n}{n!} \cdot \Phi(d_1) \right) \tag{7.48}
$$

实证研究中可以采取 Vassalou 和 Xing(2004)推荐的程序迭代法求解方程组(7.46)~(7.48)，得到相关参数估计值；也可以采取类似于 6.3 节的处理方法，增加一些约束条件后再利用方程组(7.46)~(7.48)求解相关参数。

7.4　含非齐次泊松跳的首达时结构模型

7.4.1　企业总资产价值变化的非齐次泊松跳-扩散过程

仍假设企业资本结构仅包括负债(K)和权益资产(S)，负债和权益资产的市场价值共同构成企业的总资产价值(A)。现假定总资产价值 A 符合下述非齐次泊松跳-扩散过程：

$$\frac{\mathrm{d}A_t}{A_t} = [\mu_A - \lambda_A(t) \cdot v_A]\mathrm{d}t + \sigma_A \mathrm{d}B_t + (J_A - 1)\mathrm{d}N_t \quad (7.49)$$

其中，μ_A 为资产的期望收益率，σ_A 为资产价值未发生跳跃时的波动率，它们均为常数；B_t 为真实概率测度 P 下的标准布朗运动；N_t 服从参数为 $\lambda_A(t)$ 的非齐次泊松过程，用以描述异常消息引发的随机跳跃。$\lambda_A(t)$ 表示 $(t-1, t)$ 期发生跳跃的条件强度，它是基于 $t-1$ 期的全部信息对 $(t-1, t)$ 发生跳跃次数的事前预期，即 $\lambda_A(t) = E(N_t | \Omega_{t-1})$，$\Omega_{t-1}$ 为 $t-1$ 时的信息集。$\lambda_A(t)$ 随时间发生变化，其变化过程已知且在 $(t-1, t)$ 上仍为常数。$\lambda_A(t)$ 的变化过程可以是一个均值回归函数也可以是一个自回归函数。$J_A - 1(0 < J_A < 1)$ 即为发生跳跃时资产价值的变化率。上述 B_t，N_t 和 J_A 相互独立。现将式(7.47)简写为：

$$\frac{\mathrm{d}A_t}{A_t} = \mathrm{d}X_t \quad (7.50)$$

其中，$\mathrm{d}X_t = [\mu_A - \lambda_A(t) \cdot v_A]\mathrm{d}t + \sigma_A \mathrm{d}B_t + (J_A - 1)\mathrm{d}N_t$。

利用与 7.3 节类似的推导可知，式(7.49)存在唯一的闭式解：

$$A_T = A_t J_A^{N_{T-t}} \exp\left[\int_t^T ((\mu_A - \frac{1}{2}\sigma_A^2) - (J_A - 1)\lambda_A(u))\mathrm{d}u + \int_t^T \sigma_A \mathrm{d}B_u\right] \quad (7.51)$$

由于布朗运动具有马尔科夫性，为了简化计算可令 $t = 0$，$A_t = A_0$，$B_t = B_0 = 0$。因此，上式简化为：

$$A_T = A_0 J_A^{N_T} \exp\left[\left(\mu_A - \frac{1}{2}\sigma_A^2\right) \cdot T - (J_A - 1)\int_0^T \lambda_A(u)\mathrm{d}u + \sigma_A B_T\right] \quad (7.52)$$

7.4.2 首达时模型框架下含非齐次跳跃风险的违约概率

在首达时模型框架下，假定在约定时间段 $(0, T)$ 内或在约定时点 T 上，只要企业资产价值降至约定的违约门限(D , $D \leqslant K$)以下，企业便发生违约。

现令 $\tau_D^A = \inf\{u > t, A_u = D\}$ 为企业资产价值首次到达违约门限 D 的时间($D < A_0$ 且 $D < K$, K 为贷款总额)，因此 $\tau_D^A > T$ 表示在所考察时间区间内企业“未违约”。

再令 $m^A(T) = \min\limits_{0 \leqslant u \leqslant T}\left[\left(\mu_A - \frac{1}{2}\sigma_A^2\right) \cdot u - (J_A - 1)\int_0^u \lambda_A(\kappa)\mathrm{d}\kappa + \sigma_A B_u\right]$,显然有：

$$A_0 (J_A)^{N_T}\exp(m^A(T)) > D \Leftrightarrow \tau_D^A > T \tag{7.53}$$

所以,企业未发生违约的概率为：

$$\begin{aligned}
P(\tau_D^A > T) &= P(A_0 J_A^{N_T}\exp(m^A(T)) > D) \\
&= \sum_{n=0}^{+\infty} P(N_T = n) \cdot P(A_0 J_A^{n}\exp(m^A(T)) > \\
&\quad D \mid N_u = n) \\
&= \sum_{n=0}^{+\infty} P(N_T = n) \cdot P\Big(\min_{0 \leqslant u \leqslant T}\Big[(\mu_A - \frac{1}{2}\sigma_A^2) \cdot u - \\
&\quad (J_A - 1)\int_0^u \lambda_A(\kappa)\mathrm{d}\kappa + \sigma_A B_u\Big] > \ln\frac{D}{A_0} - n\ln J_A\Big) \\
&= \sum_{n=0}^{+\infty} P(N_T = n) \cdot P\Big(\min_{0 \leqslant u \leqslant T}\Big[(\mu_A - \frac{1}{2}\sigma_A^2) \cdot u - \\
&\quad (J_A - 1)\sum_{\kappa=0}^{u} \lambda_A(\kappa) + \sigma_A B_u\Big] > \ln\frac{D}{A_0} - n\ln J_A\Big)
\end{aligned} \tag{7.54}$$

假定 $\lambda_A(\kappa)$ 符合某种变化方式,例如下式：

$$\lambda_A(\kappa) = \lambda_0 + \beta \cdot Z(\kappa - 1) \tag{7.55}$$

其中, λ_0 为 $\lambda_A(\kappa)$ 中的常数部分, β 为已知参数, $Z(\kappa - 1)$ 为 $\lambda_A(\kappa)$ 受到的前一期其他因素的影响。假定 κ 时刻 $E_\kappa(Z(\kappa - 1))$

为已知值,因此有:

$$\sum_{\kappa=0}^{u}\lambda_A(\kappa)=u\cdot\frac{\sum_{\kappa=0}^{u}\lambda_A(\kappa)}{u}=u\cdot[\lambda_0+\beta\cdot E_u(Z)] \quad (7.56)$$

故有:

$$
\begin{aligned}
&P(\tau_D^A>T)=P(A_0(J_A)^{N_T}\exp(m^A(T))>D)\\
&=\sum_{n=0}^{+\infty}P(N_T=n)\cdot P\left(\min_{0\leqslant u\leqslant T}((\mu_A-\frac{1}{2}\sigma_A^2)\cdot u-(J_A-1)\cdot\right.\\
&\left.(\lambda_0+\beta\cdot E_u(Z))\cdot u+\sigma_A B_u)>\ln\frac{D}{A_0}-n\ln J_A\right)\\
&=\sum_{n=0}^{+\infty}P(N_T=n)\cdot\\
&\Phi\left(\frac{-\ln\frac{D}{A_0}+n\ln J_A+\left[\mu_A-\frac{1}{2}\sigma_A^2-(\lambda_0+\beta\cdot E_T(Z))(J_A-1)\right]\cdot T}{\sigma_A\sqrt{T}}\right)\\
&-\sum_{n=0}^{+\infty}P(N_T=n)\cdot e^{\frac{2\left[\mu_A-\frac{1}{2}\sigma_A^2-(\lambda_0+\beta\cdot E_T(Z))(J_A-1)\right]}{\sigma_A^2}(\ln\frac{D}{A_0}-n\ln J_A)}\cdot\\
&\Phi\left(\frac{\ln\frac{D}{A_0}-n\ln J_A+\left[\mu_A-\frac{1}{2}\sigma_A^2-(\lambda_0+\beta\cdot E_T(Z))(J_A-1)\right]\cdot T}{\sigma_A\sqrt{T}}\right)
\end{aligned}
$$

$$
\begin{aligned}
&=\sum_{n=0}^{+\infty}P(N_T=n)\cdot\\
&\Phi\left(\frac{-\ln\frac{D}{A_0 J_A{}^n}+\left[\mu_A-\frac{1}{2}\sigma_A^2-(\lambda_0+\beta\cdot E_T(Z))(J_A-1)\right]\cdot T}{\sigma_A\sqrt{T}}\right)\\
&-\sum_{n=0}^{+\infty}P(N_T=n)\cdot\left(\frac{D}{A_0 J_A{}^n}\right)^{\frac{2\left[\mu_A-\frac{1}{2}\sigma_A^2-(\lambda_0+\beta\cdot E_T(Z))(J_A-1)\right]}{\sigma_A^2}}\cdot
\end{aligned}
$$

$$\Phi\left(\frac{\ln\dfrac{D}{A_0\,(J_A)^n}+\left[\mu_A-\dfrac{1}{2}\sigma_A^2-(\lambda_0+\beta\cdot E_T(Z))(J_A-1)\right]\cdot T}{\sigma_A\sqrt{T}}\right) \tag{7.57}$$

因此,企业发生“违约”的概率为:

$$P(\tau_D^A \leqslant T) = 1 - P(\tau_D^A > T)$$

7.5 本章小结

本章在第6章的基础上，从理论上探讨了各种放松约束条件后的含跳跃-Merton结构模型和含跳跃-首达时结构模型，以期更好地测度资产价值跳跃对企业信用水平和违约概率的影响。比如，在约定时点以前，允许企业资产价值通过扩散变化或瞬间跳跃至违约门限以下引发违约；再如，允许违约门限随时间发生变化等。本章的主要工作包括:

(1)对首达时结构模型进行了完整的阐述和分析。由于原有的Merton模型(Merton，1974)假设条件过于严格，具有一定的局限性，尤其不能反映企业提前破产或违约的现象。而首达时模型克服了这一缺陷，实现了对Merton模型的改进，有很重要的理论和实证意义，所以本章首先对首达时模型进行了完整的阐述，并推导了首达时模型下的企业违约概率。

(2)将跳跃因素引入到首达时模型中，分别分析了违约门限为常数和违约门限可变情况下，跳跃因子的引入对首达时模型下违约概率和有关参数估计的影响。

(3)考虑资产跳跃变化特征中的集群性及状态依赖等特点(详见第4章)，在Merton模型和首达时模型中进一步放松跳跃符合常强度泊松分布的假设，使跳跃强度可以随时间发生变化，并能反映外部状态变量的影响。然后，在这一假设条件下讨论了企业违约概率的变化。

◎ 本章参考文献

[1] Black F., Scholes M.. The Pricing of Options and Corporate Liabilities. Journal of Political Economy, 1973, 81(3): 81-98.

[2] Black F., Cox J. C.. Valuing Corporate Securities: Some Effects of Bond Indenture Provisions. The Journal of Finance, 1976, 31(2): 351-367.

[3] Cremers M., Driessen J., Maenhout P.. Explaining the Level of Credit Spreads-Option-Implied Jump Risk Premia in a Firm Value Model. The Review of Financial Studies, 2008a, 21 (5): 2209-2242.

[4] Cremers M., Driessen J., Maenhout P.. Individual Stock-Option Prices and Credit Spreads. Journal of Banking & Finance, 2008b, 32(12): 2706-2715.

[5] Das S. R.. The Surprise Element: Jumps in Interest Rate. Journal of Econometrics, 2002, 106(1): 27-65.

[6] Duffie D., Singleton K.. Credit Risk Pricing, Measurement, and Management. New Jersey, USA, Princeton University Press, 2003: 53-55.

[7] Fouque J. P.. Wignall B., Zhou X. W.. Modeling Correlated Defaults: First Passage Model under Stochastic Volatility. Journal of Computational Finance, 2008, 11(3): 43-78.

[8] Harrison M.. Brownian Motion and Stochastic Flow Systems, Krieger Publishing Company, Florida, US, 1990.

[9] Kiesel R., Scherer M.. Dynamic Credit Portfolio Modelling in Structural Models with Jumps. Ulm University and London School of Economics, 2007, Working Paper.

[10] Klebaner F. C.. Introduction to Stochastic Calculus with Applications. Second Edition. Imperial College Press, London, UK, 2005.

[11] Leland H. E.. Predictions of Default Probabilities in Structural

Models of Debt. The Credit Market Handbook: Advanced Modeling Issues. New Jersey, USA, John Wiley & Sons, 2006: 39-63.

[12] Leland H. E., Toft K. B.. Optimal Capital Structure, Endogenous Bankruptcy, and the Term Structure of Credit Spreads. The Journal of Finance, 1996, 51(3): 987-1019.

[13] Merton R. C.. On the Pricing of Corporate Debt: The Risk Structure of Interest Rates. The Journal of Finance, 1974, 29(2): 449-470.

[14] Tang, D. Y., Yan, H.. Market Conditions, Default Risk and Credit Spreads. Journal of Banking and Finance, 2010, 34 (4): 743-753.

[15] Vassalou M., Xing Y. H.. Default Risk in Equity Returns. The Journal of Finance, 2004, 59(2): 831-868.

[16] Zhou C. S.. An Analysis of Default Correlations and Multiple Defaults. The Review of Financial Studies, 2001a, 14 (2): 555-576.

[17] The Term Structure of Credit Spreads with Jump Risk. Journal of Banking and Finance, 2001b, 25(11): 2015-2040.

[18] 冯谦，杨朝军．具有债务减免设计的信用敏感型证券定价．上海交通大学学报，2006，40(9)：1596-1599.

[19] 任学敏，边保军．欧式信用价差期权的定价．同济大学学报(自然科学版)，2010，38(9)：1392-1396.

[20] 柳卫静等．基于双指数跳扩散过程的公司债券定价．经济数学，2011，28(1)：77-80.

[21] 乌画等．基于多元随机波动模型的信用风险衍生定价．管理科学学报，2010，13(10)：55-62.

[22] 张洪祥，毛志忠．基于多维时间序列的灰色模糊信用评价研究．管理科学学报，2011，14(1)：28-37.

第三部分　基于结构分析法的中小企业违约风险测度

第三部分将专门以中小企业群体为对象，利用基于跳跃因子的违约风险定量和定性方法分析它们的违约风险。与大型企业相比，中小企业规模小，人、财、物等资源相对有限，无力经营多种产品以分散风险。因此，在遭遇突发事件的冲击时，中小企业将比大企业更容易受到行业背景和盈利能力的限制，其资产价值出现跳跃变化(大幅波动)的频率和幅度都将更大，从而使得短期内违约风险更为明显。因此，考虑资产价值短期内大幅跳跃对中小企业违约风险及整体风险的影响有更重要的实证意义。

第三部分包括第8、9章。其中，第8章探讨了主要发达国家和中国中小企业发展的基本情况，以及这些国家对中小企业的界定标准。然后，针对我国中小企业投资、经营、融资及资本结构的特点，提出科学度量中小企业违约风险的必要性和可能的方法。第9章则利用跳跃-扩散违约风险测度模型及在此基础上构建的违约风险成分分析法对样本中小企业的违约风险进行定量和定性研究，并对不同行业、类型的中小企业违约风险特征进行对比分析。

第8章　中小企业界定与投融资特点分析

在世界经济发展和创造就业方面，中小企业一直都是一股不可小觑的力量。这个看似弱小但又庞大的群体在各国经济中占据重要地位。与此同时，中小企业的发展又和银行等金融中介机构、金融市场乃至整个金融体系息息相关。因此，正确度量和评价中小企业的信用风险对金融机构的风险控制、金融市场和金融体系的稳定以及宏观经济的发展都有重要意义。

有效管理和评价中小企业信用风险的前提是对中小企业本身有明确的界定，对其资本结构、投融资和经营特点有清晰的认识。本章将首先探讨主要发达国家和我国中小企业发展的基本情况，以及这些国家如何对中小企业进行界定。然后，专门对我国中小企业投资、经营及融资结构的特点进行分析。最后，从破解外源融资困境的角度出发，提出科学度量中小企业信用风险的必要性和可能的方法。

8.1　中小企业的界定

中小企业是所处行业中人员、资产与经营规模上都比较小的经济单位。此类企业通常可由单个人或少数人提供资金组成，其雇用人数与营业额皆不大，因此在经营上多半是由企业主直接管理，受外界干涉较少。由于中小企业在各国经济发展中处于十分重要的地位，所以各国理论和实务界都热衷于中小企业的相关研究。但无论是在哪个国家，任何关于中小企业的研究都需先对中小企业进行界定，而界定中小企业就需要一个标准。由于各国经济发展和行业划分的差异性，不同国家在不同时期对不同行业中小企业的界定往往会有所不同。本节将对主要发达国家中小企业的界定和我国不同时期对中小企业的界定进行简单的介绍，使读者既能从横向角度(国别的差异和行业的差异)，也可以从纵向角度(中国不同经济发展阶段的差异)对中小企业有一个更为全面的认识。

8.1.1　主要发达国家或地区关于中小企业的界定

“中小企业”是与“大企业”相比较而言的一个概念，通常是指人员规模、资产规模与经营规模为中等及以下的企业。当然，因经济发展水平和产业结构的差异，不同国家对中小企业有不同的界定方法和标准，且界定标准会随着经济发展而发生动态变化。

1. 美国关于小企业的界定

在美国的企业分类当中，只将企业类型分为大企业和小企业，没有中型企业。作为世界上最发达的国家，小企业数量约占美国全部企业数量的95%以上。小企业群体为美国经济发展作出了重要贡献。目前，美国小企业群体创造的就业机会占全部就业机会的50%以上，创造的产值占美国 GDP 的50%以上。同时，美国小企业还具备很强的创新能力，开发新技术和新产品的效率明显高于大企业，投资回收期也约比大企业短近1/4。可以毫不夸张地说，美国小企业群体是美国经济发展的核心引擎。那么美国是如何界定小企业的呢?

总体而言，在美国，小企业是指那些不要求具有较大规模的企业或尚处于向较大规模发展过程中的企业。但关于小企业的具体界定，在不同经济发展时期仍有所差异。1953年，美国颁布的《小企业法》中将小企业界定为“在所经营的行业和领域中不是主导地位和支配地位的企业，是自主经营和独立所有的企业”。1975年，美国小企业局(Small Business Administration，SBA)将小企业界定为“不能从大企业的规模优势中得到好处的企业”。之后，美国经济发展委员会给小企业的界定是至少符合下属四个特征中两个的企业：

(1)能够独立经营管理的企业；

(2)主要是在当地经营某些业务的企业；

(3)由个人或少数人提供资本并具有所有权的企业；

(4)规模在本行业中相对较小的企业。

2004年，美国小企业管理局对小企业的标准进行了修改。根据美国经济发展的特点，按照行业分布制定了小企业的划分标准，主要划分标准为：

(1)一般行业，企业的资本金在500万美元以下或者所雇佣人数在500人以下的划为小企业；

(2)农、林、渔行业年销售额在500万美元以下的为小企业；

(3)特殊行业，如航空货运、石油化工、海洋货运等行业，资本金不超过2750万美元或者雇员人数不超过1500人为小企业。

2014年，美国小企业管理局再次公布了小企业的最新划分标准(如表8.1所示)，该标准是根据2012年北美行业划分系统(North American Industry Classification System，简称NAICS)进行修改和制定的。该标准对行业的划分多而细，优点是能对各行各业的中小企业进行明确的界定，缺点是过于复杂且可能由于企业主营业务有交叉而造成误判。

表8.1 **美国小企业2014年划分标准**

行业	划分标准
农业	大部分农业企业：年均收入75万美元以下 特殊农业企业：年均收入550万~2750万美元以下 特殊行业员工数有500人限制
采矿业	采矿企业：雇佣人数500人以下 采矿服务企业：年均收入750万~3850万美元以下
能源行业	石化核电生产企业：雇佣人数750人以下 水力发电企业：雇佣人数500人以下 可再生电力生产企业：雇佣人数750人以下 电力配送企业：雇佣人数1000人以下 天然气配送企业：雇佣人数500人以下 其他能源企业：年均收入150万~2750万美元以下

续表

行业	划分标准
建筑业	一般建筑业企业：年均收入 3650 万美元以下 特殊建筑业企业：年均收入 1500 万美元以下 土地分割企业：年均收入 2750 万美元以下 疏浚企业：年均收入 2750 万美元以下
制造业	3/4 制造业企业：雇佣人数 500 人以下 小部分制造业企业：雇佣人数 1500 人以下 其他制造业企业：雇佣人数 750 人或 1500 人以下
批发业	申请贷款和其他联邦项目(除联邦采购项目)的批发业企业：雇佣人数 100 人以下 其他作为联邦项目交易商的批发企业或销售企业：雇佣人数 500 人以下且企业必须销售美国小型制造企业生产的产品(特殊情况除外)
零售业	1/3 的零售业企业：年均收入 750 万美元以下 少数企业(如零售商店、非新车销售商、电子产品销售商)：年均收入 1100 万~3850 万美元以下 新车销售商：雇佣人数 200 人以下 燃油销售商：雇佣人数 50 人以下 其他作为联邦项目交易商的零售企业或销售企业：雇佣人数 500 人以下，且企业必须销售美国小型制造企业生产的产品(特殊情况除外)
交通运输及仓储业	气体运输：雇佣人数 1500 人以下 液体运输：雇佣人数 500 人以下 卡车运输：年均收入 2750 万美元以下 交通和陆地客运：年均收入 1500 万美元以下 原油和提炼汽油产品的管道运输：雇佣人数 1500 人以下 气运相关：年均收入 3250 万美元以下 液运相关：年均收入 3850 万美元以下 仓储：年均收入 2750 万美元以下

续表

行业	划分标准
信息业	出版(包括网络出版)：年均收入 3850 万美元以下 广播：年均收入 3850 万美元以下 通信(有线、无线和转售)：雇佣人数 1500 人以下 卫星和其他通信服务：年均收入 3250 万美元以下
金融保险业	储蓄机构和信用卡签发企业：年均收入 55000 万美元以下 大多数非储蓄机构：年均收入 3850 万美元以下 直接财产和意外保险承保企业：年均收入 1500 万美元以下 其他直接保险承保企业：年均收入 3850 万美元以下 基金、信托和其他金融企业：年均收入 3250 万美元以下
房地产和租赁企业	房地产租赁：年均收入 2750 万美元以下 向联邦政府提供租赁的企业：年均收入 3850 万美元以下 房地产代理和交易企业：年均收入 750 万美元以下 其他房地产相关企业：年均收入 750 万美元以下 自动化设备租赁：年均收入 3850 万美元以下 商业和工业机械设备租赁：年均收入 3250 万美元以下
专业和科技企业	法律服务：年均收入 1100 万美元以下 会计和相关业务：年均收入 2050 万美元以下 建筑服务：年均收入 750 万美元以下 工程、调查和绘图服务：年均收入 1500 万美元以下 专业设计：年均收入 750 万美元以下 计算机系统设计和相关服务：年均收入 2750 万美元以下 管理和科技咨询：年均收入 1500 万美元以下 广告、公关和相关服务：年均收入 1500 万美元以下 生物技术研发：雇佣人数 500 人以下 自然、工程和生命科学研发：雇佣人数 500~1500 人以下 社会科学和人类科学研发：年均收入 2050 万美元以下
健康医疗和社会救助企业	身体护理企业：年均收入 1100 万美元以下 牙齿护理企业：年均收入 750 万美元以下 其他健康医疗企业：年均收入 750 万美元以下 医院：年均收入 3850 万美元以下

续表

行业	划分标准
其他行业，如教育、艺术、娱乐、餐饮、住宿、其他服务业企业	50%以上的企业：年均收入 750 万美元以下 其他的企业共同标准有如下几类： 年均收入 1100 万美元以下 年均收入 2750 万美元以下 年均收入 1500 万美元以下 年均收入 3850 万美元以下 其他特殊标准：参见美国小企业管理局每年公布的小企业规模规定

资料来源：2014 年美国小企业局(SBA)公布的小企业划分标准

2. 欧盟关于中小企业的界定

“如果我们可以创造良好的管理环境，形成鼓励自主创业和创造就业的风气，就业、增长和投资将必然重返欧洲。我们一定不能让过于纷繁复杂的规章制度磨灭了创新和竞争，尤其是中小企业的创新和竞争。中小企业是我们经济的中流砥柱，它们创造了欧洲85%以上的新岗位。我们必须把它们从沉重的规章制度中解放出来。”这是现任欧盟委员会主席让·克洛德·容克的一段讲话。从这位现任欧盟主席的讲话中不难看出中小企业对整个欧洲经济所起的重要作用。中小企业推动了整个欧洲的就业和经济增长，维持了社会稳定。欧洲 90%的企业是中小企业，而中小企业又提供了接近 70%的就业。2013 年 2100 万的中小企业为整个欧洲提供了 8880 万的工资岗位。正是因为中小企业如此重要，欧洲的经济政策也逐渐向这个群体倾斜，向它们提供更多的资源和政策支持。

为了更好地推动欧洲经济发展，也为了明确政策所应扶持的特定对象，欧盟委员会认为必须对中小企业有相对明确的界定。20 世纪 90 年代，欧盟委员会对中小企业界定是：企业员工数在 250 人以内，年营业额不超过 4000 万欧洲货币单位(下文简称 ECU)，或者资产年度负债总额不超过 2700 万 ECU 的企业，且企业必须由其所有人实际独立经营。但在这个时期，欧盟各成员国对中小企业的界定不尽相同。

欧盟委员会于2003年公布并于2005年实施了名为《中小企业新界定》的指导性文件，该文件希望通过在欧盟区建立一个统一的中小企业界定标准，从而达到鼓励中小企业的创业、投资和经济发展的目的。该文件将中小企业界定为"员工人数250人以下，年营业额不超过5000万欧元，或者年资产负债总额不超过4300万欧元的企业"。

2015年，欧盟委员会再次印发最新《中小企业界定——使用者指南》①，该《指南》在2003年文件基础上对中小企业进行了更为明确的界定，不仅考虑了员工人数、营业额和负债总额，还考虑了企业实际所有人特征、合伙人特征以及关联企业特征。如果有些企业看似规模较小，员工数也不多，但是却能从其他渠道(如合伙企业、关联企业或母企业)获得明显的资源，这类企业将不再属于中小企业的范畴，因而也将无法再继续获得政策上的扶持。这种分类方法在很大程度上反映了市场的变化和企业的发展，也更加合理。该《指南》能最大限度鼓励中小企业的发展，使得真正的中小企业能获得最大的政策扶持(如费用减免、特定条款)和金融资源。以下是该指导文件中关于中小企业界定的核心内容：

标准1：员工数、年营业额和资产负债总额要求。员工数少于250人，年营业额不超过5000万欧元或者年资产负债总额不超过4300万欧元的企业。关于中、小、微企业的内部划分标准参见表8.2。

标准2：法律和事实控制权。该标准进一步细分了以下三种类型的企业，每类企业的界定标准有所差异：

(1)完全独立或对其他企业的持股或被持股份额在25%以内的自治企业。这类可以完全按"标准一"判断是否为中小企业。

---

① 《中小企业界定——使用者指南》的英文名称为"User guide to the SME Definition"。

表 8.2　　　　　　**欧洲中小企业界定标准**

企业类型	员工人数	年营业额	(或)年资产负债总额
中型企业	<250	≤5000 万欧元	≤4300 万欧元
小型企业	<50	≤1000 万欧元	≤1000 万欧元
微型企业	<10	≤200 万欧元	≤200 万欧元

资料来源：欧盟委员会 2015 年出版的《中小企业界定——使用者指南》。

(2)对其他企业的持股或被持股份额在 25%~50%之间的合伙企业。这类企业计算员工数、年营业额或资产负债总额时，还需按一定比例(该比例反映持股额)加上合伙企业的员工数、年营业额或资产负债总额。然后，再按“标准一”来判断是否是中小企业。如：企业 A 某项指标总数=100%×企业 A 的某项指标数+b%×合伙企业 B 的某项指标数+c%×合伙企业 C 的某项指标数。

(3)与其他企业关联程度 50%以上的关联企业。这类企业计算员工数、年营业额或资产负债总额时，需要完全加上关联企业的员工数、年营业额或资产负债总额。然后，再按“标准一”来判断是否是中小企业。如：企业 A 某项指标总数=100%×企业 A 的某项指标数 + 100%×合伙企业 B 的某项指标数 + 100%×合伙企业 C 的某项指标数。

3. 英国关于中小企业的界定

2014 年，英国有 520 万家中小企业，遍布英国各行各业，约占英国企业总数的 99%。2014 年，中小企业提供工作岗位数 1515.8 万个，占全部岗位数的 60%，年营业额为 16.47 亿英镑，占全部企业营业总额近 50%；2013 年，欧洲中小企业业绩评估委员会估算英国中小企业的总增加值(GAV)约为 4700 亿英镑，约为英国经济总量的一半。2013 年及 2014 年英国中小企业的部分统计数据参见表 8.3。

英国政府将中小企业视为英国经济的就业引擎，但关于中小企业的界定标准却并未统一，甚至连小型和中型企业内部划分标准也未得到各行业的一致认同。

表 8.3　　英国私营企业的部分统计数据①

	企业数			雇佣员工总数	营业收入总额
	2013 年（万家）	2014 年（万家）	增长率（%）	2014 年（万人）	2014 年（万英镑）
微型企业（0~9 人）	467.1	501.0	7%	827.6	65500
小型企业（10~49 人）	18.6	19.5	%	380.7	51500
中型企业（50~249 人）	3.0	3.1	3%	307.5	47700
中小企业总体	488.7	523.6	7%	1515.8	164700
大型企业（250 人以上）	0.6	0.7	17%	1007.0	184700
全部企业总体	489.5	524.3	7%	2522.8	352100
中小企业占比	99.8%	99.9%	—	60%	47%

资料来源：2014 年英国商业创新与技能部《商业人口估计》

前文曾提到欧盟委员会曾于 2005 年实施了指导性文件《中小企业新界定》，该文件成为 2006 年英国公司法案的分类依据。该法案还加入了微型企业的界定：微型企业是指员工人数不超过 10 人，年营业额不超过 200 万英镑企业；小型企业是指员工人数不超过 50 人，年营业额不超过 650 万英镑的企业；中型企业是指员工人数不超过 250 人，年营业额在 1290 万英镑以下的企业。

① 此表是仅依据员工人数对企业进行的分类。

然而，英国政府、银行以及小企业保险公司等并未就中小企业的分类达成一致，一些不同的组织和机构都会选择制定它们自己认可的中小企业界定。例如，英国银行协会就有自己关于中小企业的定义，他们将小企业界定义为拥有单个交易人、合伙人或有限公司且年销售额不超过 100 万英镑的企业。其他组织关于中小企业的划分则是根据该企业是否达到增值税门槛①。

作为一般性的规则，目前英国中小企业界定基本如下：微型企业是指员工人数不超过 10 人，年营业额不超过 200 万英镑企业；小型企业是指员工人数 10~50 人，年营业额不超过 1000 万英镑的企业；中型企业是指员工人数 50~250 人，年营业额在 5000 万英镑以下的企业。然而，这仍是一个非一般性的原则，许多保险公司和金融机构并不认同这一标准，有些只认同营业额标准，有些则只认同员工数标准。而还有机构认为判断中小企业的标准应该是看企业是否由其所有人实际经营，而非某个大公司集团的一部分。

4. 日本关于中小企业的界定

中小企业的存在和繁荣不仅使日本市场得到充分竞争，使新产业不断涌现，也使得日本经济结构不断优化。大公司的主要产品中都包含了中小企业生产的零部件，像丰田、本田和索尼这种大公司本身也是从街边的小厂成长起来的。因此日本产品之所以能得到广泛的认可，中小企业功不可没。与此同时，中小企业也为日本地方经济多样化发展做出了巨大贡献。尤其是在服务业、零售业和建筑业，中小企业群体不仅提供了大量的就业机会，还为地方政府提供了可观的财政收入。

在现今的日本，99.7%的企业是中小企业。中小企业提供了 70%的就业岗位，创造了超过 50%的附加值。中小企业无疑是日本经济的根基，而日本政府也一直都非常重视中小企业的发展。早在 1948 年，日本就成立了管理中小企业的专门机构，致力于推动中小企业的发展和市场的自有竞争，反对大企业对市场的垄断。1963

① 2014 年英国增值税门槛为 8.1 万镑。

年又颁布了《中小企业基本法案》，明确对中小企业和大型企业的两层划分。之后，为了适应日本经济发展的趋势，日本经济产业部下属的中小企业管理机构在1999年和2013年分别对1963年的《日本中小企业基本法案》中有关中小企业的定义进行了修改，进一步支持各类充满市场活力和生命力的中小企业发展。修改后的《基本法案》对中小企业的定义更为清晰，更有利于政府在政策上、资源上和资金上支持真正的中小企业。

表8.4给出了依据当前最新的《日本中小企业基本法案》和《日本公司税收法案》整理的制造业、批发业、零售业和服务业中小企业的界定标准。

表8.4 **2013年日本中小企业界定标准**

行业	日本中小企业基本法的界定			日本公司税收法的界定
	中小企业		微型企业	
	员工数	核准资本金	员工数	
制造业	少于300人	低于3亿日元	少于20人	核准资本金低于1亿日元
批发业	少于100人	低于1亿日元	少于5人	
服务业	少于100人	低于0.5亿日元	少于5人	
零售业	少于50人	低于0.5亿日元	少于5人	

资料来源：日本经济、贸易和产业部。

《日本中小企业基本法案》给出的标准中，企业只要符合资本标准或者员工人数标准之一，就可以判定为中小企业。而如果企业的员工人数同时还符合微型企业的标准，则可认定为微型企业。而《日本公司税收法案》只给出了一个唯一的标准，即核准资本金低于1亿日元。低于这个标准的企业即为中小企业，可以享受低于大型企业36.7%~50%的税收减免。

5. 韩国关于中小企业的界定

2012年，韩国有335.1万家中小企业，占全部企业总数的

99%。中小企业提供岗位 1305. 9 万个，占全部岗位总数的 87. 7%。其中，小企业占比 97. 2%，提供岗位数占比 71. 2%。由这些统计数据可发现韩国中小企业中绝大部分是小企业。表 8. 5 给出了韩国中小企业近几年的基本统计数据。

表 8. 5　　**韩国中小企业 2008—2012 年统计数据**

统计类型		2008 年	2009 年	2010 年	2011 年	2012 年
企业总数	企业总数(万家)	304. 7	306. 9	312. 5	323. 5	335. 4
	中小企业数(万家)	304. 4	306. 6	312. 2	323. 2	335. 1
	中小企业占比(%)	99. 9	99. 9	99. 9	99. 9	99. 9
员工总数	员工总数(万人)	1307. 0	1339. 9	1413. 5	1453. 4	1489. 1
	中小企业员工数(万人)	1146. 8	1175. 1	1226. 3	1262. 7	1305. 9
	中小企业员工数占比(%)	87. 7	87. 7	86. 8	86. 9	87. 7

资料来源：韩国统计局。

与日本类似，韩国批发业和零售业中小企业最多，占中小企业总体的 27. 9%。接下来是住宿和食品业中小企业占 20. 1%，交通运输业中小企业占 10. 8%，制造业中小企业占 10. 7%。实际上，中小企业对韩国经济的贡献主要在 20 世纪 80 年代以后才逐渐体现出来。这主要是因为第二次世界大战以后到 20 世纪 70 年代，韩国的发展战略是发展化学和重工业。因此，这个时期支撑韩国经济发展和就业的主要是大型企业。进入 20 世纪 80 年代后，政府逐渐开始从政策上向中小企业倾斜，中小企业在数量上激增，在经济增长和就业上的贡献也逐步占据主导地位。到了 20 世纪 90 年代，由于受到 1997 年金融危机的影响，中小企业创造就业的能力在一定程度上被削弱，但是在生产和附加值创造方面仍然超过了大型企业。到了 2010 年，中小企业在经济方面的地位进一步得以稳固。目前韩国关于中小微企业的界定如表 8. 6 所示。

表 8.6 **2012 韩国中小企业界定标准**

行业	中小企业		小企业	微型企业
	员工数	资本或销售额	员工数	
制造	<300 人	资本总值<800 亿韩元	<50 人	<10 人
采矿、建筑和运输	<300 人	资本总值<300 亿韩元	<50 人	<10 人
出版、信息、通信及相关服务、健康和社会工作、专业科技产业	<300 人	销售额<300 亿韩元	<10 人	<5 人
农、林、渔业、电气、汽和水工、批发、零售、餐饮住宿、食品、金融、保险、艺术、娱乐	<200 人	销售额<200 亿韩元	<10 人	<5 人
疏通、垃圾处理、教育、修理和其他服务	<100 人	销售额<100 亿韩元	—	—
房地产、租赁	<50 人	销售额<50 亿韩元	—	—

资料来源：韩国中小企业管理局。

8.1.2 我国关于中小企业的界定

我国中小企业是实施大众创业、万众创新的重要载体，在增加就业、促进经济增长、科技创新与社会和谐稳定等方面具有不可替代的作用，对国民经济和社会发展具有重要的战略意义(辛国斌，2015)。与发达国家相比，我国中小企业的发展更为复杂，新中国成立以来中国中小企业的界定经历了多次调整。

新中国成立初期，我国曾按固定资产价值划分企业规模。1962 年，改为按人员标准对企业规模进行划分：企业职工在 3000 人以上的为大型企业，500～3000 人之间为中型企业，500 人以下为小企业。

表 8.7　　　　**我国不同时期对中小企业的划分标准**

时间	划分标准	相关法规
20 世纪 50 年代	企业职工数	—
1962—1978 年	固定资产价值数量	—
1978—1988 年	年综合生产能力	《关于基本建设项目的大中型企业划分标准的规定》
1988—1999 年	不同行业按企业规模	《大中型小工业企业划分标准》
1999—2003 年	销售收入和资产总额	《大中型小工业企业划分标准》(修订版)
2003 年以后	综合划分(企业职工人数、销售额、资产总额等)	《中小企业标准暂行规定》

资料来源：舒萍(1998)，林汉川和魏中奇(2000)，李毅(2008)。

1978 年，国家计委发布《关于基本建设项目的大中型企业划分标准的规定》，把划分企业规模的标准改为年综合生产能力。1984 年，国务院《国营企业第二步利改税试行办法》对中国非工业企业的规模按照企业的固定资产原值和生产经营能力设定了划分标准，主要涉及的行业有公交、零售、物资回收等国营小企业。

1988 年，重新发布了《大中小型工业企业划分标准》，按不同行业的不同特点做了分别划分。将企业规模分为特大型、大型(分为大一、大二两类)、中型(分为中一、中二两类)和小型四类六档。中小企业一般指中二类和小型企业。1992 年又对 1988 年划分标准做了补充，增加了对市政公用工业、轻工业、电子工业、医药工业和机械工业中的轿车制造企业的规模划分。1999 年再次修改，将销售收入和资产总额作为主要考察指标：分为特大型、大型、中型、小型四类（林汉川，魏中奇，2000）。参与划型的企业原则上包括所有行业各种所有制形式的工业企业。但是，这个时期对企业规模的划分仍过于笼统、不够科学，既没有考虑不同行业的差异，也没考虑到劳动密集型产业和资本密集型产业的差别。

为了使得企业规模的界定更加科学合理，尤其是为了进一步加强对中小企业的扶持，2003 年，国家经贸委、国家计委、国家财政部、国家统计局共同制定了《中小企业暂行规定》。该《规定》根据不同行业特点，结合企业职工人数、销售额、资产总额等指标对大中小型企业进行了相应的划分。

从新中国成立初期开始，我国对企业划分标准的变化反映了我国经济发展阶段性的特点。最初，企业划型仅仅依据企业职工人数，然后，随着经济的发展和对外不断开放，企业划型中才逐步考虑加入企业销售额、资产总额、行业特点等更为复杂的影响因素(李毅，2008)。目前，我国中小企业最新界定标准是 2011 年 6 月 18 日由工业和信息化部、国家统计局、国家发展和改革委员会、财政部联合印发的《关于印发中小企业划型标准规定的通知》(以下简称规定)。该规定按不同的行业，以营业收入和从业人员为标准对中小企业进行了界定(如表 8.8 所示)。

表 8.8　**2011 年中国中小企业界定标准**

行业	营业收入(万元)			从业人员(人)			资产总额(万元)		
	中型企业	小型企业	微型企业	中型企业	小型企业	微型企业	中型企业	小型企业	微型企业
农、林、牧、渔业	500~2000	50~500	50 以下	—	—	—	—	—	—
工业	2000~4000	300~2000	300 以下	且 300~1000	且 20~300	或 20 以下	—	—	—
建筑业	600~8000	300~600	300 以下	—	—	—	且 500~80000	且 300~500	或 300 以下
批发业	500~4000	100~500	100 以下	且 20~200	且 5~20	或 5 以下	—	—	—
交通运输业	3000~30000	200~3000	200 以下	且 300~1000	且 20~300	或 20 以下	—	—	—

续表

行业	营业收入(万元)			从业人员(人)			资产总额(万元)		
	中型企业	小型企业	微型企业	中型企业	小型企业	微型企业	中型企业	小型企业	微型企业
零售业	500~20000	100~500	100以下	且50~300	且20~50	或20以下	—	—	—
住宿和餐饮业	2000~10000	100~2000	100以下	且100~300	且10~100	或10以下	—	—	—
信息传输业	1000~100000	100~1000	100以下	且100~2000	且10~100	或10以下	—	—	—
软件、信息技术服务业	1000~10000	50~1000	50以下	且100~300	且10~100	或10以下	—	—	—
仓储业	1000~30000	100~1000	100以下	且100~200	且20~100	或20以下	—	—	—
邮政业	2000~30000	100~2000	100以下	且300~1000	且20~300	或20以下	—	—	—
房地产开发经营	1000~200000	100~1000	100以下	—	—	—	且5000~10000	且2000~5000	或2000以下
物业管理	1000~5000	500~1000	500以下	且300~1000	且100~300	或100以下	—	—	—
租赁和商务服务业	—	—	—	且100~300	且10~100	或10以下	且8000~120000	且100~8000	或100以下
其他未列明行业	—	—	—	且100~300	且10~100	或10以下	—	—	—

资料来源:2011年《关于印发中小企业划型标准规定的通知》。

按该规定的标准，截至2013年我国全部注册登记的企业中，大企业占比0.3%，中型企业占比2.4%，小微企业占比97.3%。在当年的各项经济指标中，中小微企业创造了接近60%的GDP，贡献了接近70%的外贸出口额，提供了近80%的就业岗位。

8.2 我国中小企业投资与经营特点

8.2.1 中小企业投资特点与创新趋势

1. 行业分布广、投资选择灵活

中小企业是我国经济发展中最具活力的群体。它们规模相对较小，投资方式灵活，易于在各行各业寻找具有比较优势的利基市场，因此其行业分布也相当广泛。2013 年，国家工商总局全国小型微型企业发展报告课题组对照《中小企业划型标准规定》，对 2012 年全国登记在册并参加年检的小微企业进行了统计分析。根据该课题组的研究，36.44%的小微企业属于批发业和零售业企业，18.49%的小微企业属于工业(包括采矿业、制造业、电力热力燃气及水生产和供应)企业，9.93%的小微企业属于租赁(房屋、汽车、设备租赁等)和商务服务业(金融服务、保险理财、法律咨询、教育培训、旅游服务等)企业，4.62%的小微企业属于科技行业(仅指信息传输业、软件和信息技术服务业)，之后依次为建筑业、农林牧渔业、交通运输业、房地产业、餐饮酒店业等。

尽管我国目前尚无中小企业数量、区域和行业分布的完整数据，但是由于小微企业占比超过 95%，因此小微企业的行业分布基本可以反映我国中小企业行业分布特点。从全国小型微型企业发展报告课题组收集和统计的数据可以看到，中小企业的分布多达 15 个一级行业，100 多个细分行业。此外，《2014 年中小企业统计年鉴》也显示在全部 41 个工业行业中，中小企业在 38 个工业行业中的占比超过 90%，其中超过 96%的有 29 个。除了在工业行业聚集了较多的中小企业外，中小企业还广泛分布在软件及信息技术、金融、保险、医药、教育等多个高科技和服务行业。

由于大企业通常依赖于规模和资本优势，所以它们主要集中在能源、通信、交通等对资本要求较高的少数行业，因此这些行业也更具备垄断竞争的特点。中小企业则由于自身规模小、各类资源相对有限，既无力经营多种产品以分散风险，也无法在对资本要求较高的行业与大企业竞争，因而，中小企业的发展更多依赖灵活的市场定位、可靠的核心技术、有竞争力的人力资源和合理的资金配置。它们可以将有限的技术、人力和财力投向那些大企业无暇顾及的细分市场，即所谓的利基市场。因此，资本准入门槛低，但对技术或人力资源要求较高、多样化发展的细分市场为中小企业寻找合适的切入点创造了很好的机会。

2. 投资创新成为发展的新趋势

技术设备、产品、服务和市场在现代科技的影响下向着两个方向发展，一方面是向着大型化、集中化的方向发展；另一方面向着小型化、分散化方向发展。产品和服务的小型化、分散化和专业化生产为中小企业的发展提供了有利条件。在寻找具有比较优势的利基市场和技术创新方面，中小企业比大型企业更有优势。小而精的中小企业能够更好地关注大企业忽视的细分市场，将大部分的人力和财力集中在某个细分市场中的某一个关键产品或关键技术的研发和创新上，这样往往能比大企业更快获得成功。因此，创新型中小企业的涌现，成为中小企业发展的新趋势。

此外，许多中小企业，尤其是一些高科技、金融、保险等商务服务行业的中小企业，其创始人本身就是某个行业的专家或专业技术人员，甚至是一个研发团队，他们对该行业的发展有很清楚的认识或者本身就掌握着核心技术，因此，这些企业具备很强的创新优势。中小企业在软件、通信、互联网、金融、新材料等方面取得了极大的成功，有许多中小企业在短短几年就迅速成长为全国乃至世界著名企业，如淘宝、腾讯、网易等。

从历年《中国中小企业年鉴》对主要省市中小企业的统计数据可以发现，近年来，随着新技术革命、互联网革命、中国经济对外融合度不断提高，新技术型的中小企业数量骤增。表 8.9 列出了 2006—2013 年上海市科技型和专业服务型中小企业的数量增长情况。在短短的 7 年内，信息传输、计算机服务和软件业中小企业增长了 41.5%，金融业中小企业增长了 103%，商务服务业中小企业增长了50.8%，科研和技术服务业中小企业增加了63.8%。

表8.9 上海市科技型和专业服务型中小企业数量

时间	信息传输、计算机服务和软件业(家)	金融业(家)	商务服务业(家)	科研和技术服务业(家)
2006年	9387	862	36554	12092
2007年	9545	894	37950	12206
2008年	10173	862	41271	13023
2009年	10740	540	40894	14566
2010年	10771	952	42595	14809
2012年	12440	1515	50393	18255
2013年	13279	1756	55119	19809

资料来源：2007—2014年《中国中小企业年鉴》。

8.2.2 中小企业规模和经营劣势

1. 投资规模小，抵御风险能力弱

中小企业规模小、管理层级简单，能更多更直接地接触客户，这既是中小企业的优势，也是中小企业的劣势。一方面，规模相对较小，组织结构简单使得企业管理和决策效率会相对较高也更灵活。比如，当企业决策层捕捉到市场和需求的变化后，可及时调整相应的战略和策略并迅速实施，从而保证在最短的时间内适应市场的变化和及时满足消费者需求。这一点是规模大且管理层次复杂的大型企业很难做到的。另一方面，因为规模小，中小企业抵御风险的能力也会较弱。国家工商总局全国小型微型企业发展报告课题组发布的《全国小型微型企业发展情况报告》统计的数据显示：小型微型企业因其自身规模小，对外部经济、政策环境的敏感程度普遍较高。近年来，由于我国经济增速放缓、结构调整和国际经济下行，小型微型企业的发展受到很大影响。调查显示，近几年仅有

12%的小型微型企业表示营业额快速或高速增长（增长率 30%以上），其余大多数企业经营发展缓慢。

中小企业由于规模小，获得人力、物力、财力、信息等生产要素资源的能力和渠道也有限，还会在大企业占优势地位的行业受到大企业的挤压，而后者则能通过其规模优势，更便利地获得各种资源。《全国小型微型企业发展情况报告》也显示宏观经济环境不景气的背景下，各种社会资源向大中型企业倾斜的趋势更加明显。社会资源分配向已发展壮大的企业集聚，进一步挤压小型微型企业生存空间。

现对《中国中小企业年鉴》公布的相关统计数据进行分析，试图通过各行业中小企业的数量、资产及收入等数据变化来进一步明确宏观经济环境的变化对中小企业的影响。对该年鉴公布的数据进行逐年对比后发现，有关统计数据存在以下问题：全国性的数据只有工业中小企业的分类数据；大部分省市企业数据统计表也只列出了工业中小企业的数据；少部分省市虽然列出了全部行业的中小企业数据，但不同省市行业分类的差异较大或者存在数据缺失。

由于该年鉴公布的数据存在上述问题，无法完整地合并和统计全国各行业中小企业的关键指标数据。因此，以下将主要对两类数据进行分析，进而观察宏观经济环境变化对不同规模企业影响的差异。第一类是全国主要工业行业中小企业和大型企业的关键经济指标数据，第二类是代表性城市的主要行业中小企业关键经济指标数据。由于 2007 年恰逢美国的金融危机席卷全球，中国的宏观经济环境也遭到了巨大的冲击，为了对比不同规模企业的关键经济指标在金融危机前后的变化，本章选择了 2005—2010 年这个时间段来进行分析，其中 2008—2009 年为各行业受金融危机影响最大的时间段。

首先，对比分析全国主要工业行业中小企业和大型企业的关键经济指标。具体选取的是 4 个劳动密集型工业行业（采矿业、食品制造业、纺织及服装业、化学医药业）及 4 个资本密集型工业行业（能源生产与供应业、大型电子设备制造业、交通运输设备制造业和石油加工业）的中小企业和大型企业，对比分析它们在 2007—

2008 年金融危机前后的平均资产增长率、销售收入增长率以及总资产收入率①，结果如表 8.10、表 8.11 及图 8.1 所示。

表 8.10 **2006—2010 年大型企业和小型企业资产增长率** （单位:%）

行业	2006 年		2007 年		2008 年		2009 年		2010 年	
	中小企业	大型企业	中小企业	大型企业	中小企业	大型企业	中小企业	大型企业	中小企业	大型企业
采矿业	30.16	24.35	32.98	20.88	53.80	29.60	16.04	18.93	23.20	25.81
食品制造	19.07	11.05	25.00	16.99	23.01	19.66	17.98	16.49	20.35	28.77
纺织及服装	15.93	16.28	16.40	16.69	16.66	6.89	7.19	3.41	13.55	28.18
化学医药	22.22	9.00	21.76	15.42	21.62	10.09	13.88	17.32	21.25	21.81
能源生产供应	15.94	23.18	14.65	14.14	23.99	4.54	7.82	21.79	11.90	6.91
大型电子设备制造	10.95	16.42	13.65	24.65	11.95	9.68	7.93	12.29	14.15	39.28
交通运输设备制造	24.16	19.53	25.24	31.49	24.89	22.53	17.50	26.68	18.80	31.96
石油加工	25.56	11.30	27.55	21.31	24.56	24.41	19.93	4.21	26.83	15.33

资料来源：2007—2011 年《中国中小企业年鉴》。

① 此处“总资产收入率=销售收入/总资产”，该指标可以衡量企业资产使用效率和单位资产收益能力。

从工业行业中小企业和大型企业的资产增长率和销售收入增长率的变化来(表 8. 10 及表 8. 11)。金融危机期间及危机后，不管是劳动密集型还是资本密集型行业的大型企业，都比中小企业对危机的反应要温和一些。虽然多数行业大型企业的平均资产增长率和销售收入增长率有所下降，但下降幅度有限，有些行业大型企业甚至还出现明显上涨。而中小企业则普遍出现显著下降，且下降幅度明显大于大型企业。这说明金融危机对中小企业的负面影响明显要大于对大型企业的负面影响，即中小型企业抗风险能力更弱。

表 8. 11　**2006—2010 年大型企业和小型企业销售收入增长率**　(单位:%)

行业	2006 年		2007 年		2008 年		2009 年		2010 年	
	中小企业	大型企业	中小企业	大型企业	中小企业	大型企业	中小企业	大型企业	中小企业	大型企业
采矿业	35. 72	26. 27	34. 48	15. 21	60. 67	34. 97	5. 41	-7. 53	38. 14	39. 56
食品制造	24. 61	22. 20	32. 93	26. 48	35. 23	20. 51	18. 68	15. 84	29. 86	28. 12
纺织及服装	21. 60	21. 56	22. 39	22. 51	18. 30	6. 86	9. 32	10. 30	21. 74	31. 23
化学医药	28. 68	11. 70	30. 92	24. 38	27. 04	8. 13	10. 56	9. 31	30. 28	28. 49
能源生产供应	15. 60	25. 19	13. 17	23. 48	23. 34	9. 83	9. 10	15. 17	22. 76	18. 41
大型电子设备制造	20. 41	25. 11	13. 45	21. 23	13. 45	8. 85	0. 60	3. 63	17. 31	29. 76
交通运输设备制造	32. 76	26. 26	32. 93	31. 64	26. 49	20. 67	22. 09	27. 70	26. 15	41. 76
石油加工	36. 12	20. 24	34. 13	11. 90	34. 49	21. 07	3. 01	-12. 2	34. 73	40. 45

资料来源：2007—2011 年《中国中小企业年鉴》。

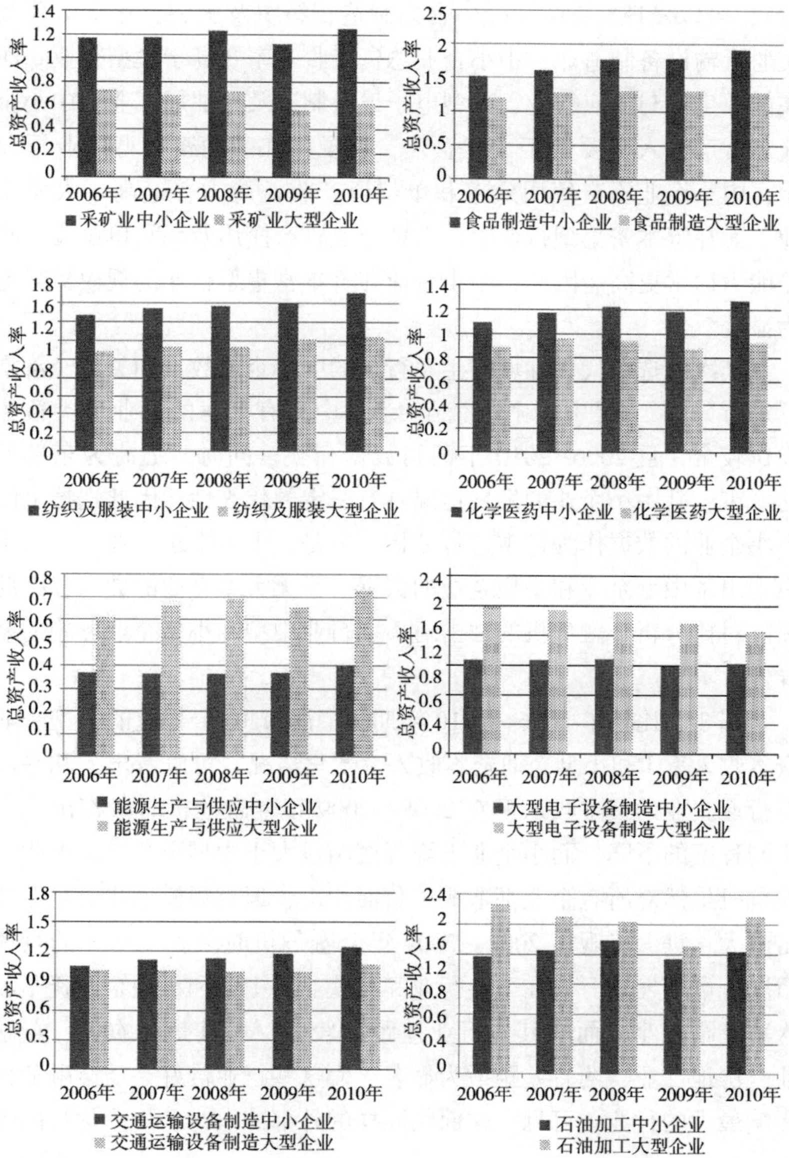

图 8.1　各行业总资产收入率对比图

资料来源：2007—2011 年《中国中小企业年鉴》

继续比较中小型企业和大型企业的总资产收入率(如图 8.1 所示)，可以发现，在采矿业、食品制造、纺织及服装、化学医药及交通运输设备制造业，中小企业总资产收入率要高于大型企业。而在能源生产与供应行业、大型电子设备制造及石油加工业，中小企业总资产收入率要低于大型企业。这说明在劳动密集型工业行业中，中小企业资产使用效率和单位资产收益能力普遍高于大型企业。而在资本密集型行业中，大型企业资产使用效率和单位资产收益能力通常更高。因此，中小企业在资本密集型行业的规模劣势更为显著。

其次，选取代表性城市主要行业的中小企业数量和关键经济指标进行分析。在《中国中小企业年鉴》中只有上海的行业分类覆盖面比较全，且 2006-2010 年期间数据完整。同时，上海为东部发达城市，其中小企业的发展情况具有一定的代表性，因此选择上海中小企业的数据作为样本进行分析。但是，上海中小企业统计表中只列出了中型企业和小型企业的数据，而无大型企业的数据，因此只能对比分析金融危机的冲击对不同行业中型和小型企业影响的差异性。

图 8.2 比较了 2006—2010 年期间上海市 10 个行业的中型企业资本收入率①和小型企业资本收入率变化情况。可以看出，几乎所有行业企业的资本收入率在 2008—2009 年金融危机时段都出现了不同程度的下降，而小企业下降程度明显大于中型企业。这说明金融危机虽然对所有企业都造成了负面冲击，但对规模越小的企业冲击越大。进一步观察 2008—2009 年金融危机时段各个行业的具体情况，可以发现，仅在工业行业和餐饮业，中型和小型企业资本收入率差距较小，而在其他行业差距都较大，尤其是在农业、金融业、房地产业，两者差距最为显著。而这些行业恰好是受金融危机影响最大的行业，可见，在面临同样的外部冲击时，规模优势的确

① 由于《中国中小企业年鉴》中上海企业统计数据只统计了企业的实收资本和营业收入数据，因此用“资本收入率=主营收入/实收资本”来衡量企业单位资本收益情况。

能在一定程度上抵御和弱化外部冲击的负面影响。

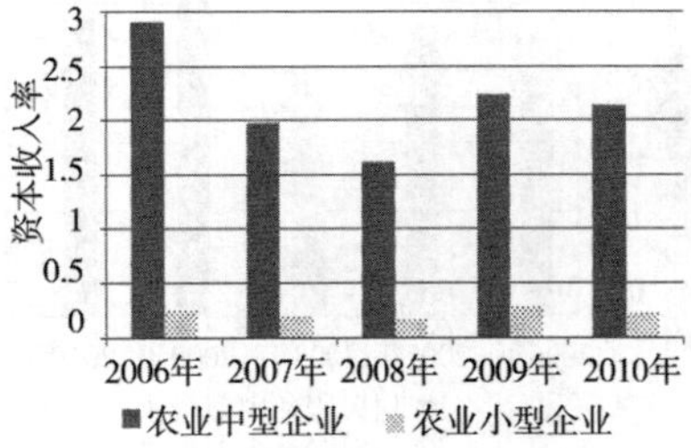

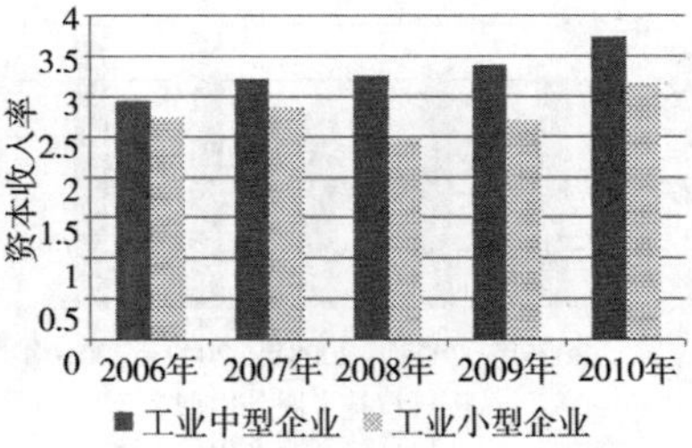

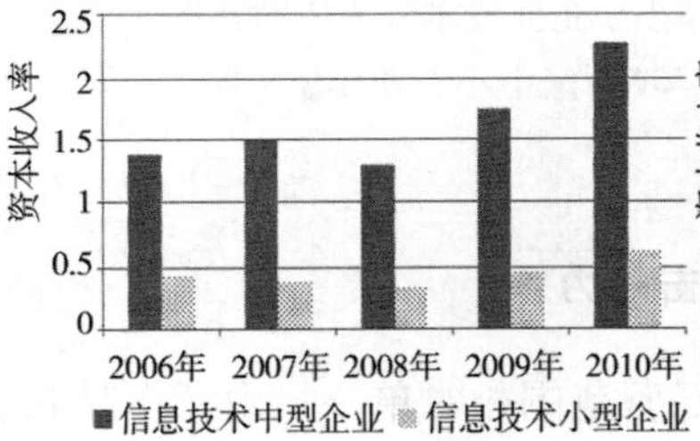

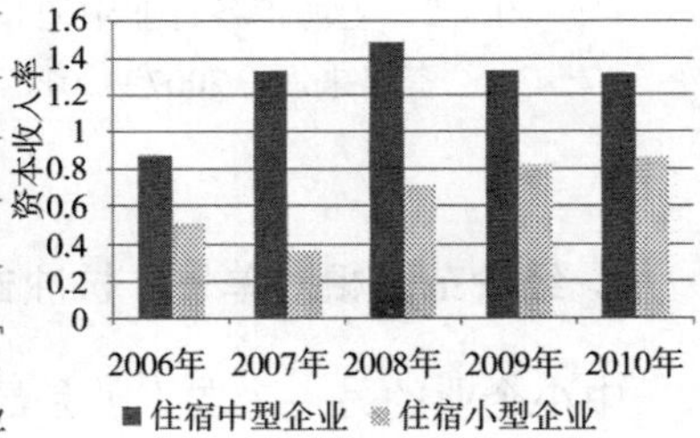

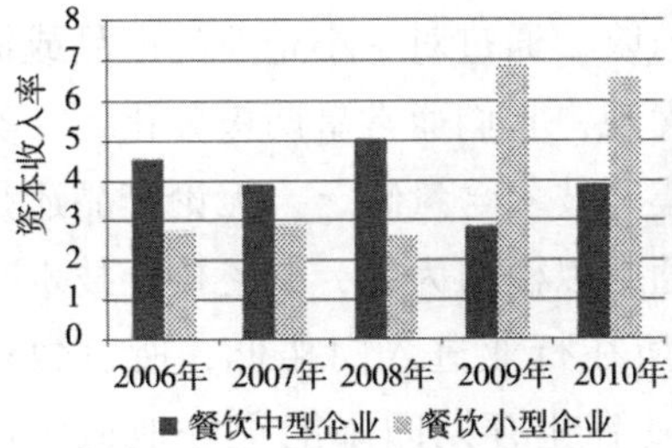

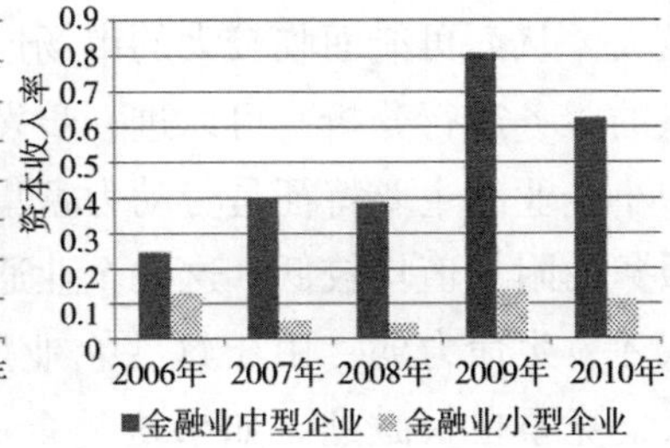

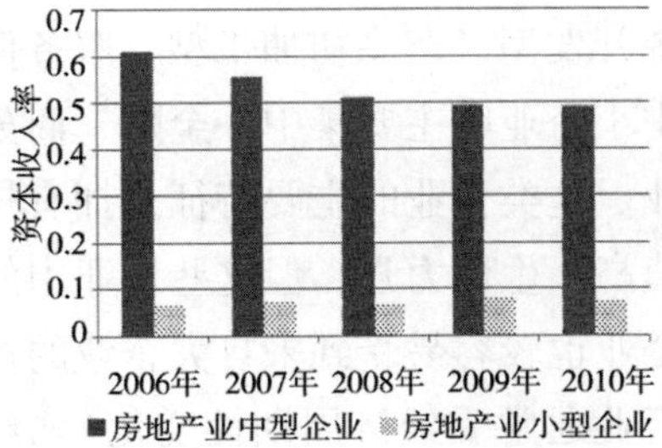

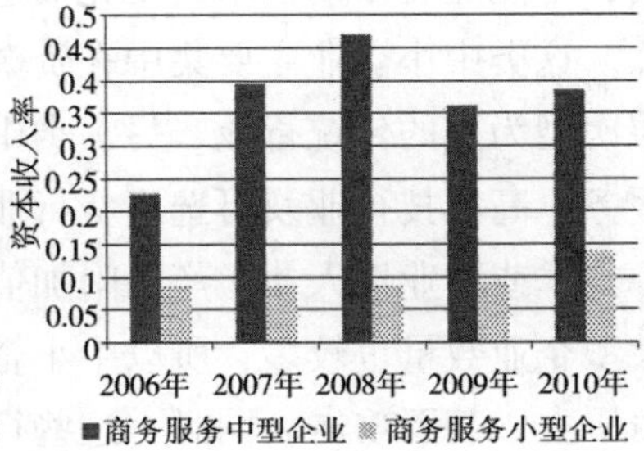

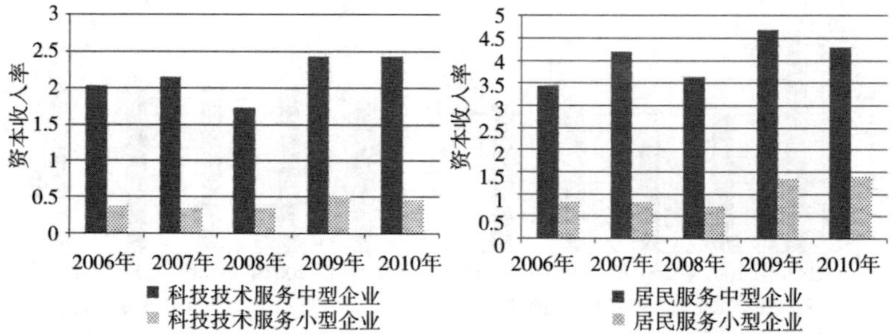

图 8.2　上海市各行业中型和小型企业资本收入率对比图

资料来源：2007—2011 年《中国中小企业年鉴》

2. 经营范围相对单一，抗冲击能力差

中小企业的另一个弱点就是经营范围相对单一。由于产品和服务单一，中小企业抗冲击能力差，受经济或行业周期性变化的影响较大，从而可能面临较大的市场风险。通过对中小企业的产品或提供的服务进行分析，可以进一步发现，它们通常呈两极分化。一类中小企业的主要特征是劳动力密集、技术含量缺乏，无论产品还是服务的附加值均较低。这些企业通常以模仿为主，缺乏核心技术和人才，生命力弱。由于这些企业所在行业进入门槛低，所以数量大，竞争也很激烈。如果这类企业在生存期间不能很好地适应市场，不能随着市场需求的变化而进行创新和转型，很容易被市场淘汰。这类中小企业主要集中在资源开发型、产品初加工型、服务低层次型为主的传统行业。另一类中小企业则主要集中在金融、商务服务、高科技行业及可选消费行业。这类企业的主要特征是拥有核心技术或专业性人才，产品附加值高、生命力强。但这些行业中的大型企业数量也较多，所以中小企业也较容易受到来自大企业的竞争压力，甚至攻击。同时，这些行业通常受经济周期性变化(如经济衰退)或突发性事件(如金融危机)或国家政策变化影响较大，而小规模企业通常经营范围比较单一，无法转移行业系统风险，因此受到的冲击更大，图 8.2 也反映了这一特点。

8.3 我国中小企业基本融资方式与融资结构特点

8.3.1 我国中小企业基本融资方式分析

1. 内源融资仍为主要融资方式

企业资金来源大致包括内源融资、外源融资和政府财政支持。但几乎所有企业成立之初都是利用内源融资来满足最初的资金需求。所谓内源融资，是指企业发起人自筹资金或者企业成立后股权人追加、上期留存盈利、折旧等用于新生产和投资的资金。因此，内源融资具有原始性、自主性、成本低和风险低的特点，是企业生存与发展的重要组成部分。

根据 Berger 和 Udell(1998)提出的融资增长循环范式，中小企业融资以及可选融资方式在企业生命周期不同阶段会有所差异。一般而言，初创期主要依赖内源融资。这是由于中小企业通常存在信息不透明、缺乏历史可评价记录、创业失败风险高等问题，使得外源资金的获取非常困难。Cassar 和 Holmes(2003)也指出，当外部资源较难获取时，内部融资的作用便会上升。他们指出，中小企业寻求资金有一定的优先顺序，即：内部权益资本优于外部负债，短期负债优于长期负债、外部负债又优先于外部权益资本。Ughetto(2008)认为，由于外部融资的限制，内源融资对中小企业比对大企业更为重要。尤其是在持续满足中小企业科研发展及创新方面的资金需求时，内源融资起到关键作用。闫福、李叶(2012)通过对我国中小科技企业相关数据的分析和研究也得到了类似的结论。

到目前为止，内源融资也仍是我国中小企业最主要的融资手段。世界银行曾对中国部分城市中小企业流动资金来源结构进行调查，结果显示，约 80%的企业流动资金来自于内部自身积累，只有约 20%为外部融资。而根据李志强(2012)的分析，我国小微企业内部融资比例在融资结构中偏大，有 71.81%的小微企业将内部积累作为主要资金来源，通过银行贷款获得的资金仅占 11.41%。

虽然内源融资成本低和风险低，但是这种融资方式也有不少劣势，比如，内源融资规模有限，较难满足企业持续的投资需求；内源融资的资金量通常会受到企业盈利能力的影响；来源于未分配权益部分的资金会受制于股东分红或再投资的意愿；同时，减少股利的分配，增加用于再投资的资金，不仅会影响现有股东的短期利益，也会影响外部投资者对企业盈利能力的评判，从而影响外部资金的引入。

2. 外源融通资金较难

企业第二类融资方式是外源融资。外源融资主要包括银行等金融机构贷款、商业信用、资本市场筹资以及非正规金融机构融资。银行等金融机构贷款是大多数中小企业首选的外源融资途径。一方面，中小企业，尤其是处于初创期和成长期的中小企业，急需资金来投资新项目或扩大生产，却由于股东数量较少、资金有限，以及投资收益除去收益分配后的留存收益量小等特点，使得企业很难通过自身资金的积累来持续满足再生产和投资对流动资金的需求。因此，中小企业对银行等金融机构的资金渴求度很高。然而另一方面，中小企业通常又会面临较大的投资风险，经营中不确定因素较多，收益安全保障性低，再加上没有足够的可抵押资产或者可抵押资产质量不高，这使得银行等金融机构在很大程度上少贷甚至不贷款给中小企业。因此，贷款难已成为制约我国中小企业发展的最主要障碍。

殷孟波和贺向明(2007)指出，在我国经济转型时期，银行与企业之间的信贷交易不确定性较大，银行更倾向于发放担保贷款。因为有担保机制的存在，贷款的交易成本，包括监督成本、筛选成本以及审查成本，将会降低。但是中小企业很难满足银行借贷的抵押担保要求。张建华(2011)对中国人民银行中小企业征信系统的数据进行分析发现，截至 2010 年，我国小型、微型企业数量约有 4400 万家，其中仅约 800 万家与金融机构发生过信贷关系，融资获得率不到 20%。邢雅菲(2012)则发现当前银行等金融机构对中小企业的融资需求重视程度仍然不够，这导致银行等金融机构提供的贷款资金并不能满足中小企业的实际需求。2012 年 3 月，中国私营企业研究课题组对我国主要的金融机构贷款进行调查，调查结果显示，在中小企业向银行申请贷款时，有超过 60%的企业感到“相当困难”，有超过20%的企业感到“偶尔困难、偶尔比较容易”，只有约 15%的企业感到向银行贷款比较容易。工业和信息化部 2013 年上半年的统计数据也显示，约有 62.9%的中小企业没能从银行获得贷款，而仅有 9%的中小企业从银行获得全部贷款，剩余的企业仅从银行获得部分贷款。

中小企业常见的第二种外源融资方式是商业信用。由于大多数中小企业不具备发行商业票据的资格，因此中小企业商业信用多以企业之间的赊购赊销为主。许多研究发现，影响企业商业信用融资的主要因素是企业规模与成立年限。Petersen 和 Rajan (1994, 1995, 1997) 发现，企业的成立时间越长，与上下游企业之间的关系就越紧密，上游企业越愿意提供商业信用给下游企业。因此，如果企业规模过小或成立时间较短，仍不能获得较多的商业信用。张捷和王霄(2002)发现，较大规模的企业往往能够较容易地获得外部融资，并将这种现象称为融资的“规模歧视”；赵宇翔(2008)也认为，规模是企业获得商业信用的信号，规模较大的企业更容易获得上游企业的信任，从而获得商业信用。

中小企业还有一种外源融资途径，就是资本市场融资，即通过发行企业债券或股票融资。同银行融资渠道相比，资本市场融资更具主动性，且融资期限较长，可以满足企业成长过程中对资金长期稳定的需求。但是资本市场进入门槛较高，即使可以成功上市融资，发行股票和债券的成本也较高；而且资本市场上融资也会面临股票或债券价格波动带来的不确定性风险。

3. 财政渠道融资仅为补充

通过财政渠道的融资是中小企业获得资金的第三种方式。政府给中小企业提供资金的形式通常包括财政补贴、税收优惠、贷款担保等。国家统计局 2014 年统计数据显示，中央财政预算内的扶持中小企业发展专项资金的规模逐年增加，从最初的 10 亿元增至 2012 年的约 150 亿元规模。而仅在 2012 年，中央财政就安排中小企业发展专项资金 19.2 亿元，其中 80%用于支持创新型、创业型和劳动密集型小微企业。从 2009 年开始，中央财政每年又另外安排 30 亿元，专门用于支持中小工业企业技术改造。2012 年增加到 35 亿元，支持技术改造项目 1803 个，带动企业投资 425 亿元。

同时，财税部门对小微企业的税费减免政策力度也进一步加大。自 2012 年 8 月 1 日起，对小微企业月销售额不超过 2 万元的增值税小规模纳税人和营业税纳税人，暂免征收增值税和营业税。全面清理规范涉企收费行为。2012 年以来，有关部门累计取消和免征 340 项行政事业性收费，涉及金额 297 亿元。此外，国家通过各项准备金税前提取、资本金注入、担保费用补贴等扶持政策，支持中小企业信用担保机构和再担保机构为中小企业特别是小微企业提供信用担保服务。2012 年，中央财政安排 14 亿元专项资金支持了 565 家担保机构为中小企业提供担保服务，所支持担保机构的新增贷款担保业务额达 5686 亿元。被担保中小企业约 12 万户，其中小微企业占 85%。

财政支持和担保服务在缓解中小企业外部融资难方面的确发挥了一定的作用。但是，财政资金对中小企业支持的范围、数量和力度毕竟有限。目前，我国中小企业有 7000 多万，即使仅考虑工商注册登记的中小企业也约有 1500 万，这个数量远远超过了财政政策资金和担保服务覆盖的范围。

另一方面，财政支持的主动权并没有掌握在企业手中，是一种比较被动的资金来源。财政资金的支持依赖于国家各种相关政策，而政策本身从酝酿、制定、出台到实施往往需要经历较长的一段时间。中小企业可能因此错过需要资金的最佳时期。因此，财政资金只能是中小企业内源和外源融资的一个有效补充，而绝不是主要的融资来源。中小企业融资难的问题还必须从自身和市场中寻找答案。

8.3.2 我国中小企业融资结构特点

正如之前所分析的那样，内源融资仍为我国中小企业融资的主要方式。尽管中小企业迫切渴望外源融资，但当从银行金融机构和资本市场获得资金有一定难度时，企业会更多地依赖内源融资或者以短期借贷为主要融资方式，这与 Cassar 和 Holmes(2003)的研究结论基本一致。因此，整体而言，中小企业外源融资难度高于大型企业，其资产负债率通常也较后者低。

当然，相关研究也表明，不同行业和地域的中小企业资产负债率有一定的差异(王立彦和刘应文，2013；刘祥州，2014)。建筑业、工业、制造业和房地产行业的中小企业资产负债率明显较高，这主要是和这些企业固定资产投资较多、外部融资所需的抵押品较充足、盈利风险相对较低有关。但是农业、信息产业、服务行业以及创新型中小企业资产负债率明显偏低。另外，金融产业越发达的区域，中小企业资产负债率也越高，在金融产业欠发达的地区，中小企业资产负债率明显偏低。王立彦和刘应文(2013)的研究也表明，金融发展为规模较小的企业带来了更多的债务融资益处，增加了偏小型企业的短期借款融资，增加了中等型企业的长期借款融资和债务融资，而对偏大型企业几乎没有影响。

根据部分省市统计局公布的 2012 年规模以上大中型工业企业和小型工业企业相关统计数据①，可以观测到不同规模工业企业资产负债率的特点和差异。

首先，图 8.3 列出了 14 个省市规模以上的大中型工业企业和小型工业企业的资产负债率对比图。从图 8.3 可以看出，尽管工业企业属于外源融资相对容易的行业，资产负债率均较高，但是小型工业企业的资产负债率还是普遍低于大中型企业。当然，在金融业较发达的区域，如北京、广东、上海及浙江等区域，小型企业的资

① 各省市统计局在对工业企业的数据进行统计时，一般都将大中型企业归为一类。因此，此处只能将大中型工业企业与小型工业企业进行对比分析。

产负债率又明显较高。

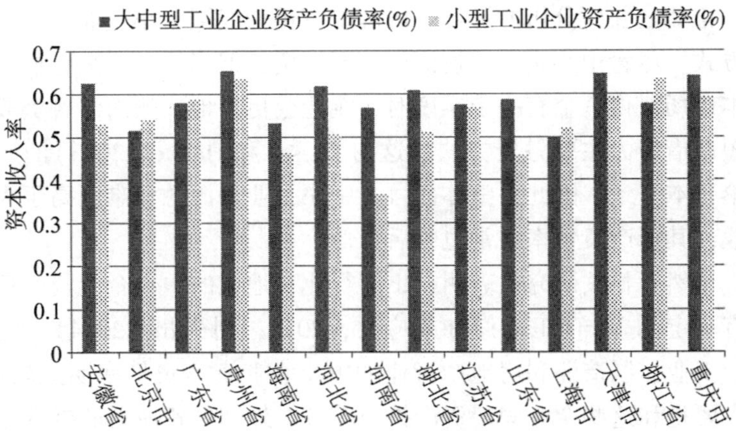

图 8.3　2012 年部分省市规模以上工业企业资产负债率对比图

资料来源：各省市 2012 年规模以上工业企业统计数据。

其次，现有研究和相关资料表明在中小企业的负债结构中，流动负债率普遍高于大型企业。企业流动性负债也叫企业短期负债，是指在 1 年以内(含 1 年)或者超过 1 年的一个营业周期内需偿还的债务。总负债中流动性负债和长期负债的比例反映了企业的负债结构状况。流动性负债比例越高，说明企业对短期资金的依赖性越强，短期内偿债压力和信用风险越大。

再次，利用部分省市统计局公布的 2012 年规模以上大中型工业企业和小型工业企业相关统计数据，对比分析它们流动负债率的特点和差异。图 8.4 列出了 14 个省市规模以上的大中型工业企业和小型工业企业的流动负债率对比图，可以发现，工业企业的流动负债率都偏高，而其中大部分省市尤其是金融发达区域的小型工业企业流动负债率又明显高于大中型工业企业①。

① 各省市统计局在对工业企业的数据进行统计时，一般都将大中型企业归为一类。因此，此处只能将大中型工业企业与小型工业企业进行对比分析。

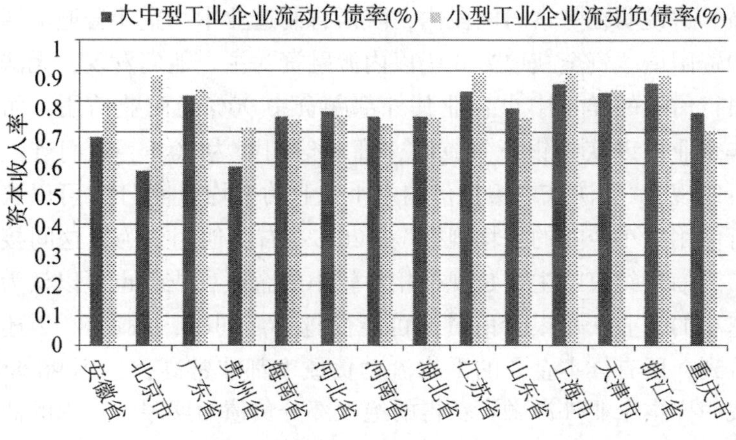

图 8.4　2012 年部分省市规模以上工业企业流动负债率对比图

资料来源：各省市 2012 年规模以上工业企业统计数据。

其他相关研究也对我国部分省市、不同行业的中小企业负债结构况进行了具体分析，得到了类似的结论，即中小企业流动性负债比率较高，短期违约风险高于大型企业。如胡海青等(2014)对陕西省 3494 家制造业中小企业的资产与负债进行了分析，时间跨度为 2003—2009 年共 7 年，相关统计数据如表 8.12 所示。

表 8.12　　**陕西省制造业中小企业资产债务结构**　　(单位：万元)

样本	总资产	负债总额	资产负债率	流动性负债	流动性负债率	应付账款
全部样本企业(均值)	9706.15	1970.18	20.30%	1907.13	96.80%	1458.33
无银行信贷企业(均值)	8864.55	2088.77	23.56%	1995.55	95.54%	1906.32
有银行信贷企业(均值)	10547.75	1851.59	17.55%	1818.71	98.22%	1010.34

资料来源：胡海青等(2004)。

从胡海青等(2014)研究的中小企业样本来看，资产负债率均不高。这说明在考察时间段内，陕西省制造业中小企业普遍遭遇外源融资困境，资金获取方式仍以内源融资为主。他们发现，无法获得银行信用的样本中小企业其外部融资中 90%为商业信用，而当样本企业可以获得银行贷款时，商业信用降为 50%。他们进一步分析发现，“无法获取银行信用中小企业的平均规模”比“可以获得银行信用中小企业的平均规模”小 20%左右。他们认为，这间接反映了受信贷约束的主要是规模相对较小的企业，或者也可以认为规模越小的企业获得银行信贷的可能性越小。同时，从表 8.12 还可以看到，所有样本企业的平均流动负债率都非常高，达到 96.8%。这说明样本企业外源融资获得的绝大部分负债为期限一年内的商业信用或银行贷款。流动负债比例过高，导致这些企业短期偿债压力较大，风险控制显得尤为重要。

谢佩帛和张晓峰(2015)选取了 397 家制造业中小上市企业作为分析样本，他们发现这些样本企业的平均资产负债率偏低，仅为 34.2%，而流动性负债率却高达 88.4%。

上述研究和数据显示，中小企业流动负债率明显高于大型企业，中小企业对短期资金的依赖程度更高，短期还款压力较大。这种负债结构使得中小企业抵御外部风险能力相对较弱，尤其是在突发事件冲击下，信用状况可能在短期内迅速恶化。

8.4 我国中小企业外源融资困境与违约风险

目前，我国中小微企业数量在企业总数中的占比超过了 99%，贡献了近 60%的 GDP 和约 70%的外贸出口额，提供了近 80%的就业岗位。由此可见，中小微企业对中国经济发展非常重要。然而前述分析表明，中小企业持续健康的发展在很大程度上受到外部融资的限制，其中制约中小企业外部融资的一个重要原因是其违约风险不稳定，且不易评估。

规模小、经营范围单一、固定资产偏少，且负债方式又以流动性负债为主，这些特点使得中小企业的违约风险更易被外部经济环境变化所影响，系统性违约风险难以分散，个体异质性违约风险差异较大。经济环境好时，其违约风险较小，一旦出现突发事件或行业性的变化或经济结构转型，中小企业违约风险将很快倍增。因此，针对中小企业融资和违约风险管理的问题，一直是相关职能部门和各大商业银行关注的焦点。

中共中央也十分注重中小企业在我国经济发展中的战略地位，从政策上、财力上和制度上大力支持中小企业的发展。十二届全国人大四次会次 2016 年 3 月 16 日通过的《中华人民共和国国民经济和社会发展第十三个五年规划纲要》(以下简称《纲要》)中，提出要扩大民营资本进入银行业，发展普惠金融，着力加强对中小微企业的金融服务。这对民营商业银行、其他金融机构及中小企业投资者而言，既是机遇，也是责任和挑战。其中最大的一个挑战就是如何对中小企业进行科学动态的贷前违约风险评估和贷后违约风险管理。《纲要》也提出要完善监管体系，实现金融风险监管全覆盖。而现有的信用风险评估手段多以静态财务数据为主，无法反映外部经济环境和市场的动态变化。因此，如何能将动态的市场数据引入到对中小企业违约风险的度量，从而使得银行、监管机构以及投资者可以有效动态评估和管理中小企业违约风险，将是破解中小企业融资难题的一个很好的突破口。

相关研究表明，有效的违约风险评估手段可以显著增加银行等金融机构对中小企业的信用供给，这种增加既包括信用供给绝对量的增加，也包括对信息透明度相对较低、风险相对较高的中小企业信用供给的增加，还包括对低收入区域中小企业信用供给的增加以及贷款年限的延长(Bergen 等，2002；Bergen 和 Frame，2007)。同时，准确度量和有效管理中小企业信用风险也有利于整个金融体系的稳定和经济的持续健康发展，对于加强金融风险监管、健全我国信用制度等方面都能起到一定积极作用。

尽管针对各类企业违约风险管理的研究一直伴随着各国金融市场的发展，但相关的研究背景已经发生了明显变化。现实生活中的各种突发事件不断影响着各国金融市场，尤其是 2007 年后，国际金融风险频现，地震、雪灾等突发事件时有发生。与大型企业相比，中小企业规模小，人、财、物等资源相对有限，无力经营多种产品以分散风险。更重要的是，中小企业的自身特点决定了其流动性负债占总负债的比例相当高。因此，在遭遇突发事件的冲击时，中小企业将比大企业更容易受到行业背景和盈利能力的限制，其资产价值出现跳跃变化(大幅波动)的频率和幅度都将更大，从而使得其短期内违约风险迅速变化。因此，在对中小企业违约风险进行定量分析时，还必须考虑其资产价值短期内可能出现明显的跳跃变化(尤其是资产价值短期内大幅下降)，以及这种变化会对中小企业违约风险及整体风险产生的影响，这将有助于提高违约风险定量分析的准确性，降低违约风险度量偏误。

近年来，不少研究也关注了资产价值跳跃变化对企业违约风险的影响，如 Cremers 等(2008a，2008b)，张琦和陈晓红(2010)，宋殿宇等(2011)，柳卫静等(2011)，Jessen 和 Lando(2015)等。这些研究都认为基于纯扩散过程的违约度量模型与实证数据存在较大差距，因而应将跳跃风险引入到中小企业违约风险测度模型和实证分析中。但是，这些研究或偏重于理论方法的研究和数值解的求解过程，且推导的模型相当复杂，并利用蒙特卡洛仿真等方法来进行验证，很难直接应用于实证研究；或倾向于利用股票期权、信用互换等金融衍生品交易数据来剥离跳跃风险。而中国金融衍生市场起步较晚，数据量十分有限，利用期权等衍生品的市场数据来分析企业违约风险中的跳跃变化并不十分可行。

考虑到中国金融市场发展的实际状况和数据量的限制，如果能够利用企业权益数据所蕴含的信息，并结合违约结构模型的优势来度量中小企业的违约风险，将会是一个较好的选择。第 9 章将以第二部分和本章的研究内容为基础，详细分析如何利用中小企业权益数据来定量和定性分析中小企业的违约风险及其行业特征。

8.5　本章小结

中小企业是一国经济的核心力量，其发展的好坏将直接影响一国经济增长速度和健康发展，其信用风险的高低也会影响一国金融体系的稳定。因此，推动中小企业更好更快的发展既有利于宏观经济的稳定，也有利于金融体系的良性循环。而推动中小企业健康持续发展的首要任务之一就是解决其资金约束，尤其是外源融资约束的问题。本书第三部分的研究正是尝试为解决该问题提供一种可行的思路。因此，本章主要从中小企业界定，中小企业投资、经营特点、融资来源与融资结构等方面入手，对中小企业的特性进行了全面的剖析，并论述了合理测度违约风险对中小企业外部融资、银行风险管理乃至整个金融系统的稳定的重要性，为下一章对中小企业违约风险的理论和实证研究奠定了必要的基础。

◎ 本章参考文献

[1] Bergen A. N., Frame W. S., Miller N. H.. Credit Scoring and the Availability, Price, and Risk of Small Business Credit. Journal of Money, Credit and Banking, 2002, 37(2): 191-222.

[2] Bergen A. N., Frame, W. S.. Small Business Credit Scoring and Credit Availability. Journal of Small Business Management, 2007, 45(1): 5-22.

[3] Berger A. N., Udell G. F.. The Economics of Small Business Finance: the Roles of Private Equity and Debt Markets in the Financial Growth Cycle. Journal of Banking & Finance, 22(6-8): 613-673.

[4] Cassar G., Holmes S.. Capital Structure and Financing of SMEs: Australian Evidence. Accounting & Finance, 2003, 43 (2): 123-147.

[5] Cremers M., Driessen J., Maenhout P.. Explaining the Level of Credit Spreads-Option-Implied Jump Risk Premia in a Firm Value Model. The Review of Financial Studies, 2008a, 21 (5): 2209-2242.

[6] Cremers M., Driessen J., Maenhout P.. Individual Stock-Option Prices and Credit Spreads. Journal of Banking & Finance, 2008b,

32(12): 2706-2715.

[7] Jessen C., Lando D. Robustness of Distance-to-Default. Journal of Banking & Finance, 2015, 50(1): 493-505.

[8] Petersen M. A., Rajan R. G.. The Benefits of Lending Relationships: Evidence from Small Business Data. Journal of Finance, 1994, 49(1): 3-37.

[9] Petersen M. A., Rajan R. G.. The Effect of Credit Market Competition on Lending Relationships. Quarterly Journal of Economics, 1995, 110(2): 407-443.

[10] Petersen M. A., Rajan R. G.. Trade Credit: Theories and Evidence. The Review of Financial Studies, 1997, 10 (3): 661-691.

[11] Ughetto E.. Does Internal Finance Matter for R&D? New evidence from a Panel of Italian Firms. Cambridge Journal of Economics, 2008, 32: 907-925.

[12] 胡海青，崔杰，张道宏，张丹．中小企业商业信用融资影响因素研究——基于陕西制造类非上市企业的证据，管理评论，2014，26(2).

[13] 李毅，对我国中小企业划分标准的研究．科学咨询：决策管理，2008(17): 1-4.

[14] 李志强．小微企业融资难题与信息化对策．当代财经，2012(10): 80-85.

[15] 刘祥州．建筑施工企业资产负债率过高的原因及对策分析．企业导报，2014(24): 78-79.

[16] 林汉川，魏中奇．中小企业的界定与评价．中国工业经济，2000(7): 12-17.

[17] 柳卫静等．基于双指数跳扩散过程的公司债券定价．经济数学，2011，28(1): 77-80.

[18] 美国小企业局(SBA)．小企业划分标准，2014.

[19] 欧盟委员会．中小企业新界定，2005.

[20] 欧盟委员会．中小企业界定——使用者指南，2015.

[21]日本经济产业省．中小企业基本法案，1963.
[22]日本经济产业省．中小企业基本法案，1999.
[23]日本经济产业省．中小企业基本法案，2013.
[24]日本财务省．日本公司税收法案，2013.
[25]舒萍．我国中小企业概念的界定原则．南开经济研究，1998(4)：23-27.
[26]宋殿宇，金华，刘善存．双指数跳扩散过程下带违约风险的可转债定价．系统工程，2011(06)：60-64.
[27]王立彦，刘应文．创业板公司上市前的债务融资模式研究．证券市场导报，2013(5)：9-15.
[28]辛国斌．激发"双创"活力促进中小企业发展．经济日报，2015-8-20.
[29]谢佩帛，张晓峰．中小企业营运资本管理与经营绩效相关性研究．商业会计，2015(9)：26-28.
[30]邢雅菲．我国中小企业融资现状分析——基于金融排斥的视角．现代企业，2012(10)：46-47.
[31]闫福，李叶．我国中小科技企业的融资偏好分析．新金融，2012(03)：40-44.
[32]英国商业创新与技能部．商业人口估计，2014.
[33]殷孟波，贺向明．商业银行贷款担保偏好行为与信贷交易成本，财经科学，2007，12：24-31.
[34]中国财政部．关于印发中小企业划型标准规定的通知，2011.
[35]中国共产党第十八届中央委员会．中共中央关于制定国民经济和社会发展第十三个五年规划的建议，2015-10-29.
[36]张建华．中小企业融资国际比较及经验．中国金融，2011(18)：19-22.
[37]张捷，王霄．中小企业金融成长周期与融资结构变化．世界经济，2002(9)：63-70.
[38]张琦，陈晓红．不可预料违约风险的中小企业集合债券定价．系统工程理论与实践，2010，30(5)：797-802.
[39]赵宇翔．商业信用影响因素研究：来自银行信贷的证据．金

融理论与实践，2008(6)：38-42.
[40]国家工商总局全国小型微型企业发展报告课题组．全国小型微型企业发展情况报告(摘要)，2014-3-28.

第9章 中小企业违约风险测度

推动中小企业持续健康发展的首要任务之一就是解决其资金约束，尤其是外源融资约束。构建科学合理的企业违约风险评估方法，对解决中小企业外源融资约束大有裨益，有利于显著增加银行等金融机构对中小企业的信用供给。所以，如何动态和分类管理中小企业违约风险，既是破解中小企业融资难的一个突破口，也是新经济背景下一个亟待研究的重要课题。

在度量中小企业违约风险时，第5章的Merton(1974)信用结构模型是目前较多被使用的方法。该方法利用企业资产价值和权益资产价值之间的非线性期权关系，通过对权益资产价值的分析，来间接研究企业资产价值和违约风险的变化。该方法之所以有如此大的吸引力，是因为该方法将不同的信息资源(如财务信息、权益信息和企业资本结构信息等)整合起来，具有数据广、结构丰富的特点，比只强调一种信息的违约度量方法更全面和有效。但在新经济背景下利用该方法分析中小企业违约风险时，至少有两个方面需要改进。

首先，20世纪90年代以来，亚洲金融危机、美国金融危机、欧债危机等突发事件带来的巨大冲击，进一步加深了各国金融市场的不稳定性，资产收益的正常波动和异常跳跃的双重性越来越凸显。资产收益的大幅跳跃会使企业资产价值瞬间偏离原有的扩散运动轨迹，违约风险在短时间内迅速变化。虽然随着资产收益的新一轮平滑运动，违约风险会逐渐回归到某一均值水平，但耗时较长，且违约风险的均值水平也将发生明显改变。与大型企业相比，中小企业由于自身规模小，人、财、物等资源相对有限，在遭遇经济环境恶化以及突发事件的冲击时，受到规模劣势和盈利能力的限制，抗风险能力较弱，其资产价值更易出现大幅波动，短期内资产价值下降更快，违约风险迅速增加。因此，测度中小企业违约风险时，更应对跳跃变化予以关注，明确跳跃因素对其违约风险的影响，这将有助于提高风险度量的准确性，降低预测偏误。

其次，该结构方法本身无法解释在同样的外部经济环境下，为何不同类型中小企业违约风险变化有较大差异。比如，在外部经济环境变糟或突发事件冲击下，有些中小企业违约风险出现大幅上升，而有些中小企业违约风险仅略有上升或者没有太大变化。在研究中，我们发现，单个中小企业违约风险具有显著的系统性特征，而这种系统性特征应与中小企业资产价值波动的系统性有关。因此，值得深入研究的是，单个中小企业的违约风险是否也可以划分为系统性和异质性两部分？不同类型的中小企业违约风险系统性成分是否有显著差异？违约风险系统性成分是不是决定不同类型中小企业违约风险差异的关键因素？这些问题都是 Merton 模型本身无法回答的。

在现有的研究中，Gray 等(2007)及 Gray 等(2010)提出的或有权益分析法(Contingent Claim Analysis，简称 CCA)则是将 Merton 模型用于系统性违约风险分析的一种扩展。Gray 等(2007)及 Gray 等(2010)将企业、金融机构或行业的单变量 Merton 模型进行加总，形成一个多变量的 CCA 分析框架，用以分析宏观金融问题和行业系统性违约风险。Financial Stability Board(2009)也将 CCA 分析法作为分析系统性违约风险的重要工具，并以此为基础，构建了管理框架以监测和管理系统性违约风险。Saldias(2013a)则是在 CCA 分析法的框架下，界定了平均违约距离和组合违约距离，并用组合违约距离作为主要指标来监控欧洲银行系统的系统违约风险，而利用平均违约距离和组合违约距离差值来分析系统内银行的异质性违约风险。该差值越小，代表组合内各银行的异质性违约风险越小。Saldias(2013b)还在 CCA 分析法的框架下，利用行业组合违约风险方法研究了行业违约风险系统性和异质性及其决定因素。

Saldias(2013a，2013b)在 CCA 分析框架下构建的组合违约风险分析法，为我们分析单个企业违约风险的系统成分和异质成分提供了一种可以借鉴的思路。这是因为，在 Merton 模型中，企业资产价值及其波动性是违约风险的关键驱动因素。而资产价值的波动又可以分为系统性波动和异质性波动。系统性波动是由单个资产与所在系统之间的相关性决定的，因此，单个资产违约风险系统成分必然与系统的组合违约风险相关。只要找到这种相关性，就可以对单个企业违约风险的系统成分和异质成分进行分析。

鉴于中小企业资产价值在各类突发事件冲击下具有更显著的跳跃特征，本章在测度中小企业违约风险时，纳入了资产价值跳跃变化的影响，以更好反映其资产价值波动和违约风险的实际特征。而在分析不同中小企业违约风险特征时，则在 Gray 等(2010)以及 Saldias(2013a，2013b)提出的组合违约风险分析基础上，结合金融资产定价中系统性波动风险测度 β ，构建单个企业违约风险系统成分指数和异质成分指数。通过分析中小企业违约风险系统成分和异质成分，来解释不同中小企业违约风险变化差异性。系统成分越大，表明企业相关违约风险越高，越易受外部环境恶化和突发事件影响。异质成分越大，则表明企业违约风险与自身异质性特征更为相关。这种将定量和定性分析相结合的方法，将有助于动态度量和分类管理中小企业违约风险。

本章研究内容安排如下：首先从理论上对中小企业资产价值变化过程进行分析，并给出相关参数的估计方法；然后，构建基于资产价值跳跃变化的中小企业违约风险测度模型和违约风险成分分析法；之后，利用前两节构建的理论模型和方法对样本中小企业的违约风险进行定量和定性研究，并进一步对不同行业、不同类型的企业违约风险特征进行分析；最后，对本章的研究进行小结。

9.1 中小企业资产价值的结构分析

9.1.1 资产价值变化符合随机跳-扩散过程

在信用风险结构模型框架下，假设企业融资结构仅包括负债(K)和权益资产(S)，则负债和权益资产的市场价值共同构成企业总资产的市场价值(A)。再假设引起企业总资产跳跃的信息只有一种，且符合泊松过程，因此可以用下述跳-扩散随机微分方程来描述总资产价值 A 的变化：

$$\frac{dA_t}{A_t} = (\mu_A - \lambda_A v_A)dt + \sigma_A dB_t + (J_A - 1)dN_t \qquad (9.1)$$

其中，μ_A 为总资产的期望收益率，σ_A 为总资产价值未发生跳跃时的波动率，它们均为常数；B_t 为真实概率测度 P 下的标准布朗运动；N_t 服从参数为 λ_A 的泊松过程，用以描述总资产价值的随机跳跃，其中 λ_A 为常数，即 $P(N_t = n) = \frac{e^{-\lambda_A t}(\lambda_A t)^n}{n!}(n = 0, 1, 2, \cdots)$；$J_A(>0)$ 为总资产价值发生跳跃时的跳跃幅度，服从均值为 θ_A、方差为 δ_A^2 的对数正态分布，即 $\ln J_A \sim N(\theta_A, \delta_A^2)$。定义 $v_A := E(J_A - 1) = \exp\left(\theta_A + \frac{\delta_A^2}{2}\right) - 1$。上述 B_t，N_t 和 J_A 相互独立。根据本书第 3 章和第 4 章的相关讨论，可知式(9.1)存在唯一的闭式解：

$$\ln\frac{A_T}{A_t} = \left(\mu_A - \frac{1}{2}\sigma_A^2 - \lambda_A v_A\right)(T - t) + \sigma_A(B_T - B_t) + \sum_{i=0}^{N_{T-t}} \ln J_A^i \qquad (9.2)$$

根据式(9.2)，可求得 $\ln\frac{A_T}{A_t}$ 的概率分布为：

$$\ln\frac{A_T}{A_t} \sim \sum_{n=0}^{\infty}\frac{e^{-\lambda_A\tau}(\lambda_A\tau)^n}{n!}N(\alpha\tau + n\theta_A, \sigma_A^2\tau + n\delta_A^2) \qquad (9.3)$$

其中，$\tau = T - t$，$\alpha = \mu_A - \frac{1}{2}\sigma_A^2 - \lambda_A v_A$。

根据信用风险结构模型的分析方法，在约定的时点或时段内，如果企业总资产价值 A_T 低于违约门限值 D 时，企业将会发生违约①。因此，违约风险的测度将依赖于企业总资产价值的变化。但企业总资产价值变化又无法被直接观测到，所以有必要利用权益数据来间接估计企业总资产价值的变化及其概率分布中的未知参数。

① 为了简化问题的分析，本章仅讨论约定时点的违约。

9.1.2 资本结构分析和参数估计

根据本书第 6 章和第 7 章的分析，可将企业权益视为以企业总资产为标的物的欧式看涨期权。因此，在考虑跳跃因素影响时，利用企业资本价值结构分析法，可将企业权益价值(S)和总资产市场价值(A)之间的非线性函数关系表述如下：

$$S_t = A_t \sum_{n=0}^{\infty} \frac{[\lambda_A(1+v_A)\tau]^n e^{-\lambda_A(1+v_A)\tau}}{n!} \cdot \Phi(d_1) - K e^{-r\tau} \sum_{n=0}^{\infty} \frac{(\lambda_A \tau)^n e^{-\lambda_A \tau}}{n!} \cdot \Phi(d_2) \qquad (9.4)$$

其中，$d_1 = \dfrac{\ln \dfrac{A_t(1+v_A)^n}{K} + (r - \lambda_A v_A)\tau + \dfrac{1}{2}[\sigma_A^2 \tau + n\delta_A^2]}{\sqrt{\sigma_A^2 \tau + n\delta_A^2}}$，

$d_2 = d_1 - \sqrt{\sigma_A^2 \tau + n\delta_A^2}$,r 为无风险利率, K 为企业总债务面值(期权执行价格)。

另一方面,由于不存在无风险套利,根据定理 3.2,对 $S_t = f(A_t, t)$ 进行变换可得：

$$\sigma_S = \frac{A_t}{S_t} \cdot \frac{\partial S_t}{\partial A_t} \cdot \sigma_A = \frac{A_t}{S_t} \cdot \left[\sum_{n=0}^{\infty} \frac{[\lambda_A(1+v_A)\tau]^n e^{-\lambda_A(1+v_A)\tau}}{n!} \cdot \Phi(d_1) \right] \cdot \sigma_A \qquad (9.5)$$

$$v_S = \frac{A_t}{S_t} \cdot \frac{\partial S_t}{\partial A_t} \cdot v_A = \frac{A_t}{S_t} \cdot \left[\sum_{n=0}^{\infty} \frac{[\lambda_A(1+v_A)\tau]^n e^{-\lambda_A(1+v_A)\tau}}{n!} \cdot \Phi(d_1) \right] \cdot v_A \qquad (9.6)$$

上述方程中, S_t 的当前市场价值及相关参数均可利用权益市场数据进行估计①,再通过权益价值和总资产价值之间的多个非线性关系方程,就可以推导总资产价值及其概率分布中的相关参数。当

① 参数 σ_S,v_S 及 λ_S 的定义和估计参见本书第 4 章。

然,在只有三个方程的情况下, A_t、λ_A、σ_A、θ_A 和 δ_A 的估计值并不唯一,在实证研究中可以增加一些合理的约束条件以获得最优解:

(1)在不失一般性情况下,可以假设权益(股票)和总资产面临相同的跳风险,即发生跳跃的时点和频率相同: $\lambda_A = \lambda_S$;

(2)约定总资产收益跳跃幅度的方差大于扩散波动的方差: $\delta_A^2 > \sigma_A^2$ 。

经过上述处理后,使用标准简面体爬山法与通用全局优化法求解方程组(9.4)~(9.6)便可得到 A_t、λ_A、σ_A、θ_A 和 δ_A 的最优估计值。

9.2　考虑资产价值跳跃变化的中小企业违约风险分析

9.2.1　基于资产价值跳跃变化的中小企业违约风险测度

在信用风险结构模型框架下,企业 T 时刻的总资产价值 A_T 低于违约门限值 D_T ($D_T \leqslant K$)时,企业就会发生违约,其违约概率为:

$$P(A_T < D_T) = P(\ln \frac{A_T}{A_t} < \ln \frac{D_T}{A_t}) = \sum_{n=0}^{\infty} \frac{\mathrm{e}^{-\lambda_A(T-t)} (\lambda_A(T-t))^n}{n!} \cdot \Phi\left(\frac{\ln \frac{D_T}{A_t} - (\mu_A - \frac{1}{2}\sigma_A^2 - \lambda_A v_A)(T-t) - n\theta_A}{\sqrt{\sigma_A^2(T-t) + n\delta_A^2}} \right) \tag{9.7}$$

此外,违约距离也是一个较多用于测度违约风险的工具。违约距离的直观含义就是,在考察时间点,“企业总价值”到“违约门限”之间的距离是几个标准单位风险①。一般而言,该值越大,表明企业到期能偿还债务的可能性越大、违约风险越小。本章仍借鉴 Duffie 和 Singleton(2003)关于违约距离的界定,并考虑资产价值跳跃变化的影响。因此,某中小企业在 T 时刻违约距离为:

$$\mathrm{IDD}_T = \frac{\ln A_T - \ln D_T}{\sqrt{\mathrm{Var}(A_T)}} \tag{9.8}$$

① 违约距离的定义请参阅第 5 章。

其中，$Var(A_t) = \sigma_A^2 + \lambda_A \cdot (\theta_A^2 + \delta_A^2)$ 。根据违约概率和违约距离的计算公式不难看出，两者之间很容易互相转换。

9.2.2 中小企业违约风险成分分析法

尽管违约概率或违约距离的变化可以测度某个企业的绝对违约风险，但却无法解释在同样的外部经济环境下，为何不同类型中小企业违约风险变化有如此大的差异。比如，在外部经济环境变糟或突发事件冲击下，有些中小企业违约风险出现大幅上升，而有些中小企业违约风险仅略有上升或者没有太大变化。

由于中小企业规模小、经营结构单一，因此对外部经济环境变化的敏感程度、企业间的相关性、企业自身的异质性等都有较大差异，因而必然导致企业的违约风险特点有较大不同。在实证研究中，我们发现，单个中小企业违约风险既呈现明显的系统性，也包含了不可忽视的异质性成分。违约风险的系统性特征主要与中小企业资产价值的系统性波动有关。违约风险系统性越显著的企业，越易受外部宏观经济环境变化、行业变化以及相关企业违约风险变化的影响。另一方面，企业违约风险中的异质性成分与企业自身的异质性有关，可使企业实际违约风险在系统性违约风险成分的基础上略有增加或者大幅增加。因此，要解释不同类型中小企业违约风险的差异，可以从分析和定性评价其违约风险系统成分和异质成分着手。

现在 Gray 等(2010)及 Saldias(2013a，b)等研究基础上，将“组合违约风险”、“个体违约风险”与单个企业资产价值的“系统风险测度β”相结合，构造企业违约风险的“系统成分指数(Systematic Component Index)”和“异质成分指数(Idiosyncratic Component Index)”，分别作为定性评价企业违约风险系统成分和异质成分的指标①。具体构造方式如下：

① 此处利用违约距离来构造企业违约风险系统成分指数和异质成分指数。由于违约距离和违约概率可以相互转换，所以也可以利用违约概率来构造这些指数。

第一步，将所有被考察中小企业视为一个组合，并利用能刻画该组合价值变化的某个加权价格指数来分析其价值波动变化。然后，将各企业的“权益价值之和”、“负债之和”及“违约门限之和”视为组合的“权益价值”、“负债”和“违约门限”，进而求出该组合在 t 时刻的违约距离（Portfolio Distance-to-Default），简称 PDD。PDD 度量了企业组合的系统违约风险水平（Saldias，2013a 和 Saldias，2013b）。

$$\mathrm{PDD}_t = \frac{\ln A_{mt} - \ln D_{mt}}{\sqrt{\mathrm{Var}(A_{mt})}} \tag{9.9}$$

其中，A_{mt} 为 t 时刻组合的资产价值，$\mathrm{Var}(A_{mt}) = \sigma^2(A_{mt}) + \lambda(A_{mt}) \cdot [\theta^2(A_{mt}) + \delta^2(A_{mt})]$ 为组合的方差。

第二步，从单个企业违约风险中剥离出具有系统性特征的部分。根据 Copeland 和 Weston（2013）的分析，单项资产的波动风险可以表述为 $\mathrm{Var}(A_{it}) = \beta_{it}^2 \mathrm{Var}(A_{mt}) + \mathrm{Var}^{\varepsilon}(A_{it}) + u_i$，其中，$\beta_{it}^2 \mathrm{Var}(A_{mt})$ 为单个企业资产价值波动风险中的系统成分，$\beta_{it} = \frac{\mathrm{Cov}(A_{it},\ A_{mt})}{\mathrm{Var}(A_{mt})}$ 为第 i 个企业在组合中的贝塔系数，$\mathrm{Cov}(A_{it},\ A_{mt})$ 表示第 i 个企业资产与组合资产的协方差；$\mathrm{Var}^{\varepsilon}(A_{it})$ 则为单个企业资产价值波动风险中的异质成分；u_i 为符合标准正态分布的随机扰动项。因此，单个企业系统性违约距离可表示为：

$$\mathrm{IDD}_{it}^{S} = \frac{\ln A_{it} - \ln D_{it}}{\sqrt{\beta_{it}^2 \mathrm{Var}(A_{mt})}} \tag{9.10}$$

从式（9.10）不难看出，$\beta_{it}^2 \mathrm{Var}(A_{mt})$ 越接近 $\mathrm{Var}(A_{it})$，个体系统违约距离 IDD_i^S 将越接近个体违约距离 IDD，企业违约风险的系统性特征将越明显。而 $\beta_{it}^2 \mathrm{Var}(A_{mt})$ 越小，个体系统违约距离 IDD_i^S 将越偏离个体违约距离 IDD，即 $\mathrm{IDD}_i^S - \mathrm{IDD}$ 越大，此时，企业违约风险表现出较强的异质性特征。

第三步，构造两种指标变量分别度量单个企业违约风险的系统成分和异质成分，为定性分析企业的违约风险提供依据。

（1）构造企业违约风险系统成分指数。根据式（9.9）和式

(9.10)可得：

$$\mathrm{IDD}_{it}^{S}=\frac{\ln A_{it}-\ln D_{i}}{\sqrt{\beta_{it}^{2}\mathrm{Var}(A_{mt})}}=\mathrm{PDD}\cdot\frac{\ln A_{it}-\ln D_{it}}{\ln A_{mt}-\ln D_{mt}}\cdot\frac{1}{\sqrt{\beta_{it}^{2}}}\quad(9.11)$$

式(9.11)表明，企业资产价值的β_{it}越大，系统违约距离越小，因此系统性违约风险也越大；若$\beta_{it}=0$，系统违约距离将无限大，意味着单个企业的系统性违约风险接近于0；若$\beta_{it}=1$，且$\frac{\ln A_{it}-\ln D_{it}}{\ln A_{mt}-\ln D_{mt}}=1$，则单个企业的系统违约风险将与组合的系统违约风险完全相同。对式(9.11)进一步变形可得：

$$\mathrm{SCI}_{t}=\frac{\mathrm{PDD}_{t}}{\mathrm{IDD}_{it}^{S}}=\frac{\ln A_{mt}-\ln D_{mt}}{\ln A_{it}-\ln D_{it}}\sqrt{\beta_{it}^{2}}\quad(9.12)$$

SCI为单个企业违约风险系统成分指数(Systematic Component Index of Individual Default Risk)。SCI是将“组合系统违约风险”作为“标尺”对“个体系统违约风险”进行二次测度。SCI是一个动态变化值，个体资产价值波动的系统风险β_{it}以及个体资产价值相对水平都会对SCI产生影响。SCI越大，表示企业违约风险的系统成分越大，企业越易受外部经济环境变化和相关企业违约风险的影响。

SCI指数有两个优点：其一，由于IDD_{i}^{S}越大表示企业系统违约风险越小，易导致解释性错误，而SCI和企业的系统违约风险变化方向保持一致，能避免此类错误；其二，SCI能动态反映PDD变化速度与IDD_{i}^{S}的变化速度之间的关系。例如，当PDD减少时，如果某企业的IDD_{i}^{S}减少速度更快，则SCI仍会增加，表明该企业有更大的相对系统违约风险。因此，SCI有助于解释外部经济环境变化对不同企业违约风险系统性影响的差异性。

(2)构造企业违约风险异质成分指数。由于$\mathrm{IDD}_{i}^{S}-\mathrm{IDD}_{i}$反映了企业实际违约风险偏离其系统违约风险的程度，因此可以用它来分析单个企业违约风险的异质性。但由于$\mathrm{IDD}_{i}^{S}-\mathrm{IDD}_{i}$不能直接用于度量异质违约风险的大小，必须对它加以“处理”。一种可行的处理方法是将它转化为“偏离比例”(见式(9.13))，以度量单个企业实际违约风险偏离系统违约风险的程度。

$$\mathrm{ICI}_t=\frac{\mathrm{IDD}_{it}^S-\mathrm{IDD}}{\mathrm{IDD}_{it}^S}=1-\frac{\dfrac{\ln A_{it}-\ln D_i}{\sqrt{\mathrm{Var}(A_{it})}}}{\dfrac{\ln A_{it}-\ln D_i}{\sqrt{\beta_{it}^2\mathrm{Var}(A_{mt})}}}=1-\frac{\sqrt{\beta_{it}^2\mathrm{Var}(A_{mt})}}{\sqrt{\mathrm{Var}(A_{it})}}$$

$$=1-\sqrt{1-\frac{\mathrm{Var}^{\varepsilon}(A_{it})+u_i}{\mathrm{Var}(A_{it})}} \tag{9.13}$$

ICI 为单个企业违约风险异质成分指数(Idiosyncratic Component Index of Individual Default Risk)。从式(9.13)不难发现，单个企业资产价值波动中非系统性波动所占比例越大，ICI 越大，企业违约风险越具有明显的异质性。

如果某中小企业违约风险的系统成分 SCI 较大，且异质成分 ICI 也相对较大，说明该企业违约风险将同时受到系统性和异质性两个方面因素的影响。违约风险管理中对这样的企业应尤为关注，因为它不仅在外部环境变遭时出现较大的不适应，而且因为自身具有较差的异质性能力，使得其实际违约风险水平在系统违约风险水平的基础上进一步显著升高。

9.3　实证研究

9.3.1　数据描述和统计分析

由于受到数据获得的限制，本节主要以上市中小企业为样本进行实证研究。考虑到中小企业上市时间较短且上市时间差异较大，为了选取尽可能多的样本，并观察它们在 2008 年金融危机以后的违约风险特征，在 A 股中小上市企业中，选取符合下述条件的分析对象：(1)所选企业需符合 2011 年制定的《中小企业划型标准规定》，且只发行 A 股的上市企业；(2)为了能分析 ST 企业在被 ST 前几年收益率波动和违约风险的变化，只选择上市后仅在 2010—2012 年间被 ST 过 1 次的企业(即没有多次被 ST 的历史)，且在被 ST 前有至少 3 年的日数据；(3)选取的非 ST 企业为 2008 年以前上市，且没有被 ST 的历史；(4)选取深圳 A 股“中小板指数”来分析企业组合收益分布的相关参数和计算资产组合违约距离 PDD①。

经过筛选后，符合上述标准的中小企业样本共有 89 家，其中 ST 中小企业 6 家(2010 年被 ST 的 2 家，2011 年被 ST 的 1 家及 2012 年被 ST 的 3 家)。此外，在获取样本企业权益资产数据时，只提取可得到的日收盘价格，不考虑停盘影响。如果由于个股自身原因停盘时间较长，出现股价的异常跳动，则去掉复盘当日的日收益率。当企业除权除息后，权益资产价格也会出现突然的大幅变动，故本章所采用的全部是复权后的数据，并以此为基础，计算权益资产的日对数收益率。此外，后续研究中选取 2009—2011 年各季末共 12 个时间点作为研究观测点，来分析样本中小企业违约风险的变化。

首先，对样本企业的权益资产日对数收益进行必要的统计分析(如表 9.1 所示)，得到一些初步的分析结论。

表 9.1 **部分时点的样本中小企业权益资产收益率的统计分析值**

分析时点		2009 年 6 月	2009 年 12 月	2010 年 6 月	2010 年 12 月	2011 年 6 月	2011 年 12 月
样本总数		89	89	87	87	86	86
收益率正态性的 JB 检验	收益分布为非正态的家数	70	77	81	84	85	86
	占比	81.40%	89.50%	94.20%	97.70%	98.80%	100%
收益率的峰度	平均峰度	3.65	3.72	3.79	3.89	4	4.09
	最大峰度	5.977	5.107	4.726	4.731	4.823	4.891
	峰度大于 3.5 的家数	54	68	74	80	85	86
收益率的偏度	平均偏度	-0.248	-0.267	-0.262	-0.247	-0.231	-0.213
	最小偏度	-0.627	-0.649	-0.657	-0.614	-0.592	-0.585
	偏度小于-0.3 的家数	36	42	36	30	25	21

注：每个时点的样本均不含当年及以前被 ST 的企业。

① 以上数据均取自 Wind 数据库。

从表9.1可以看到，利用JB检验对所有样本企业的权益资产收益率进行正态性检验，检验结果表明，几乎90%以上的企业权益资产收益率呈非正态分布。

进一步分析所有样本企业权益资产收益率的偏度和峰度可以看出，它们的平均峰度均明显大于3，约80%以上的企业峰度大于3.5，峰度最大值接近6。而平均偏度均明显小于0，约25%以上的企业偏度小于-0.3，偏度最小值甚至接近-0.65。根据相关文献的研究，如Kou(2007)、Drost等(2009)和Shu(2011)等，负偏度尤其是绝对值较大的负偏度和明显大于3的正峰度，是跳跃现象出现的重要标志。

进一步利用Zhang等(2009)给出的基于RJ比值的Z统计检验法对2009—2011年期间所有样本企业及中小板指数已实现波动率进行跳跃显著性检验。表9.2列出了经Z统计检验判定为跳跃的天数和跳跃的频率。

表9.2　**样本中小企业权益资产价值跳跃显著性的统计检验结果**

检验时段	交易天数	样本中小企业出现显著性跳跃的平均天数	样本中小企业平均跳跃频率	中小板指数发生跳跃的天数	中小板指数跳跃频率
2009-01至2009-12	244	19.90	0.082	3	0.012
2010-01至2010-12	242	18.00	0.074	4	0.012
2011-01至2011-12	244	20.90	0.086	11	0.045

注：根据Zhang等(2009)的研究，利用Z统计检验法检验时显著性水平取$\alpha=0.001$。

表9.2结果表明，几乎所有的企业权益资产收益率在7%~9%的交易日发生了跳跃，有的企业跳跃频率甚至高达15%。这一统

计值远高于正态分布描述的极端值出现的概率。对中小板指数进行统计检验的结果也发现，其在2009—2010年间1%~2%的交易日发生了跳跃，而2011年有4.5%的交易日发生了跳跃，均高于正态分布描述的极端值出现的概率。因此，在违约风险分析中假设资产收益符合正态分布(或假设资产收益变化符合纯扩散过程)与实际情况不符。在测度和评价中小企业违约风险时纳入资产价值跳跃变化的影响十分有必要。

9.3.2 不含跳跃与含跳跃的信用结构模型比较

上述统计检验结果和分析表明，几乎所有样本中小企业的权益资产收益率都在分析时段内出现了不同程度的跳跃现象。因此，对这些样本数据进行研究时，基于纯扩散的违约风险测度方法将会造成违约风险的普遍低估。为了对此进行验证，分别利用基于纯扩散过程的信用结构模型和基于跳-扩散过程的信用结构模型求得企业违约距离①，然后将两种违约距离的差值与峰度及偏度进行比较，结果如图9.1和图9.2所示。

从图9.1可以看出，当偏度值位于-0.25~0.25之间时，两种方法估计的违约距离差较小，甚至没有明显差异，这说明，当权益资产收益率的负偏度绝对值不大或负的极端值出现较少时，利用纯扩散模型来测度违约风险对违约风险低估并不严重。但是，当偏度降至-0.25以下时(表9.1显示约50%企业偏度小于-0.25)，利用纯扩散模型来测度违约风险，低估问题将逐渐变得比较严重。对于有些负偏度绝对值较大的企业，两种方法估计的违约距离差甚至达到0.7以上。

从图9.2可以看出，当峰度值小于3.25时，两种方法估计的违约距离差较小，基本上在-0.2~0.2之间，这说明，当资产收益的峰度较接近正态分布的峰度3时，无论是用纯扩散模型还是用跳-扩散模型度量违约风险，其差异均较小。但是，当峰度增加至3.25以上(表9.1显示90%以上的企业峰度大于3.25)，尤其是4

① 求违约距离的具体处理方法可以参考本书第6章。

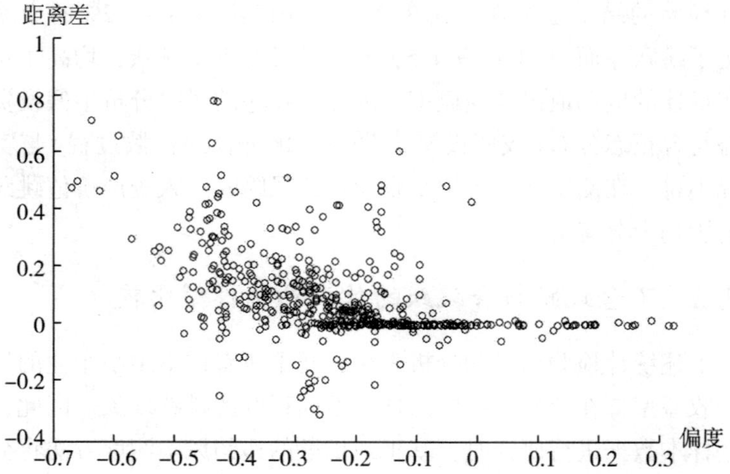

图 9. 1　两种方法求得的违约距离差与偏度的关系图

以上时，厚尾现象明显，极端值增加，纯扩散模型将对违约风险显著低估。

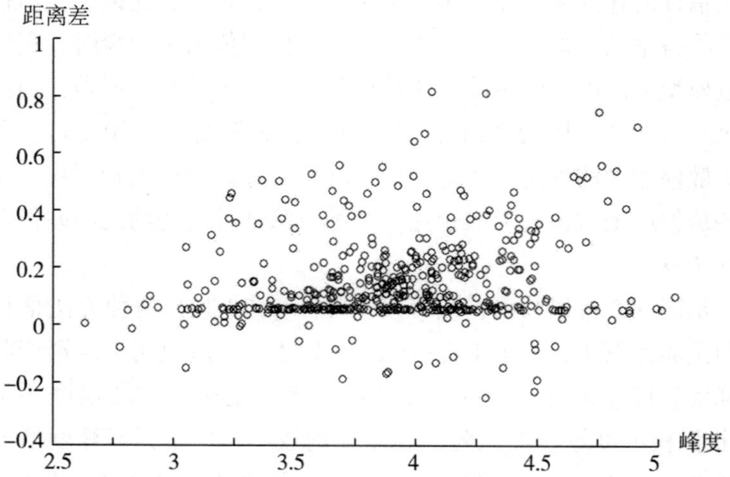

图 9. 2　两种方法求得的违约距离差与峰度的关系图

通过上述分析不难发现，当企业权益资产收益分布峰度和偏度明显偏离正态分布的峰度和偏度时，跳跃频率和幅度将较为显著，从而对违约风险产生较大的影响，这和 Zhang 等(2009)的结论是一致的。此时，如果使用基于纯扩散过程的测度方法对违约风险的估计会有明显偏误。而基于跳-扩散过程的测度方法则不仅考虑了跳跃现象出现时违约风险的变化，而且当跳跃因子的跳跃频率或跳跃幅度为0(实践中近似为0)时，它将会退化为纯扩散模型。这意味着，即使在跳跃现象不明显时，跳-扩散模型对违约风险度量的偏差也会较小。因此，跳-扩散模型更适用于度量中小企业的违约风险。

9.3.3 违约风险测度和违约风险成分分析

为了明确企业违约风险中是否存在明显的系统性，首先利用含跳跃的信用结构模型对所有样本中小企业的资产价值进行分析，求出它们在各个分析时点的违约距离(IDD)和系统风险测度β，再作回归分析和相关性统计检验。

图9.3为违约距离IDD对系统风险测度β的回归分析图。从图9.3可以看出，样本中小企业的违约距离IDD(违约风险)与它们的系统风险测度β有明显的负(正)相关关系，β值较大的企业，违约距离IDD明显较小(即违约风险较大)；反之，β值较小的企业，违约距离IDD明显较大(即违约风险较小)。

利用Spearman统计检验法对违约距离IDD和系统性波动风险测度β进行相关性检验，检验结果($t=-11.206$)也显示它们之间的负相关关系(相关系数$=-0.452$)在1%显著性水平上显著。因此，回归分析和统计检验结果都表明样本企业的违约风险具有明显的“系统性”。

从图9.3还可以看出，在同一β水平下，企业的违约风险仍可能有较大差异，这表明，企业违约风险中还存在一定的异质成分。违约风险的系统成分通常与外部经济环境以及突然事件有关，而异质成分则通常由各企业异质性差异引起。为了更全面地测度和管理中小企业违约风险，有必要对其违约风险进行定性分析，明确企业违约风险的系统成分和异质成分组成，分析其违约风险是更易受到外部经济环境变化和突发事件的影响，还是更多地由企业自身的异质性决定。

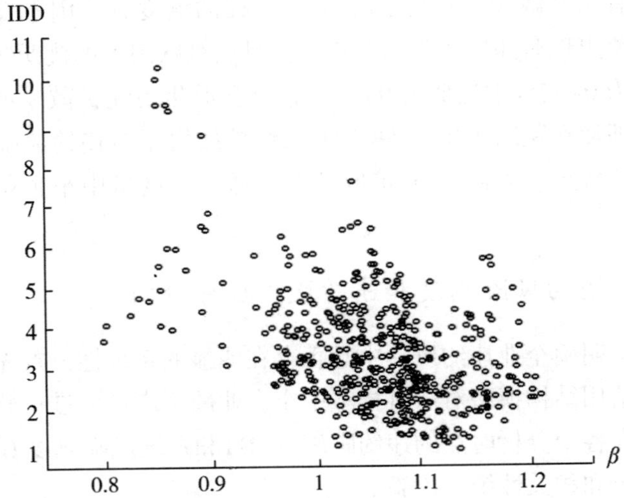

图 9.3　中小企业违约风险与企业资产贝塔系数关系图

以下将求出全部样本中小企业的 IDD_i^S 、SCI 指数和 ICI 指数，并从样本企业整体、行业差异、同行业企业违约风险差异以及 ST 企业系统风险变化特点等几个方面进行总体分析和对比分析。

1. 中小企业整体的违约风险定性分析

对所有样本中小企业的 SCI 值和 ICI 值进行分析发现，90%以上中小企业的 SCI 值在 2008 年金融危机以后呈下降趋势，但 ICI 值的变化差异却较大。求出所有样本中小企业的 SCI 均值 A-SCI 和 ICI 均值 A-ICI，它们的变化趋势如图 9.4 所示。

从 A-SCI 的变化趋势看，2009 年 1 季度至 2010 年 2 季度为中小企业系统违约风险缓慢下降期。此时整体经济处于金融危机后恢复期，随着外部经济环境的逐步好转，中小企业的系统性违约风险缓慢下降。2010 年 2 季度到 2011 年 2 季度为 A-SCI 快速下降期，此时整体经济形势明显好转，中小企业系统性违约风险也随之明显下降。但 A-SCI 在 2011 年 2 季度末出现回升，且回升速度很快。此时恰逢欧债危机爆发，世界经济和中国经济增长明显减缓，金融市场波动加剧。A-SCI 的显著回升说明中小企业的系统违约风险对外部环境的恶化和突发事件的发生较敏感，系统性违约风险迅速增加。

从图 9.4 还可以看到，样本中小企业的 ICI 均值 A-ICI 也在金融危机后有所下降，但在经济环境明显好转的 2010 年第 2 季度到 2011 年第 2 季度，又出现了明显的回升，表明此时大多数企业的违约风险异质性在增加。而在外部经济环境开始恶化的 2011 年第 2 季度末，A-ICI 值又再次开始下降。

图 9.4 呈现的 A-SCI 和 A-ICI 的变化趋势说明，中小企业违约风险在经济恶化时表现为较强的相关性和系统性，外部突发事件和环境恶化是中小企业违约风险增加的主要原因。而在经济环境好转时，各企业违约风险相关性和系统性减弱，异质性成分增强，即此时企业自身的盈利能力、经营状况等异质性因素成为企业违约风险变化的主要原因。这一现象与 Saldias(2013a)的分析结论基本一致。

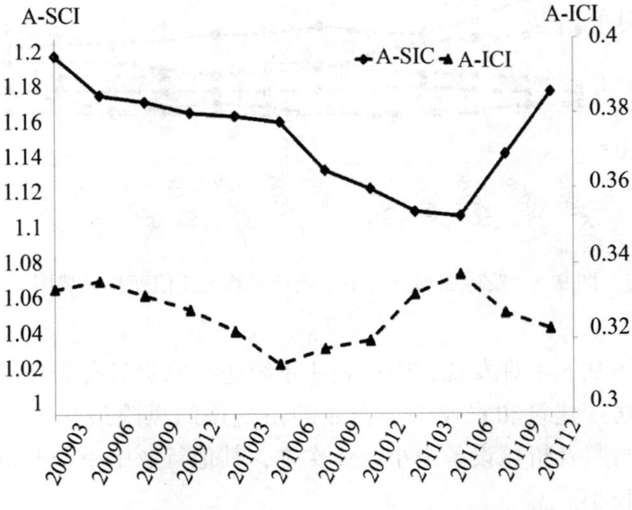

图 9.4 样本中小企业的 SCI 均值和 ICI 均值走势图

2. 中小企业违约风险系统性和异质性成分的行业差异

由于样本中小企业来自不同的行业，其违约风险成分构成可能有较大差异，有必要进一步按行业对它们违约风险的系统性和异质性进行对比分析。考虑到样本企业数量有限，行业划分不宜过多，因此，在 Wind 数据库行业划分标准基础上，结合样本企业主营业务的特点，将 89 家样本中小企业划分为 8 个行业，即医药企业 10 家、原材料企业 8 家、机械设备企业 16 家、电子制造企业 15 家、房产建筑企业 8 家、轻工家纺企业 9 家、农业企业 7 家以及服务、科技及可选消费企业 16 家。然后，按行业计算样本企业在各观察点的 SCI 均值和 ICI 均值，它们的变化趋势如图 9.5、图 9.6 所示。

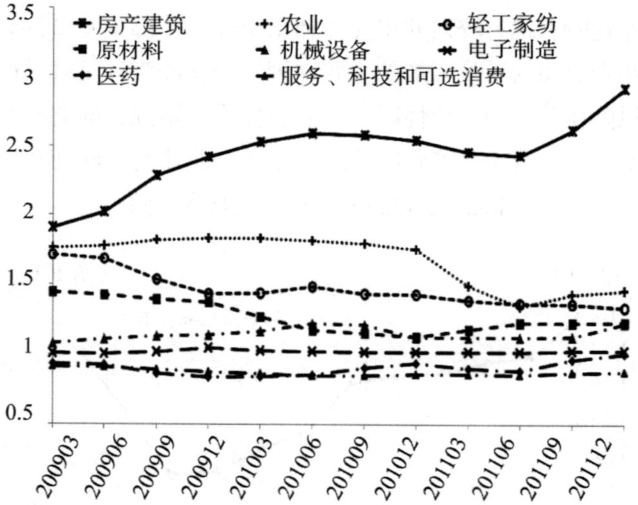

图 9.5　按行业划分的中小企业平均 SCI 值变化趋势图

从图 9.5 不难发现，中小企业系统违约风险具有明显的行业差异性。房产建筑和农业中小企业的系统违约风险最显著，轻工家纺、原材料及机械设备中小企业次之，其他行业中小企业系统违约风险都较小。

首先，需要特别关注的是房产建筑中小企业。这类企业的系统违约风险在金融危机后仍在缓慢上升，直到2010年第2季度才有所下降，到2011年第3季度又再次迅速上升。这一现象表明，我国房产建筑类中小企业对金融危机等外部经济环境负面冲击较为敏感，而且这种负面冲击对该类企业的影响有一定持续性。即使在经济环境有较明显好转时，该行业系统违约风险仅略有改善。再结合图9.6，可以看到房产建筑中小企业异质成分非常小，这说明它们在盈利能力、经营状况等方面差异较其他行业更小，外部经济环境的变化对它们违约风险的影响起决定性作用。它们的违约风险明显增加后需要较长时间才能逐渐回到原来的水平。因此，目前管理这类中小企业违约风险时要重点关注外部经济环境恶化、突发事件以及相关企业违约对它们的负面影响。

其次，需要关注的是农业中小企业。农业中小企业的系统违约风险在金融危机以后一直处于较高的水平，并未出现明显的改善，直到2011年年初才开始有明显下降，但到2011年3季度又有所回升。而图9.6则表明其异质性违约风险在金融危机以后持续下降，在2010年下半年略有回升，然后再次下降。这说明农业行业中小企业的资产价值波动和违约风险仍受到金融危机冲击的持续性影响，但由于它们的盈利能力、经营状况有明显好转，因而农业中小企业整体违约风险在金融危机后有逐渐下降的趋势。

然后，从图9.5还可以看到轻工家纺中小企业系统违约风险在金融危机后逐步下降，然后处于较平稳的中等水平，说明这类中小企业受到外部经济环境系统性冲击后有一定的恢复。值得细究的是2011年这个阶段，此时其他行业系统违约风险几乎都有所增加，但该行业的系统性违约风险却没出现明显变化。这说明2011年的欧债危机等负面事件的冲击对轻工家纺中小企业的系统性影响并不十分明显。另一方面，图9.6中，这类中小企业异质成分的变化趋势说明它们的盈利能力、经营状况在2010年略有好转，但在2011年又有一定程度下降，从而成为企业整体违约风险攀升的主要原因。

同时，图9.5也显示原材料中小企业资产价值的系统性波动和违约风险系统成分在金融危机后略有下降，但在2011年欧债危机

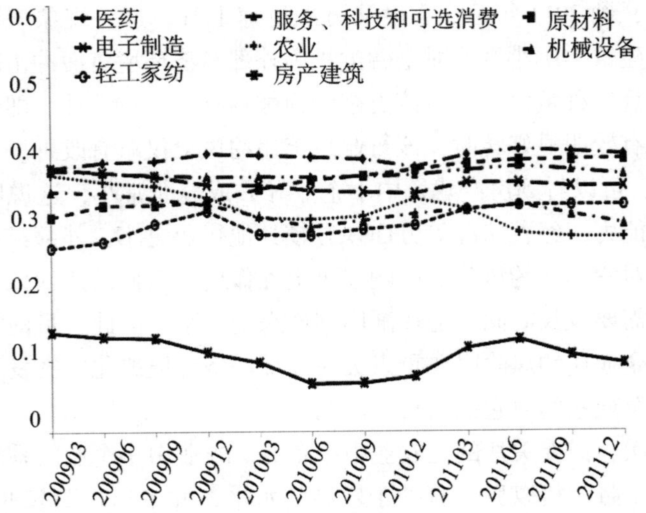

图 9.6　按行业划分的中小企业平均 ICI 值变化趋势图

爆发后又有所回升。这说明外部经济环境恶化和负面冲击对原材料行业的影响较大且有一定的持续性。此外，值得注意的是，原材料中小企业的违约风险中异质成分在 2009 年下半年以后一直持续上升(见图 9.6)，表明这类中小企业经营状况有所恶化，盈利能力较明显下降，从而导致企业实际违约风险在系统违约风险水平的基础上进一步显著升高。结合图 9.5 和图 9.6，不难发现，金融危机后，原材料中小企业的违约风险同时受到系统性和异质性两个方面的影响。因此，除房产建筑和农业中小企业外，还要重点关注原材料中小企业。管理这类中小企业违约风险时，要更为谨慎，既要动态跟踪外部经济环境变化的影响，也要关注该行业的发展情况和企业自身异质性特征的变化对违约风险的影响。

最后，电子制造、医药和服务、科技及可选消费中小企业的系统违约风险在金融危机以后一直较低而且较为平稳，并未出现太大波动。这说明这些行业中小企业系统违约风险比较稳定，受外部经济环境和突发事件影响较小。从图 9.6 可以看出，这些企业的违约风险中异质成分明显高于其他行业企业，说明这几类中小企业自身的盈利水平和经营状况是决定它们违约风险的主要因素。因此，管理这几类中小企业违约风险时应重点关注违约风险中异质成分的变化，分析本行业的发展情况和企业自身的异质性特征变化对违约风险的影响。

3. 同行业企业的违约风险成分对比分析

(1)同行业违约风险最大和最小企业的对比分析。为了进一步明确同行业不同企业违约风险的差异性，从房产建筑行业、农业行业、机械设备行业、轻工家纺行业、原材料行业、电子制造行业、服务、科技及可选消费行业和医药行业中依次选出每个行业中违约风险最大和最小的非 ST 企业，进行违约风险系统成分对比分析。各行业中违约风险最大的 8 家非 ST 企业分别是大港股份、千足珍珠、天奇股份、新海股份、湘潭电化、康强电子、三维通信和紫鑫药业；违约风险最小的 8 家非 ST 企业分别是延华智能、东方海洋、威尔泰、宜科科技、中钢天源、远望谷、拓维信息和沃华医药。

图 9.7 和图 9.8 分别呈现了这两类企业的 SCI 走势图。对比图 9.7 和图 9.8 不难发现，同行业企业违约风险的系统成分具有类似的特征，但违约风险较大的企业，系统成分明显超过所在行业平均值，SCI 取值基本在 1.2~5 之间。而违约风险较小的企业，则明显低于行业平均值，SCI 取值范围基本在 0.4~1.5 之间。

继续对比图 9.7 和图 9.8 还可以发现，图 9.7 中各行业违约风险最大的这些企业，其系统成分 SCI 波动也较大，表明它们对外部经济环境的变化较敏感。外部经济环境恶化时，它们系统性违约风险会迅速增加。另一方面，图 9.8 中各行业违约风险最小的企业，其 SCI 波动也相对较小，表明外部经济环境的变化对它们的系统性违约风险影响较小。因此，尽管同一行业的中小企业违约风险系统成分的变化趋势有一定的相似性，但具体变化特征有较大差异。

以房产建筑行业的大港股份和延华智能为例，它们的 SCI 的变化都具有一定的行业相似性，但大港股份 SCI 的波动幅度明显大于延华智能。由于 SCI 既反映了单个企业 IDD_i^S 的变化，也反映了单个企业 IDD_i^S 与中小企业组合 PDD 的对比关系，因此，将单个企业

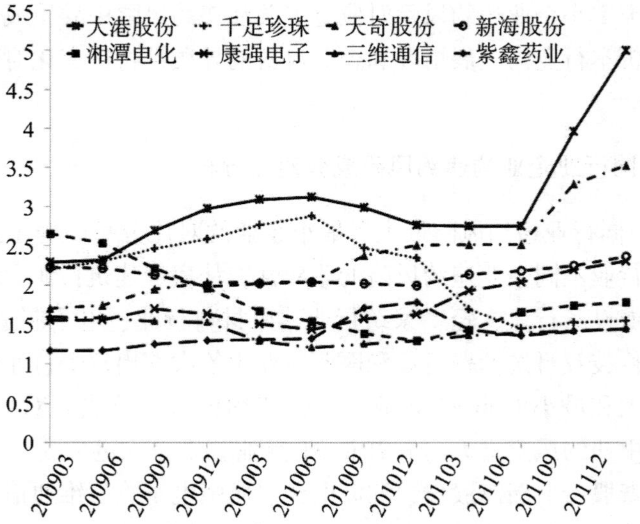

图 9.7　各行业违约风险最大企业的 SCI 值

的 IDD_i^S 和 PDD 进行对比，就能很清楚地解释 SCI 的变化趋势和幅度。

金融危机以后的 2009 年 1 季度至 2010 年 1 季度，PDD 在逐步攀升，表明中小企业整体系统性违约风险在减小。但此时大港股份的 IDD_i^S 不升反降，且下降很快，造成其 SCI 迅速上升，这说明金融危机后，大港股份违约风险逆向增加，因此其相对风险更大。

2010 年 2 季度至 2011 年 2 季度，PDD 继续上升，而大港股份的 IDD_i^S 也有所回升，但回升的速度不及 PDD 上升的速度，因此其 SCI 仍略有上升，表明该企业系统违约风险在外部环境明显改善时有所下降，但仍无法达到整体平均水平。

2011 年 2 季度之后，受欧债危机和中国经济增速放缓的影响，PDD 略有下降，而大港股份 IDD_i^S 却急剧下降，因此其 SCI 值再次迅速增加，显示其相对违约风险较大。

与此同时，大港股份 ICI 值始终较小，这也说明大港股份违约风险的变化主要是受系统成分主导，在外部经济环境变差或受到外

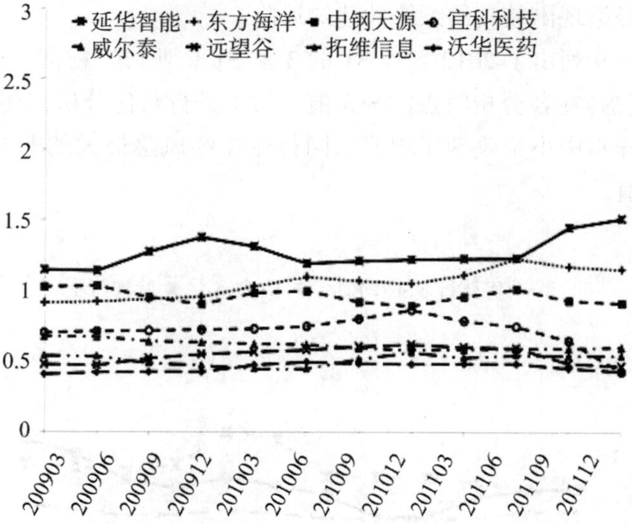

图 9.8 各行业违约风险最小企业的 SCI 值

部冲击时表现较糟。

另一方面，在整个观察时间段内，延华智能的 SCI 值显著低于大港股份，且波动幅度较小。通过对其 IDD_i^S 的分析，发现在 2009 年 1 至 4 季度，其 IDD_i^S 有所下降，但下降幅度较小，因此从图 9.8 可以看到其 SCI 仅小幅上升。

2010 年 1 季度开始，延华智能的 IDD_i^S 明显增加，到 2010 年 3 季度增加幅度略有减缓，因此 2010 年 1 季度至 2011 年 2 季度，其 SCI 值先明显下降，然后基本保持不变。

与此同时，延华智能 ICI 值显著高于行业平均水平，且在整个观测期间变化不大，仅在 2011 年 2 季度至 2011 年 4 季度期间略有减小。因此，延华智能的违约风险既有一定的行业系统性特征，也具有较为明显的异质性，因此受外部经济环境恶化影响较同行业的大港股份小很多。

(2) ST 企业的违约风险成分分析。单独对 ST 企业进行分析可以发现，6 家 ST 企业在被 ST 前 2 年，SCI 值都较大。而在被 ST 前

1 年，都成为所在行业 SCI 值最大的企业。这说明它们在被 ST 以前就已经呈现出较高的系统性违约风险。

图 9.9 列出了 2012 年被 ST 的 3 家 ST 企业(ST 鑫富、ST 锌电和 ST 冠福)在各分析时点的 SCI 值。为了进行对比分析，还列出了同行业样本中小企业 SCI 均值、同行业违约风险最大的非 ST 企业的 SCI 值。

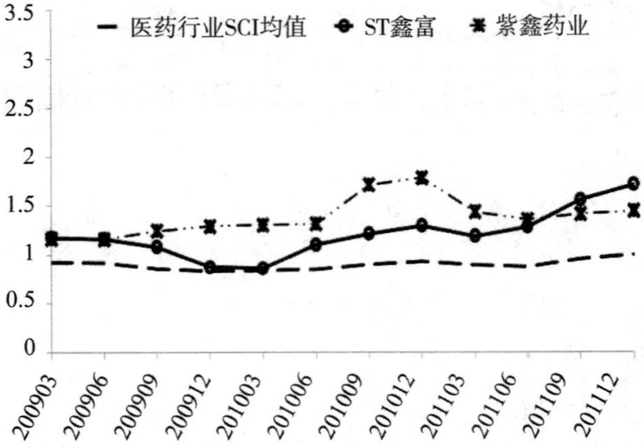

(a)ST 鑫富

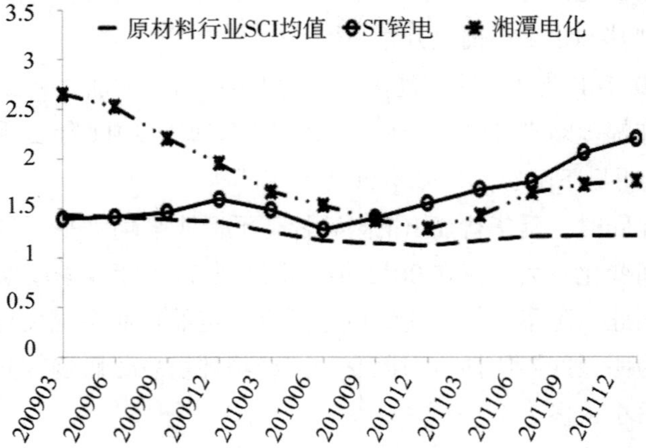

(b)ST 锌电

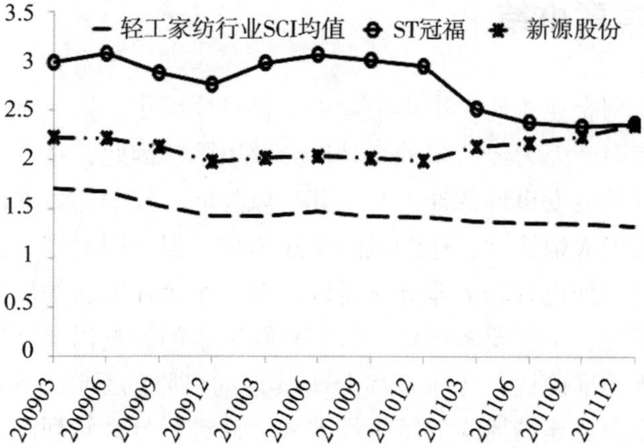

(c)ST 冠福

图 9.9 2012 年被 ST 企业的 SCI 变化图

从图 9.9 中不难发现，2012 年被 ST 的 3 家企业的 SCI 值在各观察时点均高于同行业的平均水平 1.5~2 倍，且在被 ST 前均处于行业最高水平。其中，ST 冠福的系统性违约风险在被 ST 以前一直较大；而 ST 鑫福和 ST 锌电的系统性违约风险从 2010 年初才开始逐步攀升，但到 2011 年上升速度加快，并快于行业系统违约风险增加的速度。这种变化趋势表明，这些企业在被 ST 以前，对外部经济环境的恶化或突发事件等系统性冲击异常敏感，负面冲击对它们的影响较其他企业更大。

进一步结合它们的 ICI 值进行分析发现，ST 冠福的违约风险以系统风险为主，异质成分占比较小，因此，其违约风险大而稳定。只有外部经济环境或行业发展有明显的好转，其违约风险才会有明显的改善。而 ST 鑫福和 ST 锌电违约风险中异质成分较大，说明这两家企业的异质性能力较差也进一步推涨了其整体违约风险，但其异质性能力一旦有所改善，其整体违约风险也会有较大程度的下降。

9.4　本章小结

与大型企业相比，中小企业由于自身规模小，人、财、物等资源相对有限，无力经营多种产品以分散风险。因此，在遭遇经济环境恶化以及突发事件的冲击时，其抗风险能力较弱，短期内资产价值更易出现大幅波动，违约风险迅速增加。但不同类型中小企业违约风险的特征也有较大差异。所以，对中小企业的违约风险进行测度和评估时，不仅要考虑资产价值跳跃因素的影响以提高违约风险定量分析的准确性，还应定性分析其违约风险的系统性和异质性，明确中小企业违约风险的结构性差异，并进行分类管理。

基于此目的，本章首先在信用风险结构模型的框架下，明确了跳跃影响存在时，中小企业总资产价值变化、总资产价值与权益价值之间的非线性关系及其违约风险测度。然后，构建了违约风险成分分析法，将组合违约风险分析与金融资产定价中的系统风险测度 β 相结合，把单个企业的违约风险划分为系统成分和异质成分。违约风险中的系统成分越大，表明该企业相关违约风险越高，越易受外部经济环境变化和突发事件的影响。随后利用系统成分指数及异质成分指数对样本企业进行的实证研究表明：

(1) 中小企业的违约风险有明显的系统性，但不同行业企业的系统性违约风险有显著差异。房产建筑和农业中小企业的系统违约风险最显著，轻工家纺、原材料及机械设备中小企业次之，而其他行业中小企业的系统违约风险都较小。其中，系统成分在房产建筑、农业及轻工家纺中小企业违约风险中起决定性作用。原材料中小企业的违约风险兼具系统性和异质性两个方面特征。电子制造、医药和服务、科技及可选消费中小企业违约风险中系统成分比重较小而异质成分比重较大。

(2) 同一行业的中小企业系统违约风险变化趋势有一定的相似性，但其具体特征存在着差异。各行业违约风险较大的企业，通常其系统性违约风险成分也较大，且易受到外部经济环境变化的影响。当外部经济环境恶化时，其系统性违约风险会显著增加；各行业违约风险较小的企业则恰好相反，其违约风险系统性成分较小且较为稳定，不易受到外部经济环境恶化影响。

(3)ST 中小企业被 ST 前通常已经呈现较大的系统违约风险。这些企业的系统违约风险通常高于行业平均水平 1.5~2 倍，且在被 ST 前 1 年均处于行业最高水平。因而，它们对外部经济环境的恶化或突发事件等系统性变化异常敏感，负面冲击对它们的影响较其他企业更大。

本章的研究表明，违约风险成分分析能较好解释中小企业违约风险的差异性，相关研究结论有助于对中小企业违约风险的分类管理，为解决中小企业融资难问题提供了一个具有实证价值的管理工具。

◎ 本章参考文献

[1] Copeland T., Weston J.. Financial Theory and Corporate Policy. Pearson New International Edition, London, UK, Pearson Education Limited, 2013: 152-153.

[2] Drost F. C., Theo E. N., Bas J. M. W.. Estimation and Testing in Models Containing Both Jumps and Conditional Heteroscedasticity. Journal of Business and Economic Statistics, 1998, 16(2): 237-243.

[3] Duffie D., Singleton K.. Credit Risk Pricing, Measurement and Management. New Jersey, USA, Princeton University Press, 2003.

[4] Financial Stability Board. Guidance to Assess the Systemic Importance of Financial Institutions, Markets and Instruments: Initial Considerations-Background Paper. Report to G20 Finance Ministers and Governors, 2009.

[5] Gray D., Merton R., Bodie Z.. New Framework for Measuring and Managing Macro Financial Risk and Financial Stability. National Bureau of Economic Research, 2007.

[6] Gray D., Jobst A., Malone S.. Quantifying Systemic Risk and

Reconceptualizing the Role of Finance for Economic Growth. Journal of Investment Management, 2010, 8(2): 90-110.

[7] Kou S. G.. Jump-Diffusion Models for Asset Pricing in Financial Engineering. Handbooks in Operations Research and Management Science, 2007, 15: 73-116.

[8] Merton R. C.. On the Pricing of Corporate Debt: the Risk Structure of Interest Rates. Journal of Finance, 1974, 29(2): 449-470.

[9] Saldías M. A.. Systemic Risk Analysis Using Forward-looking Distance-to-Default Series. Journal of Financial Stability, 2013a, 9(4): 498-517.

[10] Saldías M. A.. Market-based Approach to Sector Risk Determinants and Transmission in the Euro Area. Journal of Banking & Finance, 2013b, 37(11): 4534-4555.

[11] Shu Y.. Jump Risk, Stock Returns and Slope of Implied Volatility Smile. Journal of Financial Economics, 2011, 99(1): 216-233.

[12] Zhang B. Y., Zhou H., Zhu H.. Explaining Credit Default Swap Spreads with the Equity Volatility and Jump Risks of Individual Firms. Review of Financial Studies, 2009, 22(12): 5099-5131.

第10章　研究结论与展望

10.1　研究结论

正如本书开篇指出的，正确度量和评价企业的市场价值和违约风险不仅关乎企业自身的发展，也与金融机构、金融行业乃至整个金融体系的发展和稳定息息相关。尽管针对各类企业市场价值分析和违约风险管理的研究一直伴随着中国金融市场的发展，但随着全球金融市场一体化程度不断加深，尤其是近几年中国金融市场屡屡受到金融危机和突发事件的冲击，相关的研究背景已经发生了明显变化。2007—2008年各国金融市场遭遇全球金融危机波及，中国金融市场更是接二连三地遭到地震、雪灾等突发事件的冲击，许多企业难以避免地遭受影响，财务状况恶化，资产出现大幅跳跃的频率增加，信用风险加大。在新背景下，测度和管理企业违约风险所使用的分析和评估手段也必须要与时俱进。在对原有金融风险管理的相关理论和实证方法进行改进时，将资产价值跳跃变化的影响引入到企业违约风险分析和评价模型之中，显得尤为重要。

本书所做的研究工作不仅仅是考虑了跳跃变化对企业违约风险的影响，更重要的是构建了一个完整的分析框架。在该框架下，本书的内容沿着局部到整体、一般到特殊的研究范式展开。首先，阐述了如何利用实时的市场数据分析和评价企业权益资产价值的扩散变化和跳跃变化；然后，分析了权益资产和总资产之间的非线性关系，并利用这一关系间接测度跳跃因子对总资产市场价值变化和违约风险的影响；最后，专门对中小企业这个特殊群体的违约风险进行了定量和定性研究，为剖析中小企业违约风险差异性提供了理论基础。按照上述研究思路，本书分成了紧密结合的三个部分。虽然每部分研究侧重点不同，但各部分所使用的理论、研究方法、模型及得到的研究结论共同勾勒和呈现了本书完整的研究内容。

第一部分从权益资产收益满足纯扩散过程的假设开始，逐步引入简单跳跃因子、复杂跳跃因子以及扩散波动的不对称、集聚性等特征，并构建了门限效应下状态变量依赖自回归强度跳跃-GARCH 模型（简称 TSD-ARJI-GARCH）。该模型在保留 ARJI-GARCH 模型特点的基础上，兼顾了企业内生特质因素和外部状态变量对跳跃因子的双重影响。之后，利用 TSD-ARJI-GARCH 模型对样本数据进行实证研究，对企业权益资产价值的跳跃特征展开分析，并对 ST 企业和非 ST 企业的不同跳跃特征以及交叉持股企业间大幅跳跃的传染性问题进行了研究。这一部分得到的研究结论包括：

（1）与纯扩散模型相比，含有简单跳跃因子和复杂跳跃因子的跳-扩散模型在拟合效果和预测能力方面都有明显优势。

（2）齐次泊松跳-扩散模型能较好地刻画权益资产价值变化过程中的不同特性。由其导出的混合泊松正态分布也能较好地拟合资产收益率分布特征，解释纯扩散模型无法解释的肥尾和偏态等现象。但它的不足之处在于，假设常数跳跃强度和常数扩散型条件波动率，使得相关结论与实际数据存在一定的偏差。

（3）含复杂跳跃因子的 ARJI-GARCH 模型在一定程度上克服了齐次泊松跳-扩散模型的缺陷，但由于没有区分好坏信息对扩散型条件波动率的不对称影响，也没有考虑系统波动、宏观因素或关联个股等状态变量对跳跃强度的影响，因而在对实际数据进行拟合时仍存在偏误和过度识别等问题。

（4）含复杂跳跃因子的 TSD-ARJI-GARCH 模型则能同时兼顾跳跃强度的时变性、集群性、状态依赖性以及扩散型条件波动率的集群性、不对称性等特征。通过对样本数据进行拟合，并与其他跳-扩散模型进行对比分析后发现，TSD-ARJI-GARCH 模型能较好地反映权益资产价值扩散变化和跳跃变化的多重特征，克服了 ARJI-GARCH 模型对跳跃点的过度识别，在拟合优度和预测效果方面具有明显的优势。

第二部分转入讨论企业股权、债权及总资产价值之间的关系，分析股权和债权的市场价值变化如何影响不可被直接观察的企业总资产市场价值。这一部分在第一部分分析的基础上，构建了能反映跳-扩散波动特征的违约风险结构模型，选取符合条件的样本企业进行违约风险测度的实证研究，并比较不同条件下(如不同跳跃频率、不同跳跃幅度等)跳-扩散模型和纯扩散模型测度违约风险的差异。然后，讨论了如何在Merton模型和首达时违约风险结构模型中引入复杂的非齐次泊松跳跃因子，分析违约门限为常数以及违约门限可变情况下，违约风险测度和有关参数的估计方法。这一部分得到研究结论包括：

(1)2007—2008年全球金融危机、我国雪灾和地震等突发事件明显引发了所有样本企业的异常跳跃式变动，企业的违约风险大幅增加。

(2)跳跃风险不仅广泛存在，有很强的系统性，同时也在很大程度上受到不同企业异质性的影响。不同类型的企业(如是否将被ST、规模、资产负债率、业务收入增长率等)表现出的跳跃风险也不尽相同。资产价值跳跃变化的幅度会随企业规模及净资产中与宏观经济增长无关部分的增长而减小，随资产负债率增加而增加；企业将被ST则会明显增加跳跃幅度；同时，企业资产增长能力与宏观经济增长的正向相关程度越高，资产价值跳跃变化的幅度就会越小。

(3)考虑了跳跃因素后，企业的违约风险会进一步区分为跳跃式违约风险和连续变动式违约风险。在短时间内或者是在资产价值负债率比较小的情况下，资产价值的跳跃变化风险占主导，它使企业的实际违约概率高于纯扩散模型估计的违约概率，而在长时间内或资产价值负债率比较高的情况下，资产价值的扩散波动风险占主导，它使企业的实际违约概率低于纯扩散模型所估计的违约概率。

(4)首达时结构模型不能反映资产跳跃变化对信用状况和违约概率的影响，简单跳跃-扩散Merton模型不能反映跳跃强度的时变性、集群性及状态依赖性。在这两类模型中引入非齐次复杂跳跃因子以反映跳跃强度的多重特征，并允许违约门限随时间发生变化。

经过扩展后的模型能更准确地度量资产价值跳跃变化对违约风险的影响，模型的实用性也大为提高。

第三部分则以前两部分的分析框架和方法为基础，专门以中小企业群体为分析对象展开研究。这一部分对中小企业权益价值和总资产价值的变化特点进行了分析，构建了基于资产价值跳跃变化的违约风险测度模型和违约风险成分分析法，对中小企业违约风险的系统性和异质性进行了测度，并进一步对不同行业、类型的企业违约风险特征进行了分析。这一部分的研究得到的结论包括：

(1)中小企业的违约风险有明显的系统性，但不同行业企业的系统性违约风险有显著差异。

(2)同一行业的中小企业系统违约风险变化趋势有一定的相似性，但其具体变化特征仍存在着差异。各行业违约风险较大的企业，通常其系统性违约风险成分也较大，且易受到外部经济环境变化的影响。当外部经济环境恶化时，其系统性违约风险会显著增加；各行业违约风险较小的企业则恰好相反，其违约风险系统性成分也较小，且较为稳定，不易受到外部经济环境恶化的影响。

(3)ST 中小企业被 ST 前通常已经呈现较大的系统违约风险。这些企业的系统违约风险通常高于行业平均水平，对外部经济环境的恶化或突发事件等系统性变化异常敏感，负面冲击对它们的影响较其他企业更大。

总而言之，随着我国国际化的参与程度逐步加深，与国际金融市场接轨速度不断加快，值得深入研究的问题层出不穷。本书选择了当前背景下最需要解决的企业违约风险评估和管理问题进行研究。本书所构建的研究框架、采用的研究方法和获得的研究结论为企业资产管理和违约风险管理提供了理论和实证依据。针对中小企业违约风险的成分分析方法，为动态评估和差异化管理中小企业违约风险提供了一种新的思路。

10.2　后期研究展望

在更为准确地解释资产价格和收益率变化及企业违约风险测度

方面，本书做了大量的理论和实证研究工作，得到了一些有意义的研究成果。但是，无论在理论模型构建还是在实证分析方面，仍存在一些值得改进和完善的地方。以下是在本书研究框架下可以继续研究和深入探讨的问题：

第一部分在研究外部状态变量对资产收益率跳跃行为的影响时，还可以考察宏观经济变量对资产跳跃行为的影响。比如，隔夜拆借利率是一个比较好的选择，该变量既能体现宏观经济政策的导向作用，也可以体现市场的细微变化。更为重要的是，该变量具有日交易数据，易于纳入到跳跃强度变化模型中。再如，可以考察投资者情绪指数对跳跃行为的影响。投资者情绪的非理性变化很大程度上对跳跃现象的出现起到催化剂的作用，因此也会对跳跃强度的变化产生影响。

第一部分和第二部分模型构建和估计方法有待改进。研究所使用的限制条件仍比较严格，比如，假设企业总债务为定值、对参数施加了一些限制条件等。后续研究可以考虑放松这些约束条件和假设，使模型与现实世界的情况更为接近。第二部分的理论拓展研究还可以考虑企业总负债和违约门限都为可变的情况。可将权益价值视为资产和负债的交换障碍期权，并考虑在这一模型中引入跳跃因素。这种模型可能会更接近企业资本结构变化的真实状况。同时，这两部分的实证研究还可以考虑选取更多不同类型、不同行业、不同时间段甚至不同国家的样本数据，从而进一步验证相关结论的稳健性。

第三部分针对中小企业违约风险的研究也有一些问题需要深入探讨。比如，中小企业违约风险行业差异的原因。在研究中我们发现，遭受同样的外部突发事件冲击或宏观经济环境恶化时，中小企业的反应比大型企业更强烈，违约风险增加幅度更大。但是，不同行业的中小企业违约风险变化仍存在较大的差异。尽管我们已经对这种差异进行了分析，但仍不清楚这种差异是由于跳跃变化的幅度加大，还是频率加大或者是扩散波动的加大造成的；违约风险的增加会持续多长时间，资产价值跳跃的频率、幅度以及违约风险的水平是否具有均值回归的特性或者会出现永久性改变。再如，中小企业短期负债比例与违约风险之间的关系。我们在研究中发现，中小企业短期负债率普遍很高，有相当一部分甚至在 90%以上。那么，在遭受外部冲击时，短期负债比例越高的企业或者是短期负债达到某一水平的企业，其资产价值跳跃幅度、频率和违约风险是否也会大幅增长；如果会增长，那么违约风险增长水平是线性的还是非线性的。

后　记

经过几年的实验和研究，近一年时间的整理和写作，本书终于完稿。在过去的几年里，在完成本科和研究生教学工作之余，我将全部的时间和精力都投入到本书的研究和撰写之中。在这个过程中，我既体会到收集数据、构建模型和大量重复实验的艰辛，感受到模型设计不理想、变量设置不合理、实验停滞不前的痛苦，也享受到发现新的研究思路、找到研究的突破口和取得一些研究进展的喜悦。这个过程虽然很艰辛，但最终还是得到了一些有意义的成果，构建了一些有用的违约风险测度模型和管理工具。希望这些成果、模型和工具对读者有所帮助，这既是我撰写本书的初衷，也是对我这几年研究工作的最大褒奖。

本书的相关研究得到了国家自然科学基金项目“基于资产价值跳跃变化视角的中小企业贷后违约风险量化研究（项目编号：71201068）”及国家留学基金（录取文号：留金发〔2015〕3012 号）的资助，在此向国家自然科学基金委及国家留学基金委的领导和专家们的信任和支持表示深深的感谢。

本书的研究和写作工作得到了华中师范大学经济与工商管理学院领导们的大力支持和帮助，在此向邓宏乾院长、涂正革副院长、周维第副院长和叶桦副院长表示由衷的谢意。

本书的研究和写作还得到了许多老师、朋友和学生的支持和帮助。首先要特别感谢华中科技大学经济学院唐齐鸣教授，她对本书部分章节内容提出了许多宝贵的建议和意见。然后，非常感谢曾经和我进行学术探讨并给出建设性意见以及曾经给予我许多无私帮助的郑承利教授、胡振红副教授、杨柳副教授、蔡洁副教授、文鹏副教授、吴艳副教授、肖红蓉副教授、刘红萍老师、王娟老师、万金老师、张思全老师、陈明宏老师、侯焱华老师以及肖和蓉老师。还要感谢为本书相关研究作出贡献的柯巧同学、宾莎莎同学、余广源同学、涂迎春同学、范群同学、郭峰同学和王雪同学。

最后，要感激我的家人，是他们一直在生活上支持我！在困难面前鼓励我！特别是我的女儿，是她在精神上给予了我极大的愉悦和安慰。每当我在研究中遇到困难和挫折时，只要看见她那活泼可爱的笑脸，就有极大的勇气去面对所有的挑战。在此，祝福我可爱的女儿健康成长，开心快乐！

黄　苒

2016 年，春